L'idéal au travail

DU MÊME AUTEUR

Le travail du consommateur, La Découverte, coll. « Cahiers Libres », 2008, 246 p.

Travailleurs sociaux en recherche-action. Éducation, insertion, coopération, L'Harmattan, coll. « Recherche-Action en pratiques sociales ». 2010, 218 p. (direction d'ouvrage collectif)

Il faut réduire les affectifs ! Petit lexique de management, Éditions Mots et Compagnie, 2001

Marie-Anne Dujarier

L'idéal au travail

PRÉFACE
Vincent de Gaulejac

QUADRIGE / PUF

Presses Universitaires de France

Ce livre a reçu le soutien
du mécénat de Gaz de France
de la fondation Charles-Léopold-Mayer
de la fondation Evens
et de l'Office universitaire de presse (OFUP)

ISBN 978-2-13-05-9322-5
ISSN 1764-027X
Dépôt légal – 1re édition « Quadrige » : 2012, avril

« Partage du savoir »
6, avenue Reille, 75014 Paris

AVANT-PROPOS

La division sociale du travail de direction : le « management à distance »

UN PHÉNOMÈNE ÉTENDU

La première édition de ce livre, en 2006 a généré de nombreux échanges avec des professionnels, à leur demande. Ensemble, nous avons confronté leur expérience du travail aux résultats de cette recherche. Nous avons alors pu constater que les processus sociaux décrits dans *L'Idéal au travail* à propos de la gériatrie publique et de la restauration privée, étaient à l'œuvre également, avec une ressemblance et une fréquence frappantes, dans d'autres organisations, privées et publiques.

Mes recherches postérieures, sur l'activité des prescripteurs, la mise au travail des consommateurs et sur les problématiques de santé au travail, confirment elles aussi que les hypothèses construites ici sur deux cas, sont susceptibles de généralisation à d'autres services de masse.

La normalisation de l'idéal dans les milieux de travail serait donc un phénomène social étendu. Après en avoir rappelé les principaux traits, cette préface entend apporter quelques analyses complémentaires sur la division sociale de la fonction de direction et le « management à distance ».

Le travail contemporain dans les grandes organisations est le plus souvent encadré par des prescriptions abondantes, qui ont pour caractéristiques d'être illimitées dans leurs exigences, d'une part, et contradictoires entre elles, d'autre part. Elles enjoignent de « satisfaire » et ce, de manière « totale » et pourtant « en progrès continu », à la fois les consommateurs (ou administrés/bénéficiaires du service public), les membres du conseil d'administration, la hiérarchie, les salariés et les citoyens. Il faudrait être « excellent » de manière ininterrompue, sur tous les critères, fussent-ils opposés : conformité, initiative, rapidité, qualité, sécurité, flexibilité, adaptabilité, fluidité, productivité, rentabilité, développement personnel, éthique, diversité, écologie…

Nous sommes donc à un moment de l'histoire du capitalisme où les modes de production sont plus que jamais rationalisés, c'est-à-dire « désenchantés », dirait Weber (1905-2000) et, dans le même mouvement, discursivement enchanteurs, puisqu'ils promettent des exploits organisationnels irréalistes. Or, cet idéal de perfection n'est pas, dans ce mode contemporain d'organisation du travail, un horizon, une sorte d'utopie positive qui donnerait un élan à l'homme. L'idéal n'est pas ici une perspective, mais une *norme* sociale exigible. Contester ou enfreindre cette prescription d'idéal, c'est prendre le risque d'être considéré comme un déviant et de subir des sanctions : retrait de moyens, de reconnaissance, stigmatisation, exclusion, licenciement…

Or, les limites, contradictions et fragilités subsistent, au quotidien, dans la réalisation du travail. Elles résistent au déni discursif. J'ai pu observer qu'elles sont alors massivement reportées au plus bas niveau hiérarchique des organisations, et parfois même sur le consommateur. Charge à ceux qui en sont ainsi réceptionnaires, de les nommer et de « faire avec » dans l'action, quand bien même cela ne relèverait pas de leur compétence. Nous assistons ainsi à une phénoménale délégation du travail d'organisation[1].

Alors que lui échoit cette activité ardue, le travailleur doit produire, simultanément, des signes de conformité à la norme d'idéal en *simulant* celle-ci pour la gestion, et en *dissimulant* le réel. Ces trois activités, invisibles, viennent en plus du travail productif « normal » et constituent une source d'intensification majeure. En outre, ce fonctionnement mène à un hiatus croissant entre ce que la gestion croit savoir du travail, et le réel.

Cet ouvrage pourrait être lu comme un prolongement de la thèse durkheimienne de l'anomie. La société industrielle et commerciale qu'il voyait à son époque était saisie, d'après lui, d'un « mal de l'infini » (Durkheim, 1897-1999). Un siècle plus tard, nous constatons que cette absence de limites dans le travail et de bornes au désir dans la consommation est devenue une norme sociale. Comme Durkheim, nous pourrions dire que « c'est l'état de crise et d'anomie qui est constant, et pour ainsi dire, normal » (*ibid.,* p. 284). Comme lui, nous observons qu'elle génère, dans les cas où la résistance collective n'est pas possible, une « fatigue » subjective et un « désenchantement » (*ibid.*, p. 285). En effet, la norme d'idéal dans les situations de travail affecte l'activité et par conséquent le sens et la santé de ceux qui la mènent (Dujarier, 2008 *b*), quand bien même ils tentent de contourner ou de subvertir la situation.

1. Le travail d'organisation est un concept développé par Gilbert de Terssac (2011). Il souligne l'importance, dans tout travail, de son double, l'activité d'organisation du travail. Je propose la définition suivante du travail d'organisation : il s'agit de l'activité individuelle et collective, d'identification et de médiation des contradictions, en vue de leur procurer des *réponses pratiques, socialement et subjectivement acceptables*. Un défaut de travail d'organisation se traduit donc par des dysfonctionnements et/ou des violations morales, légales et/ou une atteinte au sens ou à la santé des travailleurs et consommateurs impliqués dans la production.

GÉNÉALOGIE D'UN PHÉNOMÈNE : OBSERVATION SOCIOLOGIQUE DU TRAVAIL PATRONAL

Ce livre décrit une certaine manière de prescrire, organiser, outiller et contrôler le travail contemporain. Pour comprendre sociologiquement la normalisation de l'idéal, il nous faut donc regarder le travail réel (et pas uniquement réalisé) des dirigeants et prescripteurs. Historiquement, la sociologie a porté son attention avant tout sur le travail des ouvriers et employés, puis sur l'encadrement, dans les différents capitalismes. Une belle et abondante littérature sociologique rend compte de la manière dont les dispositifs de prescription tayloriens, fordistes puis toyotistes ont été perçus et transformés par les travailleurs productifs. Nous pourrions dire, à cet égard, que la sociologie du travail est majoritairement une *sociologie de la réception* des dispositifs organisationnels et de gestion. En revanche, la description et l'analyse sociologiques du travail de direction restent rares dans le champ. Elles peuvent pourtant nous aider à comprendre les évolutions du travail contemporain et en particulier le phénomène de normalisation de l'idéal. Quelques hypothèses peuvent être avancées à ce sujet.

LE CONFORMISME MANAGÉRIAL

Le phénomène de normalisation de l'idéal court dans des organisations très diverses, dans la mesure où elles ont adopté un même mode de direction. Nous pourrions parler d'un nouveau *one best way*[1] managérial. Dans les entreprises et administrations, les discours officiels sont devenus si uniformes qu'ils semblent relever

1. Ce terme renvoie à F. W. à Taylor, qui, au début du XXe siècle, exprimait la conviction qu'il n'existe qu'une seule bonne manière d'organiser le travail.

d'un « script langagier[1] pour dirigeants ». Les mots typiques relèvent de trois logiques : le développement du marché[2] (« satisfaction du client », « client roi/au centre », « qualité de service », « innovation », *« empowerment »*, « collaboratif »), couplé avec la réduction des coûts de production (« efficacité », « qualité », « performance », « optimisation »...), et enfin les croyances jugées utiles (« excellence », « autonomie », « responsabilité », « meilleures pratiques »...). Les phrases composées à partir de cette vingtaine de mots affirment l'impératif d'accroître la performance économique, et ce, avec la participation de chacun. Elles sont énoncées et projetées sur grand écran lors de séminaires et réunions, écrites dans les chartes, procédures et autres définitions de poste, journaux internes, communication institutionnelle et publicitaire... Au-delà des discours, nous observons que les dispositifs[3] sont eux aussi standardisés : « management par objectifs » ou par projet, couplé avec un « contrôle de gestion de la performance », des « systèmes d'évaluation », une « démarche qualité », du *« benchmarking »*, du *« reingeniering »* ou du *« Lean Six Sigma »*.

Ce modèle managérial fut diffusé dans les entreprises industrielles et de services puis, sans modification notoire, depuis les années 1990, dans la fonction publique européenne qui se veut « modernisée », dans le cadre du *New Public Management.* Ce type d'organisation du travail, en tant que discours et dispositif, caractérise donc notre époque. Comment comprendre sa genèse et sa dynamique, sociologiquement ?

1. Les scripts langagiers sont des conversations préformatées, que des machines énoncent ou que des « exécutants » lisent dans le cadre d'un service, comme c'est le cas, typiquement, dans les centres d'appels téléphoniques.

2. Ce discours a même été importé dans la fonction publique. Il promeut le terme de « client » pour désigner ceux qui sont en fait des citoyens, patients, bénéficiaires ou administrés.

3. Nous employons le terme « dispositif » en nous référant à la tradition foucaldienne (Foucault, 2004 ; Agamben, 2007 ; Boussard et Maugeri, 2003 ; Dardot et Laval, 2009).

La normalisation de l'idéal peut être comprise comme la conséquence d'une division sociale du travail de direction spécifique. Elle provient d'évolutions successives.

Au XIXe siècle, les rapports sociaux étaient représentés de manière binaire : des « patrons », d'un côté et des « ouvriers », de l'autre. Cette partition ne décrit plus fidèlement la manière dont le travail de direction est organisé dans les grandes organisations contemporaines. Le « patron » est aujourd'hui difficile à identifier. Les salariés eux-mêmes s'interrogent : qui est celui qui commande, qui dirige, qui emploie ? L'éclatement de la fonction de direction résulte des divisions successives qui ont eu lieu en son sein depuis plus d'un siècle.

Avec l'accroissement de la taille des firmes, les propriétaires des entreprises ont progressivement confié la direction opérationnelle à des dirigeants salariés. L'actionnaire s'est donc séparé du dirigeant (Berle et Means, 1932). L'un et l'autre ont des enjeux et intérêts différents (Chandler, 1988). Ensuite, la direction a généralement adopté le mode de rationalisation fayolien, taylorien puis fordiste. Ces méthodes ont pour caractéristique de séparer la conception du travail de sa réalisation. Les tâches d'organisation et de contrôle sont alors confiées à des ingénieurs et gestionnaires. De leur bureau, ils doivent encadrer l'activité déployée par les producteurs, qu'ils soient salariés, sous-traitants ou même, consommateurs (Dujarier, 2008 *a*). Cette extraction, au cœur même du travail, de l'activité qui consiste à l'organiser est une véritable mutation anthropologique (Castel, 1995). Elle a donné lieu à l'épanouissement d'une nouvelle classe de travailleurs (Touraine, 1961 ; Galbraith, 1968 ; Bell, 1976 ; Mintzberg, 1982 ; Gadea, 2003). Ils sont mandatés pour déployer des dispositifs visant à optimiser rationnellement la productivité, tout en développant le marché (Laufer et Paredeise, 1982 ; Cochoy, 1999). Puis nous assistons à une spécialisation croissante de ces fonctions gestionnaires. Elles s'égrènent dorénavant en une kyrielle de domaines : stratégie, finances, production, maintenance, qualité, systèmes d'information, contrôle de gestion, sécurité, marketing, communication, « ressources humaines », affaires juridiques, achats… La fonction patronale, après s'être scindée verticalement, se trouve donc éclatée aussi fonctionnellement. Or, cette strate de « managers à distance » vient en plus de l'encadrement traditionnel, de proximité. Contremaîtres et chefs d'équipe composent leur rôle de « patrons », mais en tenant compte des prescriptions élaborées par les gestionnaires, dirigeants et actionnaires. Enfin, et plus récemment encore, la fonction patronale a vu se développer en son sein un groupe de professionnels de la finance. Ils ne sont ni propriétaires, ni dirigeants, ni encadrants, mais interviennent de manière vigoureuse sur le capital (Orléan, 2005 ; Weinstein, 2010) et, par contrecoup, sur le travail.

Ainsi, dans les grandes organisations industrielles et de services, le « patron » en tant que personne unique, incarnée, avec laquelle il serait possible de débattre, est introuvable. La fonction de direction est plutôt un agencement social entre cinq niveaux et de multiples spécialités : les propriétaires du capital, les professionnels de la finance, les dirigeants salariés, les gestionnaires spécialisés, l'encadrement opérationnel de proximité[1]. Chaque acteur évoque les contraintes que lui imposent les autres. Il est en situation de pouvoir sur d'autres travailleurs, mais ses marges de manœuvre sont compartimentées. Alors, étonnamment, ces acteurs sont souvent eux-mêmes très critiques sur la manière dont est dirigée l'organisation, quand bien même ils auraient des grades et fonctions de direction.

1. Dans les trois fonctions publiques, la fonction de direction est également éclatée entre les donneurs d'ordre politiques, représentant la nation, les hauts fonctionnaires, les dirigeants de structures, les gestionnaires spécialisés, et enfin, l'encadrement de proximité.

Ce qui est remarquable, dans cette division sociale du travail de direction, c'est que chaque échelon est tiré par une rationalité qui lui est propre. Dans une logique toute wébérienne, chaque fonction tend à s'autonomiser. Les capitalistes n'ont pas les mêmes intérêts que les professionnels de la finance (Orléan, 2005). Les dirigeants salariés, eux, ne bénéficient pas significativement des plus-values capitalistiques[1]. Leur enjeu est principalement de réussir une carrière, c'est-à-dire d'entretenir, dans la durée, une bonne image dans les réseaux sociaux dont ils dépendent professionnellement. Ils doivent donc déployer une sorte de marketing de la fonction de directeur. Celui-ci consiste à donner des signes de conformité aux attentes des conseils d'administration, en même temps qu'il faut ajouter une touche personnelle dans l'exercice du métier. Ils s'attellent alors à faire atteindre à l'entreprise les objectifs de rentabilité, tout en médiatisant quelques projets distinctifs exprimant leur style. Ils se tournent vers les gestionnaires pour qu'ils mettent en œuvre ce double projet. Les gestionnaires spécialisés, en tant que salariés, n'ont que peu d'enjeu matériel sur les opérations en capital ou sur le rendement du travail. Pourtant, leur mission consiste à optimiser ces deux composantes en produisant des normes, procédures, méthodes et systèmes de contrôle. L'encadrement de proximité, lui, doit réconcilier les consignes qui « tombent » du siège avec la situation locale de production. Il est un traducteur entre la gestion et le « terrain », entre les chiffres et les situations réelles. Son enjeu consiste avant tout à rendre le quotidien possible et vivable en bricolant des réponses concrètes.

Dans cette division sociale du travail de direction, la strate des gestionnaires a pris une place croissante depuis

1. Sauf, parfois, marginalement, par la possession de stock-options, dispositif qui ambitionne, précisément d'« intéresser » les dirigeants aux enjeux des actionnaires.

trente ans. Leur travail réel est caractérisé par trois phénomènes remarquables, qui contribuent à la normalisation de l'idéal dans la prescription du travail.

LE MANAGEMENT À DISTANCE

Les gestionnaires sont mandatés pour prescrire, outiller et contrôler le travail productif des autres travailleurs, qu'ils soient ouvriers de production, de maintenance ou de nettoyage, vendeurs, employés administratifs, techniciens, guichetiers, caissiers, travailleurs sociaux, enseignants… Pourtant, les gestionnaires ne sont pas en situation de connaître l'activité qu'ils encadrent. Ils n'y sont généralement pas formés et n'en ont que rarement et alors anciennement l'expérience. Ils en sont physiquement éloignés, et ce, d'autant plus qu'avec les outils actuels, le temps de communication écrite est devenu insensible à la distance spatiale. Le qualiticien qui, de Californie, écrit une procédure pour une usine en Chine, comme un directeur des ressources humaines dans un ministère qui prescrit à des équipes de province d'appliquer un protocole d'évaluation ou de formation, sont pareillement loin des yeux, loin des corps, du bruit et de l'odeur des situations de travail telles qu'elles se présentent réellement. Ils ne voient pas, ne sentent pas, ne sont pas « touchés » par les aventures du travail productif. De ce fait, ils doivent encadrer à distance un travail qu'ils ne peuvent que se représenter abstraitement. Ils agissent rationnellement, en produisant des chiffres et des lettres, des mesures (Dujarier, 2011) et des symboles. Vu de leur poste, c'est cela, la « réalité ».

La gestion traite des « ressources humaines » : elle se préoccupe donc du travail abstrait, c'est-à-dire de l'activité vue comme une force de travail que l'on achète sur un marché (Marx, 1867-1993) et qu'il s'agit d'« optimiser » économiquement. Le travail concret n'est pas saisi par la gestion, quand bien même son action principale serait de l'orienter, l'inciter, l'évaluer. Le travail, comme mot et concept, apparaît d'ailleurs très peu dans le vocabulaire gestionnaire. Ce qui compte au sens littéral, c'est la productivité, c'est-à-dire les *effets mesurables* du travail. C'est au nom de ce « réalisme », inévitablement « économique », que les gestionnaires fixent des normes qui, pour ne pas s'affronter aux limites du réel, peuvent se déployer infiniment. En outre, du fait de la division fonctionnelle du travail de gestion, chaque spécialité peut, intelligemment, et avec le sentiment de bien faire, exiger de l'organisation qu'elle soit au meilleur niveau sur des critères relevant de chaque spécialité, au risque d'additionner les prescriptions et leurs contradictions. Ces directions exigent alors, sans illogisme apparent, un projet idéal, irréalisable.

Le management à distance favorise une déréalisation de l'activité par ceux qui la prescrivent et la contrôlent : assez facilement, les travailleurs qui manipulent des chiffres et des mots peuvent oublier qu'ils ont un impact sur le réel. Ne pas connaître le métier, les travailleurs, les situations réelles et leurs nuances, permet d'ailleurs d'aller plus vite, de rendre leur tâche de rationalisation plus aisée, disent-ils. Pour arriver à tenir cette posture, il devient alors utile de ne plus partager le réel des autres, y compris dans les temps de vie hors de l'entreprise (Lasch, 2007). Cette forme de distanciation sociale peut d'autant mieux se réaliser que les gestionnaires n'attendent pas de reconnaissance de la part de ceux dont ils encadrent le travail.

DYNAMIQUE DE LA RECONNAISSANCE PROFESSIONNELLE

Les dispositifs gestionnaires sont justifiés par la quête de la performance. Pourtant, elle n'est finalement pas le critère effectif de reconnaissance. Celle-ci, comme dans tout métier, est produite avant tout par les pairs, ceux qui connaissent le travail réel et en sont les seuls experts

(Dejours, 1995). Or, dans les métiers spécialisés de la gestion, les pairs sont majoritairement situés *en dehors* de l'organisation qui les emploie. Ils se trouvent dans un « espace professionnel » (Boussard, 2008) comprenant des gestionnaires d'entreprise, des consultants, formateurs, *coachs*, certificateurs, éditeurs, universitaires... Les gestionnaires construisent leur carrière à condition d'afficher dans cet espace des actions distinctives. Qu'ils soient informaticiens, consultants, qualiticiens ou contrôleurs de gestion, par exemple, ils doivent « lancer des projets nouveaux et ambitieux », créer des outils, inventer des dispositifs originaux auxquels ils donnent des noms. Cette dynamique de la reconnaissance contribue donc à l'inflation et à l'idéalisation des prescriptions.

Ce type de projets sert doublement l'intérêt des gestionnaires. Premièrement, il procure une satisfaction dans l'activité elle-même. Elle devient intellectuellement gratifiante, voire ludique. Ensuite, c'est ainsi qu'ils « font leur CV » et obtiennent de la reconnaissance auprès de leurs pairs, indispensable à leur évolution professionnelle. Celle-ci se joue également sur un marché des produits du management.

LE MARCHÉ DU MANAGEMENT

Les méthodes de management sont devenues des produits sur les marchés de l'édition, du conseil, de la certification, de l'audit, du droit, de la formation, des systèmes d'information ou d'autres prestations immatérielles diversifiées. Les fournisseurs sont organisés en spécialités précises, reflétant celles de leurs clients dans les entreprises et administrations.

Devenues des marchandises, ces méthodes de gestion vont, à l'instar d'une lessive, faire l'objet d'un travail de mise sur le marché (Dujarier, 2006). En particulier, ces produits doivent être renouvelés fréquemment, afin de maintenir et développer le volume et les prix – plus que pour accroître leur valeur d'usage. En outre, ils doivent être attractifs et distinctifs. Les arguments de vente avancent alors la performance, la rapidité, la sécurité des prestations, avec une tendance logique à la formulation de promesses enchanteresses. La marchandisation du management favorise donc, comme pour la logique de reconnaissance professionnelle, une amplification des prescriptions. Elles sont alors abondantes, sans cesse renouvelées et séduisantes, c'est-à-dire à la fois pléthoriques et idéales.

LE DÉVELOPPEMENT D'UNE CRITIQUE SOCIALE ?

À la pression capitalistique s'ajoute donc cette « innovation » gestionnaire frénétique. Chaque spécialiste produit un flux incessant de consignes éphémères et souvent contradictoires à l'attention des travailleurs opérationnels. Ceux-ci évoquent alors le « bombardement procédural », la « paperasserie » et le contrôle tatillon, injuste et humiliant dont leur travail fait l'objet. Ils ont le sentiment de subir une instabilité chronique, une contrainte à mal travailler et une agitation contre-productive. Leur critique ressemble à celle que Durkheim adressait au « tumulte stérile » et aux « théories qui célèbrent les bienfaits de l'instabilité » (1893-1999, p. 285). C'est moins la gestion comme activité qui est attaquée, que la maladresse avec laquelle elle traite le travail comme activité concrète.

Cette situation est donc à l'origine du développement contemporain de la critique sociale et sociologique de la gestion (Gaulejac de, 2004). Mais diffuse, plaintive ou moralement accusatrice, elle ne se déroule pas dans un échange direct avec les gestionnaires eux-mêmes, sur les lieux de travail. La rationalisation mène en effet à une dépersonnalisation des rapports sociaux, à leur formalisation et réification (Weber, 1905-2000). La gestion à distance restreint les *relations* entre les prescripteurs et les travailleurs[1] alors même que leur *rapport* social s'intensifie. Entre les actionnaires, dirigeants et gestionnaires « réalistes » et ceux qui connaissent « réellement » le travail, le débat n'a donc généralement pas lieu. Puisse ce livre servir de prétexte à l'instruire.

1. Il peut s'agir de salariés ou de consommateurs, lorsque ces derniers sont mis au travail (Dujarier, 2008 *a*).

BIBLIOGRAPHIE

AGAMBEN G, *Qu'est-ce qu'un dispositif ?*, Rivages/Petite Bibliothèque, 2007.

BELL D., *The Coming of Post-Industrial Society : a Venture in Social Forcasting*, New York, Basic Books ; trad. franç. *Vers la société post-industrielle*, Paris, Laffont, 1973-1976.

BERLE & MEANS, *The Modern Corporation and Private Property*, Harcourt, Brace & Word Inc. (nouvelle édition 1991), New Brunswisk, New Jersey, Transaction Publishers, 1932.

BOUSSARD V., *Sociologie de la gestion : les faiseurs de performance*, Paris, Belin, coll. « Perspectives sociologiques », 2008.

BOUSSARD V., Maugeri S., (dir.), *Du politique dans les organisations*, Paris, L'Harmattan, 2003.

BRUNSSON N., *The Organization of Hypocrisy – Talk, Decisions and Actions in Organizations*, Chichester, England, John Wiley & Sons, 1989.

CASTEL R., *La Métamorphose de la question sociale, une chronique du salariat*, Paris, Le Seuil, coll. « Points », (1995-1999).

CHANDLER A., *The Visible Hand: the Managerial Revolution in American Business*. Cambridge, Mass., Harvard University Press ; trad. franç. *La Main visible des managers*, Paris, Économica, 1977.

COCHOY F., *Une histoire du marketing*, Paris, La Découverte, coll. « Textes à l'appui », 1999.

DARDOT P., Laval Ch., *La Nouvelle Raison du monde. Essai sur la société néolibérale*, Paris, La Découverte, 2009.

DEJOURS Ch., *Le Facteur humain*, Paris, Presses universitaires de France, coll. « Que sais-je ? », 1995.

DUJARIER M.-A., « La conduite du changement : lorsque le travail d'organisation devient un produit marchand », in *Le Stable, l'instable et le changement dans le travail*, F. Hubault (dir.), Toulouse, Octarès, 2006, p. 91-103.

DUJARIER M.-A., *Le Travail du consommateur*, Paris, La Découverte, 2008 *a*.

DUJARIER M.-A., « Prendre sur soi : l'individualisation du travail d'organisation », in *La Précarité : une relation entre travail, organisation et santé*, G. de Terssac, C. Saint-Martin, C. Thebault (coord.), Toulouse, Octarès Éditions, coll. « Le travail en débats », Série MSHS-T, 2008 *b*, n° 6.

Dujarier M.-A., « L'automatisation du jugement sur le travail. Mesurer n'est pas évaluer », in *Les Cahiers internationaux de sociologie : ce qu'évaluer veut dire*, vol. CXXVIII-CXXXIX, 2011, p. 137-162.

Durkheim E., *Le Suicide*, Paris, Presses universitaires de France, (1897-1999).

Foucault M, *Naissance de la biopolitique. Cours au collège de France, 1978-1979*, Gallimard Le Seuil, coll. « Hautes études », 2004

Gadea G., *Les Cadres en France. Une énigme sociologique*, Belin, coll. « Perspectives sociologiques », 2003.

Galbraith J. K., *Le Nouvel État industriel*, Paris, Gallimard, 1968.

Gaulejac V. de, *La Société malade de la gestion. Idéologie gestionnaire, pouvoir managérial et harcèlement social*, Paris, Le Seuil, coll. « Économie humaine », 2004.

Lasch R., *La Révolte des élites et la trahison de la démocratie*, Paris, Flammarion, coll. « Champs », 2007.

Laufer R., Paradeise C., *Le Prince bureaucrate*, Paris, Flammarion, 1982.

Marx K., *Le Capital, livre I*, Presses universitaires de France, coll. « Quadrige », (1867-1993).

Mintzberg H., *Structure et dynamique des organisations*, Paris, Éditions d'Organisation, 1982.

Orlean A., *Le Pouvoir de la finance*, Odile Jacob, 2005.

Supiot A., *Critique du droit du travail*, puf, coll. « Quadrige », 2002.

Terssac de. G., « Théorie du travail d'organisation », in *Interpréter l'agir : un défi théorique*. B. Maggi (dir.), puf, coll. « Le Travail Humain », 2011, p. 97-121.

Touraine A., « L'organisation professionnelle de l'entreprise », *in* G. Friedmann & P. Naville (éds.), *Traité de sociologie du travail*, t. I, Paris, Armand Colin, 1961, p. 387-428.

Weber M., *L'Éthique protestante et l'esprit du capitalisme,* Traduction et présentation par Isabelle Kalinowski, Flammarion, coll. « Champs », (1905-2000).

Weinstein O., *Pouvoir, finance et connaissance. Les transformations de l'entreprise capitaliste entre le xxe et le xxie siècle*, Paris, La Découverte, coll. « Textes à l'appui/Économie », 2010.

PRÉFACE

Les tyrannies de l'idéal sont un phénomène social central des sociétés hypermodernes. Les organisations exigent toujours plus de leurs employés qui ont le sentiment de n'être jamais à la hauteur. Et chacun d'attendre une reconnaissance qui n'est que chichement délivrée. Avec ce livre, nous avons là une contribution majeure à la compréhension des changements dans le monde du travail que les chercheurs du Laboratoire de changement social analysent depuis trente ans. Les ouvrages pionniers de *L'Emprise de l'organisation* (1979), *Le Coût de l'excellence* (1991) comme les travaux d'Eugène Enriquez sur les processus inconscients dans les organisations (1998) montraient qu'à l'heure où de multiples interrogations se développent autour du désenchantement, de l'effondrement des valeurs et de la perte de repère, beaucoup sont fascinés par la culture de la performance, les illusions de l'excellence, le dépassement des limites. On le constate dans le sport de haut niveau, dans certaines pratiques religieuses, ou dans la recherche de la « défonce » dans différents milieux. On l'observe également dans le monde du travail. L'idéologie managériale propose à ses employés un contrat narcissique censé répondre à leur désir de perfection et de toute-puissance. Ce contrat ressemble à celui de Faust. En contrepartie d'un investissement sans limites dans le travail, l'entreprise prétend apporter la possibilité de « réussir », de se dépasser, de devenir le meilleur. Comme si les performances de l'entreprise pouvaient répondre à la quête de sens individuelle.

Marie-Anne Dujarier complète ces travaux et ouvre des perspectives nouvelles. Le livre montre que nous sommes moins, comme dans les années 1980, dans un système d'adhésion narcissique à une organisation idéalisante, que dans un système de prescriptions idéales, sanctionné socialement, qui oblige non plus à adhérer mais à faire comme s'il était possible de réaliser l'idéal. Elle analyse les différentes facettes du processus de prescription et de normalisation de l'idéal au sein de deux organisations, l'une privée et l'autre publique. Un dirigeant proclame : « Nous on donne du sens [...] Si les règles viennent d'en bas, on n'avance pas ! Il faut bien qu'il y ait des gens qui réfléchissent au-delà du raisonnable si on veut progresser. L'idéal c'est qu'ils se débrouillent seuls, tout en respectant les procédures. [...] On a beaucoup de mal à trouver du personnel qui soit à la hauteur de nos jours. » La « mégalomanie » de ce type de managers bardés de certitudes est sans bornes. Aveuglés par un sentiment de toute-puissance, ils fixent les règles du jeu, les normes, les prescriptions, les exigences. La question de la norme se déplace du règlement qui exigeait l'obéissance et le respect, à la prescription qui entraîne les agents dans une spirale infernale du toujours mieux. L'univers réglementaire indiquait des limites en définissant ce qu'il convenait de faire et ce qui était interdit. La prescription de l'idéal installe un univers d'exigences sans limites dans lequel on est toujours coupable de n'en faire jamais assez, de n'être jamais à la hauteur de ce que l'on attend de vous. Dans le monde du règlement, les contraintes sont connues, visibles, repérables. Dans l'univers de la prescription de l'idéal, elles sont sans bornes, instables, infinies.

L'idéal est devenu une norme. Il y a là « une technique de pouvoir qui individualise les tensions, dénie les limites et les contradictions », écrit M.-A. Dujarier. Les dirigeants justifient l'exercice de ce pouvoir par une phrase incantatoire : « On n'a pas le choix. » Et pourtant, il engendre une pression permanente par une demande illimitée de performance. On assiste à la généralisation d'un système de harcèlement qui est la cause majeure du développement du stress, de l'épuisement professionnel, du burn out et de différentes formes de dépression qui ne cessent d'augmenter dans le monde du travail. Autant de symptômes produits par ces nouvelles pratiques managériales, mais interprétés comme la conséquence d'une faiblesse ou d'une incompétence des agents. Cette psychologisation des contradictions sociales est une des caractéristiques majeures de ce pouvoir.

L'ouvrage met en perspective l'écart entre le travail, comme expérience de l'action et de ses limites, et l'idéal comme représentation subjective, comme possibilité de se représenter les choses et les hommes sans prendre en compte leurs limites. Ce « dialogue entre l'idéal et le travail » est une clé de compréhension des tensions qui règnent aujourd'hui dans les entreprises. Non pas qu'il faille entretenir une nostalgie quelconque de la répression disciplinaire du modèle taylorien, ou encore de la normalisation bureaucratique. Mais plutôt parce que ce nouveau modèle managérial de gestion des organisations, qui se présente comme étant la pointe du progrès, comme le *nec plus ultra* de l'efficacité, comme un modèle particulièrement sensible au « facteur humain », est porteur d'illusion et de déraison. Illusion de rationalité qui occulte un fonctionnement fondé sur le paradoxe. Illusion de performance qui met les travailleurs, cadres et non-cadres, dans une course infernale pour réaliser des objectifs toujours plus ambitieux avec des moyens toujours plus réduits, dans des délais de plus en plus courts.

Les prescripteurs sont déconnectés de l'activité concrète. L'organisation du travail est pensée à partir d'un *monde théorique idéal : des salariés parfaits, des clients* modèles, des outils fiables ; un monde sans contradiction. Le facteur humain est conçu comme un élément malléable à merci, comme s'il s'agissait d'agents disponibles en permanence, ne commettant jamais d'erreurs, ne connaissant aucune faiblesse et capables de donner en permanence le meilleur d'eux-mêmes.

L'ouvrage montre le caractère « délirant » de ce projet. Au lieu de partir du réel, il s'étaye sur des fantasmes de toute-puissance, le déni des limites, la quête d'un idéal mis au service du profit pour quelques-uns. Plutôt que de penser l'organisation comme un système de médiation des contradictions inhérentes à toute production humaine, elle devient un système de prescriptions qu'il faut suivre à la lettre quand bien même celles-ci sont incompatibles entre elles. Les contradictions se transforment alors en paradoxes, l'hyperrationalité apparente produit un monde irrationnel dans lequel les travailleurs doivent apprendre à vivre en essayant de ne pas sombrer dans la « folie ».

Marie-Anne Dujarier décrypte les sources de ce pouvoir paradoxal qui reproduit, sous une forme renouvelée, la coupure entre ceux qui exécutent le travail et ceux qui prescrivent la manière dont il doit être fait. Il s'organise autour d'une délégation en cascade. Des administrateurs de plus en plus exigeants éloignés des réalités du travail. Des dirigeants et des experts qui conçoivent des prescriptions idéales sachant qu'elles sont inapplicables et exigent, cependant, qu'elles soient mises en œuvre. Un encadrement intermédiaire qui « se défonce » dans une hyperactivité chronique pour remplir ses objectifs et tenter de satisfaire la hiérarchie, les clients, les collègues dont les demandes sont pressantes et antagonistes. Des agents en première ligne sur lesquels « tout tombe », mais qui tentent, malgré tout, de satisfaire ces attentes idéales, de répondre à ces injonctions paradoxales. Pour ne pas « péter les plombs », ils mettent en œuvre des comportements défensifs sur le mode héroïque, désabusé, illusoire ou critique, dans un contexte d'individualisation où les collectifs de travail sont laminés.

La description de cet univers, à partir d'un service de gériatrie et d'une chaîne de restauration, est fascinante. Malgré la gravité du propos, l'écriture est agréable et sensible. Elle intègre parfaitement une réflexion théorique approfondie et jamais rébarbative, une description des processus, des « contextes quotidiens » et du vécu du travail par les différents protagonistes. Bel exemple d'écriture clinique qui réussit à concilier la rigueur scientifique et l'art d'aller au plus près de la façon dont les personnes vivent les processus analysés. L'objectivité de l'analyse ne se fait jamais au détriment de la compréhension subjective.

Mais il y a plus. Le lecteur est constamment tenu en haleine. L'ouvrage se lit comme un roman policier. Au fur et à mesure, le lecteur découvre des indices, des hypothèses, des éléments nouveaux qui permettent de comprendre les sources d'une violence qui se présente comme innocente dans la mesure où personne n'en porte la responsabilité. La formation d'une norme idéale est le résultat d'une activité collective, du travail d'organisation (et pas seulement de l'organisation du travail), à laquelle tout le monde participe, y compris le client ou l'usager.

Cette recherche montre la vitalité et la pertinence d'une orientation clinique pour comprendre l'évolution des sociétés hypermodernes et ses conséquences sur les individus. Elle est le signe d'une recomposition des rapports entre différents courants de la sociologie, en particulier entre la sociologie des organisations, la psychologie du travail et la sociologie clinique[1]. J'espère

1. Elle vient compléter une série de travaux menés par Nicole Aubert sur le rapport au temps (2003) et l'individu hypermoderne (2005), Grégoire Philonemko et Véronique Guienne sur le système Carrefour (1998), Dominique Lhuilier sur les phénomènes d'exclusion dans les entreprises (2003), Fabienne Hanique* sur la modernisation de La Poste (2003), Valérie Brunel sur les nouvelles technologies de gestion de soi dans les entreprises (2004), Hélène Weber sur les processus d'adhésion chez Mac Donald's (2005) et par l'auteur de ces lignes sur les conséquences sociales et psychiques des nouvelles pratiques managériales et de l'idéologie gestionnaire (2005, 2011).

qu'elle favorisera l'émergence de réactions collectives contre la folie d'un monde obsédé par l'efficacité, la performance et la course au « toujours plus ».

Vincent de Gaulejac
Directeur du Laboratoire de changement social

« On est sortis avec les malades[1] à l'Ascension. Pendant la sortie, les personnes âgées n'étaient plus incontinentes. C'est incroyable ! Au restaurant, elles mangeaient, alors qu'ici elles n'arrivent pas à finir leur potage. Ici, ça ne vous anime pas, les chariots de nourriture stérile, sans odeur. Les œufs, on doit leur donner en poudre, c'est la norme. C'est pour leur bien, pour leur sécurité. On ne peut pas leur donner de vrais œufs.

L'idéal, ce serait que tous les dimanches, on leur serve un apéro. Quand on le fait, les patients apprécient. Avant, on avait des apéros. En cachette. Y'en a plus. C'est interdit. On faisait des gâteaux aussi. Mais maintenant, on a tout aseptisé. On leur sert de la purée blanche, sans odeur. C'est normal. C'est comme ça, maintenant. On ne peut pas faire autrement. Tout est rigide. Ici, les gens mangent la même cuisse de poulet pendant vingt ans. Elle ne ressemble à rien. C'est mangeable, il ne faut pas exagérer, mais ça n'a pas de couleur. Il faudrait mettre des couleurs [...].

Nous, on peut apporter la vie. Mais on n'a pas le droit. Faudrait pouvoir faire des choses humaines. Mais en formation, on vous dit qu'il faut faire de la qualité [...].

Et puis avec les familles, c'est un problème. L'insatisfaction augmente. Ils sont plus agressifs et exigeants. Y'en a de plus en plus qui font des procès. Par exemple, un patient qui a une dégénérescence prévisible, la famille ne l'accepte plus. Elle se tourne vers le docteur et lui dit : "Vous devez le remettre en état normal !"

Alors nous, forcément on ne peut pas. On n'est jamais à la hauteur. Ça va jamais. »

Une infirmière dans un service gériatrique public,
en banlieue parisienne.

1. Personnes âgées dépendantes, en service hospitalier de longue durée.

INTRODUCTION

Mme B. est une infirmière de 50 ans. Elle travaille dans un service gériatrique longue durée, dans un hôpital public de la banlieue parisienne. Véronique est une jeune chef de rang – c'est-à-dire, serveuse – dans un restaurant de la chaîne C'BON[1]. Quel point commun peut-il y avoir entre elles ? Au premier regard, aucun. Elles font des métiers fort différents, dans des contextes et pour des organisations incomparables. La première participe à une mission de service public, alors que la seconde travaille dans une entreprise privée. Mme B. est une professionnelle qualifiée de la santé et s'occupe de personnes très âgées, le plus souvent démentes et impotentes, dans un hôpital austère à l'architecture centenaire. Véronique, elle, n'a pas fait d'études supérieures. Elle sert des repas à des hommes d'affaires pressés ou à des groupes d'amis, dans un restaurant aux couleurs pimpantes. Rien à voir, et pourtant…

Elles doivent toutes les deux satisfaire totalement leurs clients ou, dans le cas de Mme B., les patients et leur

1. Il s'agit d'un nom fictif, pour désigner une entreprise bien réelle.

famille, usagers de ce service public[1]. Ceux-là sont incités à exprimer leurs motifs d'insatisfaction à la hiérarchie, aux juges et aux médias, tandis que leur « degré de satisfaction » fait l'objet d'une mesure régulière et précise. Celui-ci préoccupe, au sens littéral, leur activité, ainsi soumise à l'appréciation subjective du consommateur. Ces deux salariées partagent également l'obligation, face à un patient ou un client, de respecter absolument les normes professionnelles réglementaires et législatives qui encadrent leur secteur d'activité, notamment en matière d'hygiène et de sécurité. La conformité aux normes fait l'objet d'un contrôle tatillon par des experts externes. Il est doublé de contrôles internes visant à protéger l'organisation d'une mise à l'amende. Ces normes professionnelles sont d'une exigence croissante. En même temps, l'infirmière et la serveuse doivent appliquer scrupuleusement les procédures opératoires, protocoles et autres fiches techniques. Elles décrivent dans un luxe de détails le service tel qu'il doit être fabriqué et fini. Simultanément, il est prescrit à l'infirmière et au chef de rang d'améliorer sans fin les performances quantitatives, qualitatives et économiques : plus de rotation des lits et des tables, zéro défaut, qualité totale, rentabilité croissante. Les objectifs de résultats sont aussi nombreux que diversifiés. Ils font l'objet de contrôle gestionnaire hypersophistiqué. Enfin, et bien que cela puisse paraître absurde, compte tenu de cet encerclement prescriptif de l'activité, l'infirmière et la serveuse doivent se comporter conformément à une injonction d'autonomie et de responsabilité. Mme B. et Véronique, bien qu'étant dans des organisations incomparables, partagent donc une situation de travail similaire à bien des égards. En outre, elles expriment un même malaise commun, quoique diffus, à propos de leur rapport

1. Dans la fonction publique, il est inexact – même si cela se pratique couramment – de parler de « client ». L'usager est dans une relation de service au nom d'un droit ou d'un devoir (politiques), tandis que le client l'est par contrat (commercial).

au travail. Dans un refrain plus plaintif que revendicatif, plus psychologique que social, elles disent avec la même moue triste qu'« il est de plus en plus difficile de faire du bon travail », et « qu'on n'est jamais à la hauteur ».

Les managers, eux, qu'ils soient directeurs de restaurant ou cadres de santé, sont pareillement responsables d'une équipe opérationnelle. Ils disent en chœur qu'ils sont débordés, stressés et finalement… coachés. Ils témoignent d'un sentiment un peu confus, et sans doute trop brutalement vécu, d'un dérèglement de la notion de responsabilité. Comme si le travail prescrit était, d'un point de vue pragmatique mais aussi moral, bien trop vaste par rapport au travail possible. Ils partagent un commun appétit pour les techniques et recettes de management, surtout lorsqu'elles sont psychologiques. Cependant, elles semblent ne jamais devoir calmer leur tourment et leur hyperactivité au travail. Dans la restauration comme dans la santé, les cadres de proximité disent pareillement leur peur de « péter les plombs ».

Les dirigeants de ces deux organisations décentralisées, dans laquelle la valeur ajoutée, au sens économique et social du terme, réside dans une interaction singulière jamais totalement prévisible, éprouvent pareillement un sentiment d'impuissance à maîtriser la production. Ils n'ont pas la main sur « le petit détail qui compte » : le sourire de la serveuse, ou le geste précis qui empêchera une personne âgée de tomber, par exemple. Alors, ces dirigeants et décideurs s'accordent pour dire qu'ils « n'ont pas le choix ».

Étonnantes ressemblances, donc, dans des milieux de travail pourtant contrastés.

LA NORMALISATION DE L'IDÉAL AU TRAVAIL

La similarité de discours, chez des personnes qui exercent des métiers aussi différents dans des organisations *a priori* incomparables, peut nous indiquer qu'ils sont les produits et les producteurs d'un phénomène social commun, qui s'inscrit dans la prolongation et l'exacerbation des phénomènes d'excellence (N. Aubert, V. de Gaulejac, 1991) et de rationalisation au travail. Ce livre montre que les organisations, qu'elles soient publiques ou privées, sont caractérisées par un processus de normalisation de l'idéal au travail. La prescription du travail est idéale, et donc hors de portée de l'action possible. Ce constat est vieux comme l'invention du taylorisme. Ce qui est nouveau, en revanche, c'est que les dispositifs de contrôle tels que la traçabilité, les méthodes d'évaluation, la juridiciarisation des relations de service... la rendent « vraiment » exigible, sous peine de sanction. La norme est devenue idéale, et, en plus, l'idéal est devenu la norme. Les organisations devraient être si puissantes qu'elles pourraient satisfaire toutes les exigences, fussent-elles illimitées et contradictoires entre elles. Or, la prescription d'autonomie et de responsabilité, en participant à l'individualisation du travail et de sa reconnaissance, transforme la toute-puissance organisationnelle en une injonction à la toute-puissance individuelle.

Le déni des limites au travail va de pair avec une nouvelle division sociale du travail d'organisation, qui est aussi une division morale du travail, dans laquelle le client et l'usager sont enrôlés pour prescrire et contrôler le travail des premières lignes. Ce livre propose d'analyser les processus sociaux qui permettent de fabriquer cette norme et de la maintenir, quand bien même elle serait coûteuse pour les sujets, les collectifs et les organisations.

DEUX SERVICES DE MASSE

J'invite le lecteur à partager une démonstration sociologique comparative originale. Sans aller jusqu'à affirmer, à l'instar de Durkheim (1901), qu'elle donne les moyens de « l'administration de la preuve » en sociologie, ou qu'elle permet d'établir des « lois », la comparaison est ici un outil heuristique de compréhension et de généralisation des constats cliniques.

Nous allons entrer dans l'intimité de deux milieux professionnels fort différents : la gériatrie publique, d'une part, et une chaîne de restauration privée, d'autre part. Leur unique point commun est d'être des organisations de services de masse, caractéristiques de notre société. Dans un hôpital comme dans un restaurant, les salariés doivent produire de manière normalisée et anonyme (pour la « masse ») une relation de service adaptée (pour la personne singulière). Observer deux organisations *a priori* incomparables permet de distinguer, parmi le foisonnement des données sociologiques propres à chacune d'elles, les processus en cours dans les services de masse en général.

Le service a pour caractéristique d'être un travail relationnel, c'est-à-dire un travail *pour* autrui, mais aussi *avec* et *sur* autrui. Pour bien le faire, le salarié doit interpréter la situation et adapter les procédures, son style, son écoute, son langage, ses silences, ses gestes, à chacun de ses interlocuteurs. Or, produire « en masse » signifie que le service, en tant que résultat et processus, puisse être prévu de manière générique, avant même que la relation avec le client ou l'usager du service n'ait eu encore lieu. Ainsi la massification du service est-elle traversée par des tensions entre normalisation et personnalisation, entre prévisibilité et adaptabilité, entre répétition du même et reconnaissance de l'altérité. Or, la contradiction se joue et se dénoue dans une relation entre un salarié d'une organisation (qui est en « première ligne ») et un client ou usager. La manière de résoudre la tension crée un lien social particulier, qui, lorsqu'il est reproduit massivement, finit par produire un certain type de société.

UNE SOCIÉTÉ DE SERVICES DE MASSE

Une majorité de salariés travaille dans des organisations de service de masse, qu'elles soient publiques (éducation, santé, aide sociale, administration, culture, logement social, justice, prévention et répression…) ou privées (distribution, banques et assurances, informatique, restauration rapide ou non, tourisme, transports, services aux personnes, loisirs…). En outre, chacun fait l'expérience quotidienne d'interactions avec des salariés qui travaillent pour ces organisations de service de masse, lorsqu'il en consomme en tant que client et lorsqu'il en bénéficie en tant qu'usager. La tertiarisation de la société signifie que, de plus en plus, nous construisons des relations sociales dans cette interaction avec des organisations de services de masse. La poussée de ce phénomène est telle que l'on peut parler de « surdétermination des liens sociaux par les fonctionnements organisationnels » (M. Bonetti, J. Fraisse, V. de Gaulejac, 1995, p. 36). Dans les services de masse, le lien noué avec les clients et usagers du service a une influence directe sur eux et, en conséquence, sur la société. Aussi le travail et son organisation sociale sont-ils intéressants à observer non seulement pour eux-mêmes, mais aussi pour la société qu'elle produit. Avec ce point de vue résolument constructiviste, il est possible de mettre au jour la manière dont des individus dans l'organisation utilisent et, ce faisant, transforment leur environnement social, notamment dans sa dimension normative. De ce point de vue, l'environnement n'est pas seulement une donnée contextuelle à laquelle l'organisation serait contrainte de s'adapter. Il peut être aussi regardé comme une production organisationnelle.

L'IMPORTANCE SUBJECTIVE ET SOCIALE DU TRAVAIL

Si les organisations sont des éléments centraux de la société, il convient de regarder le travail qui s'y déploie. Le mot travail souffre d'un « excès de définitions » (M. Lallement, 2001), et comporte, en fait, plusieurs dimensions. Le sens de ce mot a connu des variations importantes historiquement (A. Cottereau, 1994 ; D. Méda, 2004).

Le chômage nous rappelle en creux à quel point « avoir un travail » reste important pour l'individu et ses proches. Le travail « que l'on a » (ou pas) attribue grandement les statuts et places social de chacun (R. Castel, 1995). Il participe de manière déterminante à la construction des positions sociales et économiques. Les sociologues[1] soulignent son importance dans la construction de l'identité. Il permet d'agir sur le monde, les hommes et soi-même, avec d'autres et avec l'intention d'obtenir une reconnaissance pour cette action. Le débat sur les délocalisations nous rappelle que les formes de travail et sa division sociale dans une collectivité – fût-elle mondiale – restent un enjeu majeur dans la manière de vivre ensemble.

Nous pouvons aussi regarder le travail de beaucoup plus près, et le considérer du point de vue de l'activité. Le travail est alors ce que l'on fait et ce que cette mise en mouvement fait de nous, en retour. Le mot travail contient l'idée d'effort. Il désigne, en ancien français, l'expérience de la souffrance, spécifiquement dans les deux moments extrêmes de la vie, que sont l'enfantement et l'agonie. Dans cette origine sémantique, nous pouvons entendre que travailler est une activité qui suppose de mobiliser son corps et son intelligence pour affronter et transformer le monde qui nous entoure. Qu'il soit considéré comme source d'aliénation ou occasion de réalisation de soi, fatalité anthropologique ou construction historique, le travail reste invariablement confrontation à la nature, aux objets et aux autres, dans un mouvement de transformation mutuelle. Le travail est une expérience corporelle et existentielle que l'homme fait de ses limites et de l'incertitude de son action. L'activité peut être source de développement pour le sujet (Y. Clot, 1999), ou, au contraire, se refermer sur lui et le tirer du côté de la psychopathologie ou de l'aliénation. Ainsi, le travail que « l'on fait » (ou dont on est privé) joue un rôle déterminant dans la santé psychique et somatique

1. Voir notamment, R. Sainsaulieu, 1977 ; C. Dubar, 2000 ; D. Segrestin, 1996.

de chacun (Ch. Dejours, 1995 *b*). Pour arriver à bien travailler, il faut y « mettre du sien », ce qui explique qu'il soit si difficile d'être contraint de le bâcler. L'organisation du travail a une grande importance à cet égard.

LE TRAVAIL D'ORGANISATION

L'organisation est une construction humaine. Il faut, littéralement, la fabriquer. Et cela suppose de se mettre au travail. Dans la suite de G. de Terssac et J.-D. Reynaud (1992) ainsi que de B. Maggi (2003) notamment, nous appellerons cette activité le « travail d'organisation ». Individuel et collectif, il a pour but de savoir ce qu'il faut faire et comment le faire. C'est une activité partagée, dans laquelle les jeux de pouvoir sociaux rencontrent les « je » des sujets en quête de sens et de reconnaissance au travail. Le travail d'organisation vise à l'efficacité organisationnelle et croise de ce fait les questions de la division du travail, des rapports de pouvoir et d'intérêts et de la possibilité pour l'individu au travail de s'y développer subjectivement. Envisagé comme une activité individuelle et collective, ce concept permet de penser les questions de pouvoir hors des paradigmes de la domination unilatérale ou de la régulation généralisée.

Après avoir décrit la problématique organisationnelle des services de masse, et proposé quelques concepts utiles pour la traiter, nous analyserons la prescription et le contrôle du travail dans ces deux milieux professionnels. À l'écoute des différents acteurs, nous montrerons que le travail de médiation des contradictions est délégué, dessinant quatre positions subjectives distinctes, face à cette normalisation de l'idéal au travail.

Dans ce livre, nous allons regarder de quelle manière est fait ou esquivé ce travail d'organisation dans des hôpitaux et des restaurants, afin de mieux comprendre les caractéristiques sociologiques du travail contemporain et son rapport à l'idéal.

CHAPITRE I

Comment organiser un service de masse ?

Le travail et son organisation connaissent deux transformations majeures depuis les années 1970 : tout d'abord, le passage d'une société industrielle, centrée sur la production et la consommation de biens matériels, à une société tertiaire, toujours largement préoccupée par la consommation de produits, mais aussi progressivement rythmée par la production et la consommation de services. Ensuite, le mouvement de massification et de rationalisation de la production propre à la modernité (M. Weber, 1919 et 1922 *b*) s'est accéléré. Les services de masse se trouvent à l'exact point de rencontre de ces deux mouvements historiques longs, de tertiarisation et de rationalisation du travail. Or, celle-ci est problématique d'un point de vue du travail et de son organisation.

LE SERVICE : UNE RELATION ORGANISÉE

Le terme « service » vient du latin *servitium*, « condition d'esclave », qui donne aujourd'hui le mot de « servitude ». Il a été successivement utilisé dans le vocabulaire religieux (« être au service de Dieu »), féodal (le service comme charge du vassal envers son seigneur), puis militaire (service de l'ost, service militaire). Parallèlement à ces emplois, le service, à partir du XIIIe siècle, désigne l'action, la manière de servir à table et plus généralement la fonction de domestique. Le terme « service public » apparaît en 1580 pour désigner le fait de servir dans l'administration et dans le sens d'« obligation envers la collectivité ». En 1835, ce terme est utilisé pour désigner les « institutions administratives, les missions d'intérêt général ». Ainsi, le terme de service a désigné, pendant des siècles, des activités humaines de travail adressées à un être supérieur, voire transcendant (le maître, Dieu, le seigneur, la patrie, l'État, la collectivité). À partir de 1875, le terme est employé par les économistes pour désigner une « activité qui représente une valeur économique sans correspondre à la production d'un bien matériel ». C'est cette définition, bien que floue, qui prévaut aujourd'hui dans le langage courant[1]. Le terme de « service », en sociologie, a d'abord emprunté au champ économique (les activités tertiaires) et se définit de façon essentiellement négative relativement aux activités industrielles (dites secondaires) et agricoles (dites primaires), productrices de « biens ».

Dans cette définition en creux, il faut entendre toute la difficulté qu'ont eue le service, d'une part, et l'organisation du service, d'autre part, à devenir objets de recherche à part entière. En effet, les travaux sur les services ont longtemps été marqués par la tradition industrielle de la sociologie du travail (C. David, 2000, p. 7). E. C. Hugues a été l'un des pionniers de la recherche sur le travail de service comme relation – y compris du service de masse. Avec W. F. Whyte, ils introduisent le terme de *service relationship*, ouvrant ainsi la voie à la construction d'un objet sociologique nouveau. C'est l'École de Chicago et Erwin Goffman (1961), plus particulièrement, qui posent

1. D'après le *Dictionnaire historique de la langue française*, sous la direction d'Alain Rey, 1999.

la relation de service comme objet. Progressivement, les concepts apportés par l'École des relations humaines (« interaction », « incertitude », « satisfaction », etc.) ne sont plus réservés aux relations professionnelles mais concernent également la relation de service. Il n'y a pas une sociologie de la relation de service, mais des approches distinctes dans les champs économique, gestionnaire, de la sociologie interactionniste, du travail et des organisations, de la linguistique et de l'ergonomie. L'objet est pluridisciplinaire et, au sein même de la sociologie, il existe une pluralité de manières d'aborder et de transformer cet objet.

Les controverses scientifiques relatives à la définition du terme suivent l'évolution rapide des services. La nature immatérielle comme critère est difficile à manier. En effet, la frontière entre les activités centrées sur des biens, mais incluant une relation, et celles, relationnelles, mettant en jeu des biens de façon importante, est difficile à distinguer. Lorsque l'on sert un repas, comme lorsque l'on soigne une personne âgée, deux éléments composent la prestation : la prestation (un repas, un soin) d'une part, et la manière dont elle est livrée, c'est-à-dire la nature et la qualité de l'interaction avec le destinataire du service, d'autre part. La prestation répond à des critères d'utilité classiques, tandis que l'élément second relève davantage du sens donné par les sujets à l'interaction. Dans ce débat, nous identifions un « plus petit dénominateur commun » permettant de définir le service d'un point de vue sociologique, au-delà de la question du matériel et de l'immatériel. Le service en tant que travail est l'activité qui se déploie en présence d'un client ou d'un usager. Il est produit dans une relation. Le client ou l'usager du service peut même être l'objet de la transformation opérée par le travail (comme dans le cas de la médecine par exemple). Dans la question qui nous occupe ici, le terme « service » sera employé au sens de « travail effectué pour des individus et en relation directe avec eux », conformément à la définition historique donnée par E. C. Hugues et W. F. Whyte.

Cependant, cette définition cadre le regard sur l'interaction, au risque d'oublier les autres acteurs du service. Certaines personnes ne sont pas en contact avec les clients et usagers, mais travaillent dans des organisations de service. Il faut alors distinguer les « agents prestataires » des « organisations prestataires » (J. Gadrey, 2000). Un directeur d'hôpital, un comptable, un DRH, un responsable de la maintenance, un formateur ou un qualiticien sont autant de personnes qui participent à la production du service sans être impliqués personnellement dans la relation avec le client ou l'usager, contrairement aux « premières lignes » : les commis de salle et de bar, des chefs de rang et maîtres d'hôtel et, dans une moindre mesure, des directeurs de restaurant dans le cas de la restauration. Dans le contexte hospitalier, il s'agit essentiellement du personnel médical (médecins titulaires ou vacataires, internes et externes), du personnel soignant (infirmiers, aides-soignants, etc.) et, dans une moindre mesure, de l'encadrement de ces professions (chefs de service et cadres supérieurs infirmiers).

Dans la production de services massifiés, contrairement à celui de la petite entreprise ou de l'artisanat, le salarié de première ligne – celui qui fait le service – est toujours différent du prescripteur du service – celui qui organise et contrôle sa massification.

LA MASSIFICATION

Le phénomène de massification est indissociablement lié à la modernité : production de masse consommation de masse, *mass media*, culture de masse, habitat de masse, loisirs de masse, éducation de masse, caractérisent nos sociétés industrielles et postindustrielles. La production de masse a concerné les biens de consommation (automobiles, téléviseurs, frigidaires, etc.), mais s'étend maintenant aux services publics, associatifs et marchands. Fille de la Révolution politique (le projet républicain et démocratique) et de la révolution industrielle, la « masse » n'est ni une foule ni une classe. H. Arendt (1954) définit justement la société de masse comme une société en rupture avec les précédentes en tant qu'elle intègre des populations plus largement et n'établit plus de différence vitale entre les classes sociales. La masse, pour E. Morin (1999), c'est « un agglomérat d'individus considérés en dehors de leur appartenance professionnelle ou sociale ». Elle naît de l'égalité ou de la suppression des grandes inégalités, qu'elles soient politiques ou économiques.

Dans la production, ce qui fait « masse », c'est la reproduction à l'identique d'un même objet original, ses multiplication et diffusion massives sur un marché. Dans la dynamique de la massification, tout objet est susceptible de devenir un produit standardisé et tout individu un consommateur. La massification des choses semble pouvoir s'étendre à tous les domaines, car « tout se passe comme si la vie elle-même sortait de ses limites pour se servir des choses qui n'ont jamais été faites pour cela » (H. Arendt, 1954, p. 269). Ainsi peut-elle concerner également les relations humaines elles-mêmes. Les relations de service peuvent répondre, comme dans le cas de la gériatrie, à une « demande solvable de relation » (A. Gadrey, 1994), voire à une « commercialisation des sentiments » (A. Hochschild, 1983). Alors, le prestataire va fournir une relation sociale dans laquelle la relation devient elle-même l'objet de l'échange. Pour Hanna Arendt, la massification de la culture consiste moins en l'élargissement de sa diffusion qu'en sa transformation. La culture devient « loisir », divertissement « à consommer », et pour cela, « il faut [la] modifier pour qu'[elle] devienne loisir, il faut [la] préparer pour qu'[elle] soit facile à consommer » (*ibid.*, p. 263). D'après les auteurs de l'École de Francfort, la consommation de masse et la publicité qui la soutient tendent à uniformiser les désirs, les comportements et la subjectivité des individus (Adorno & Horkeimer, 1947). Elles créent de « faux besoins », des « manières de vivre », et « l'image idyllique d'une société communautaire » (Marcuse, 1964). La fabrication d'une relation de service standardisée, industrialisée, massifiée, facile à consommer transformerait profondément le lien social (J. Baudrillard, 1986). À la manière des objets culturels lorsqu'ils sont massifiés, la reproduction massive de liens sociaux primaires, tels que s'occuper d'une personne âgée ou servir un repas, donne lieu à la production de relations sans histoire, sans origine. Des signifiants démultipliés et dont l'origine et le sens premier seraient progressivement effacés. La massification dans la relation de service serait alors une mise en scène d'une relation sociale authentique.

Massification rime avec standardisation. Produire massivement des services, c'est offrir un service déterminé, préformaté, normé et unique, à une multitude de clients ou usagers. La massification présente des avantages économiques par le biais des effets d'échelle[1]. Elles peuvent jouer sur toutes les étapes de la chaîne de valeur : la conception du service, la publicité, les achats, les formations, les méthodes, la commercialisation, etc. Le gain économique ainsi obtenu peut être répercuté sur les prix de vente des produits ou des services et favoriser ainsi leur accès et, en conséquence, leur massification.

Vis-à-vis de ses usagers et des clients, la standardisation de l'offre de service peut être comprise comme un avantage important du fait qu'elle est une promesse de régularité de service dans le temps et dans l'espace ainsi que d'égalité de traitement. Elle peut résulter de principes politiques ou d'un choix commercial. Elle peut être interprétée comme une offre de prévisibilité et de sécurité, objective et subjective, dans la consommation du service. Un consommateur sait qu'il peut espérer retrouver

1. « Les économies d'échelle se présentent quand une augmentation de la production diminue le coût unitaire moyen de production. Alors, il est avantageux de produire en grande quantité, ne serait-ce que pour produire à moindre coût que ses rivaux et se trouver ainsi en meilleure position face aux acheteurs » (J. Magnan de Bornier, 2000).

dans tous les restaurants d'une chaîne les mêmes plats, le même type de service et de qualité à un prix prévisible. Dans le service public de santé, « l'égal accès de tous aux soins » est inscrit dans le Code de la santé publique (Article L. 711-4). Les établissements publics de santé doivent recevoir de manière identique toutes les personnes qui se présentent aux portes des établissements, et ce, quels que soient leur pathologie, le jour, l'heure et le lieu.

Comte, Tocqueville, Burke, Weber, Durkheim, quoique de manière différente, ont en commun de s'être intéressés tôt au phénomène de massification d'une société industrielle et urbaine naissante. La « masse » y est décrite comme un ensemble d'individus atomisés, standardisés, normalisés, non engagés mais prêts à s'enthousiasmer, ayant perdu les repères traditionnels. É. Durkheim (1893) distingue la société traditionnelle, caractérisée par une solidarité mécanique et une « conscience collective » forte, de la société émergente, à solidarité organique. Celle-ci est fondée sur des personnalités individuelles agissant dans des sphères d'action propres, où « la conscience collective laisse découverte une partie de la conscience individuelle ». Ces sociétés d'individus « flottants », dont la réflexivité sociale va croissant, présentent d'après lui des risques d'anomie. A. Tocqueville (1835) voyait dans le processus démocratique, en tant qu'il vise à l'égalisation des conditions, un moyen de « répandre un bonheur médiocre sur la totalité des hommes ». Kornhauser, C. Wright Mills et E. Lederer soulignent le risque d'apparition du « totalitarisme » dans une société ainsi massifiée : des individus sans attache communautaire, sans appartenance de classe se trouvent face à des institutions étatiques et industrielles puissantes, qui les traitent de manière impersonnelle et rationnelle. Cette critique rejoint parfois l'analyse critique des évolutions possibles de la démocratie (E. Enriquez & C. Haroche, 2002). L'École de Chicago développera l'hypothèse que l'urbanisation et l'industrialisation dissolvent les liens communautaires, laissant l'individu sans intégration, sans idée d'appartenance ou possibilité d'identification. Hanna Arendt (*ibid.*, p. 255) décrit les « traits que la psychologie collective a découverts [...] dans l'homme de masse : son abandon – et l'abandon n'est ni l'isolement ni la solitude – indépendant de sa faculté d'adaptation ; son excitabilité et son manque de critères ; son aptitude à la consommation, accompagnée d'incapacité à juger, ou même à distinguer ; par-dessus tout, son égocentrisme et cette destinale aliénation au monde que l'on prend depuis Rousseau pour une aliénation à soi ». En contrepoint, l'Américain Daniel Bell (1973) considère que ces analyses critiques relèvent d'une « idéologie de protestation romantique contre la vie contemporaine ». Avec les économistes et gestionnaires, il voit plutôt dans la massification une opportunité stratégique pour accroître la performance des organisations et la démocratie vue sous l'angle de la consommation. L'accès du plus grand nombre aux produits et services est une motivation morale explicite de ces courants, qui voient dans la critique de la massification une attitude élitiste condamnable, d'autant qu'elle touche à des biens ou services de santé et d'éducation. Le débat axiologique sur la massification est ancien et reste très vif, tant du point de vue du travail et de la consommation que des transformations qu'elle opère sur le sujet et la société. Allons regarder de près de quelle manière il se présente, aujourd'hui, dans un restaurant et dans un service gériatrique.

À TABLE !

Paris, 9 heures 30 du matin, place de l'Opéra. Le restaurant fait face au monument impérial duquel sortent, presque chaque soir, des centaines de spectateurs en quête d'une bonne table. Il est situé au pied de nombreux bureaux, établissements financiers, commerces de luxe, agences de voyages. Le jour, une foule incessante d'hommes cravatés et de femmes pressées file et défile devant la vitrine.

Sa façade est colorée, pimpante. À l'entrée, une brouette en bois est posée à même le macadam, à hauteur des pots d'échappement. C'est une brouette comme on n'en fait plus : en bois brut, carrée. Brouette d'un âge indéfini, celui de l'enfance à la Doisneau, où l'on transformait les artefacts de travail en jouets formidables. La brouette a été patinée pour avoir l'air ancien. Elle contient des pommes de terre. Sur le haut du tas, une ardoise indique qu'« ici, les frites sont faites maison ». Juste à côté, une femme est en train de nettoyer avec énergie les poignées en cuivre de la porte d'entrée. Elle s'efface pour me laisser passer, répondant sans élan à mon « bonjour ». Dans la salle de restaurant, cinq personnes, toutes habillées du même polo coloré et du tablier maison, s'affairent. Elles transportent des nappes, des verres, installent des tables, nettoient les chaises. La salle est décorée dans un style qui cherche à être rustique, à l'instar de la brouette. À droite, à gauche, en face sont pendues des assiettes peintes. Sur un meuble en bois, un amas de bibelots évoquant la ruralité. Au plafond, une petite cage en fer, façon « vieux style colonial », contenant un oiseau empaillé. À côté, une fourche en bois flambant neuve a des allures d'outil usé par le temps et les travaux des champs. Les tables en bois brut sont cernées d'élégants fauteuils colorés, aux tissus légèrement brillants. Une poupée de chiffon assise au sommet d'une commode semble écarquiller les yeux face à cette grande salle si pleine de symboles d'une vie authentiquement champêtre et sympathique, au cœur de Paris.

Un dialogue à deux voix, ponctué de bruits métalliques, résonne vivement en cuisine. Dans l'étroit couloir qui y mène, une jeune fille se tient debout derrière un petit guéridon. Elle coupe des carottes en lamelles, dans un geste détaché, répétitif et précis. À quelques mètres d'elle, un homme est courbé. Il prépare les fameuses « frites maison », en épluchant un impressionnant tas de pommes de terre. Lorsque l'on pénètre dans la cuisine même, la propreté du lieu étonne. Pas un aliment n'est visible, mis à part des boîtes de conserve de légumes bien rangées. Pas d'odeur, pas de couleur. Les plans de travail sont nus et d'une blancheur étincelante. La nourriture se cache derrière les portes des réfrigérateurs géants qui occupent toute la surface des murs. Lorsqu'une personne autorisée les ouvre, on découvre des crevettes en vrac, des sauces bien alignées, des desserts prêts à être consommés, des morceaux de viande crue, des assiettes déjà dressées. Tous ces aliments, plus ou moins élaborés, sont rangés et étiquetés avec une grande rigueur dans les chambres froides, dans l'attente de l'arrivée des clients, du « coup de feu ».

À droite, un décrochage de deux mètres carrés. C'est le « coin pâtisserie » dans lequel un homme finit de préparer le dessert du jour. Il s'agit de remplir des centaines de ramequins d'une mousse rose, d'en décorer le pourtour de quelques fraises avant de napper l'ensemble d'une crème fouettée. Juste derrière lui, un homme réceptionne une palette haute de plusieurs mètres, remplie de poulets, bien serrés dans leur emballage. Il se fraye un chemin avec cette livraison, jusqu'aux chambres froides. Le chef, toqué comme il se doit, explique à un jeune commis appliqué la manière de dresser l'assiette du jour. Lorsque l'on quitte la cuisine pour revenir en salle, en empruntant la porte battante réservée à la livraison des plats préparés, il est impossible d'échapper au message collé sur la porte, en gros caractères rouges : « SOURIEZ, VOUS ENTREZ EN SCÈNE ! »

À 11 heures, tout doit être prêt. Le déjeuner des personnels se tient dans la salle du premier étage. Les cuisiniers d'un côté, les personnels de salle à leur droite. Spaghetti bolognais pour tout le monde. Des échanges, un rire…, mais le ton est plutôt bas. Le « coup de feu » va bientôt commencer. Chacun semble occupé à prendre des forces et à jouir de ce calme fragile. Dans quelques instants, il faudra accueillir des centaines de personnes, les installer à la bonne table, leur présenter le menu, après avoir proposé et si possible vendu un apéritif. En cuisine, l'équipe fabriquera les plats, en respectant les consignes strictes d'hygiène, de qualité et de rapidité. En salle, les commis et chefs de rang les serviront rapidement pour qu'ils ne refroidissent pas. Débarrasser, sourire, vendre une bouteille de vin, puis un dessert, faire un café, apporter l'addition, encaisser, aider les clients à partir – et vite –, dresser la table à nouveau pour le groupe d'hommes d'affaires qui déjà s'impatientent à l'entrée.

Le travail de restauration fait intervenir de nombreuses personnes aux compétences distinctes, pour servir un seul client. De la réservation téléphonique à la gestion des objets trouvés, il faut compter une dizaine d'intervenants. Alors, commente un directeur de restaurant : « Il faut être parfaitement sûr que tout le monde maîtrise, car la force d'une chaîne se mesure à son maillon le plus faible. »

Pour chacun, faire face au client, c'est devoir « taper dans la balle ». Cette expression propre aux métiers de la restauration pourrait être comprise comme « aller au feu », « s'y coller », « s'activer » ou, tout simplement, agir avec célérité, pour faire face à l'urgence créée par l'afflux de clients, aux heures des repas. Voyons de quelle manière un des « maillons », celui qui est « en bout de chaîne »[1], parle de son travail.

Véronique est une belle femme de 25 ans, métisse, au visage carré. Elle dégage une impression de franche solidité et de fraîcheur à la fois. Elle est entrée comme commis de salle dans cette entreprise il y a deux ans. Elle est maintenant chef de rang. Elle n'a pas choisi ce métier, dit-elle, mais elle a décidé d'y travailler « pour faire vivre sa famille ». Arrivée là « par hasard », mais sans doute aussi par nécessité, elle n'avait aucune connaissance préalable de la restauration : ni comme « serveuse » ni même comme cliente, puisqu'elle n'a « pas du tout l'habitude

1. Le mot chaîne ici a un sens *a priori* distinct de celui qui est employé pour désigner la « chaîne de restaurants », comme un ensemble homogène d'entités. Notons cependant l'usage fréquent de ce mot, comme pour indiquer le sentiment d'interdépendance très forte entre les restaurants, d'une part, et entre les différents intervenants dans le processus de production, d'autre part.

d'aller dans ce genre de restaurant ». Le seul restaurant qu'elle ait fréquenté, précise-t-elle, c'est le Mac Do. Ses débuts furent « épouvantables », se rappelle-t-elle, ajoutant dans un souffle presque inaudible : « Je me suis accrochée pour mes enfants, hein, sinon… » Elle s'arrête là, relève la tête, et poursuit : « Faut être forte. »

La description de ses activités de commis (ménage, préparation de la salle et des tables) nous laisse entrevoir une forme de vertige éprouvé face à l'immensité du travail à accomplir, et surtout son impossible achèvement : « Le restaurant doit être propre de fond en comble… Y'a plein de petites choses ici, et puis un jour on fait une partie, le lendemain une autre, mais quand on a fini, il faut recommencer car la première partie est sale. C'est jamais fini… De midi à 18 heures, vous courez sans faire jamais une pause. Et c'est toujours pas fini. »

Mais « le pire », affirme Véronique avec conviction, ce n'est pas la quantité de travail et sa dureté physique – faire le ménage, porter des plateaux, courir dans les escaliers. C'est, en tant que chef de rang, de devoir faire face au client, au « client roi, comme on dit ». Elle encadre cette expression d'un sourire un peu crispé, en forme de guillemets. Pour elle, ce « client roi » est d'abord une personne avec laquelle « il faut savoir communiquer, qu'il faut savoir aborder, qu'il faut satisfaire ». Véronique dit, à sa manière, se sentir dépourvue des codes sociaux et langagiers – y compris la maîtrise de l'anglais – pour « faire face » à l'exigence du client et à son « standing ». Elle considère que les clients sont « plutôt aimables ». Ce qui la « tyrannise », dit-elle, c'est qu'ils soient « exigeants ». En même temps, ce « client roi » est aussi celui qui donne du sens et de la reconnaissance à l'activité, au-delà de la nécessité économique du travail : « On est là pour faire plaisir au client. Quand je vois un client qui passe un moment agréable, je me dis que j'ai bien travaillé. Je ne travaille pas que pour le pourboire… »

Véronique dit éprouver une difficulté « immense » lorsqu'elle doit « tout faire » et en particulier des choses contradictoires : « Faut être rapide, mais en même temps, il faut être à l'écoute du client… Faut le mettre à l'aise… Pendant le service, faut aller chercher ce qu'il faut pour un client et, en même temps, y'a un autre client qui demande quelque chose. Faut gérer, quoi !!! » Devoir faire face, en acte, était d'autant plus « dur », à ses débuts, que Véronique ne connaissait pas le métier. Par exemple, elle « avoue » ne rien connaître aux vins puisqu'elle n'en boit pas. Jeune chef de rang, comment aurait-elle pu être sereinement en relation avec un client amateur de bordeaux qui lui demanderait des précisions ou des conseils pour le choix d'une bouteille ?

Dans cette période de désarroi initial, Véronique a apprécié les formations qui lui ont appris les repères importants dans son métier. Elle a pu y demander « si on peut prendre du vin blanc avec un rumsteck, par exemple ». Maintenant, Véronique a le sentiment qu'elle « sait répondre » : « S'ils veulent un vin léger, je dis tout de suite : "Brouilly ou Saumur." Pour les huîtres, je conseille le muscadet. C'est comme ça ! » Néanmoins, elle dit avec une moue coupable, mais malicieuse, qu'elle ne connaît pas la Bible[1], qu'elle juge « inutile » pour faire son travail. Pour elle, ce qui compte, c'est surtout de bien connaître la carte, afin d'être en mesure de répondre aux questions des clients et de leur « donner envie d'en manger ».

Véronique revient à plusieurs reprises sur la « dureté », physique, relationnelle, pratique de son activité. Elle insiste, sans chercher à se faire plaindre, sur le fait que « c'est épuisant, car on n'arrête pas de courir, de monter les escaliers, de porter, de se faire engueuler… ». Elle ajoute qu'« il faut être courageux, qu'il faut tenir, qu'il faut en vouloir ». Elle a souvent peur d'être « submergée », « débordée », « dans le jus ». En se renversant en arrière sur le dossier de sa chaise, elle écarte grand les bras et dit, les yeux levés vers le plafond : « Parfois, j'en

1. « La Bible » est le nom donné à trois classeurs décrivant l'intégralité des procédures et des règles de service dans la chaîne de restaurants C'BON.

peux plus. Je sais plus comment être à la hauteur. J'ai l'impression que j'y arriverai jamais. »

Véronique dit se sentir « responsable » de « ses » clients, de « ses » tables et de l'argent qu'elle est chargée de manipuler. Elle souligne spontanément l'importance du contrôle, de ces regards directs ou indirects qui jugent de son activité. Tout d'abord, comme tous les chefs de rang, elle a une « puce »[1] à la ceinture, dont elle dit : « Ça, c'est ma puce. C'est mon badge. C'est mon nom. C'est moi. » Elle rajoute : « S'il y a un problème, avec ça, on sait que c'est moi qu'il faut venir voir. » Ensuite, il y a le regard de la hiérarchie, des collègues avec qui elle partage le pourboire du jour ainsi que la présence évaluative des clients. Les contrôles par la puce, par la hiérarchie, par les pairs ou par le client, Véronique les défend tous : pour elle, ce sont des outils de contrôle qui lui fournissent un « retour », et qui lui permettent de « s'améliorer sans cesse ».

Travaillant dans une chaîne, c'est-à-dire dans des restaurants ayant tous le même « concept » et où « vous mangez pareil dans chacun », Véronique montre une grande préoccupation pour l'ensemble de l'enseigne : une faute de sa part ferait, dit-elle, « une mauvaise publicité à tous les autres restaurants », puisque l'unicité de l'enseigne crée *de facto* une image commune. Cette sensation de pouvoir devenir celle par qui la totalité des autres exploitations auraient une mauvaise image auprès du client est constante. C'est un sentiment de responsabilité étendu, qui lui est suggéré par son encadrement et ses formateurs et qu'elle a intériorisé. Soucieuse de suivre les normes et les standards de la chaîne, Véronique souligne que son travail est pourtant à chaque fois différent : « Je fais pas toujours un bon service. Y'a des jours, ça dépend de la forme. Et puis du client, aussi. Si le client est pas agréable, j'ai pas envie de le servir non plus. »

1. Cette « puce » est un composant électronique de la forme et de la taille d'un jeton. Elle permet d'identifier celui qui fait toutes les manipulations sur le système d'information opérationnel dans le restaurant et principalement : passer les commandes, sortir l'addition, encaisser.

Lorsqu'elle aborde cette tension entre standardisation et personnalisation, elle fait une grimace. Un silence. Elle regarde ses mains et conclut par une sorte de consigne formulée à elle-même : « Faut s'adapter, quoi. Mais pas trop, hein ! »

Véronique dit connaître ses collègues. Mais lorsque l'on entre dans le détail, elle apparaît assez isolée. Avec ses pairs, les autres chefs de rang, elle n'a pas de relation : « Chaque chef de rang a son rang. On ne travaille pas ensemble. » Des relations avec les personnels de la cuisine, elle en parle comme étant tendues du fait de l'organisation du travail (« pendant le service, si le chef de rang fait une erreur, on s'en prend à la salle et si en cuisine y'a une erreur, c'est pareil »). Elle ignore combien elle a de collègues, chefs de rang ou autres. Elle ne connaît le prénom que d'une petite dizaine d'entre eux. Ses relations avec les « gens du siège » se réduisent à « croiser » des informaticiens qui viennent réparer le système de gestion des commandes « qui tombe souvent en panne » et parfois les dirigeants « lorsqu'ils viennent manger ici ». Enfin, avec les autres personnes du restaurant, elle « évite de parler ». Ils abordent parfois les problèmes de la veille..., « mais il arrive un moment où on peut plus. On peut plus parler ». La difficulté de parler du travail est, chez Véronique comme chez ses collègues, un thème récurrent. Le dialogue à propos du travail semble être menaçant pour l'activité elle-même, si l'on prend au sérieux le commentaire lâché d'une traite : « Vaut mieux pas parler, sinon on tient plus. »

Son « rêve », son « idéal », ce serait de changer la « mentalité des collègues », ceux qui « critiquent les autres ». Dans cet univers professionnel normé, Véronique proteste sans finir sa phrase : « C'est vrai que certains travaillent différemment que d'autres. Chaque personne a son rythme ! Chacun fait comme il peut ! » Si Véronique pouvait faire un vœu, ce serait d'avoir des collègues qui la comprennent et apprécient sa différence. Elle a une amie, pourtant : sa supérieure hiérarchique, qui a été chef de rang (« elle sait ce que c'est »), avec laquelle elle peut parler du travail et des difficultés rencontrées. « Je parle avec Fatima. C'est elle qui m'a dit de faire comme ça quand on est submergé. » Avec cette personne, elle peut échanger des « trucs », elle peut trouver des solutions partielles aux difficultés du métier. Ces échanges se font « entre nous, comme ça ».

Au cours de notre entretien, Véronique est « hélée » par Fatima, justement. Sans s'adresser à moi, mais en me regardant, elle lui lance : « Faut que tu viennes, y'a des clients. » Le « y'a des clients » sonne comme un ordre non négociable, un impératif absolu et prioritaire sur le reste (et notamment sur l'entretien avec une sociologue). Le client est roi et un roi, ça n'attend pas. Nous finissons l'entretien par des remerciements réciproques. Véronique me dit avoir « compris des trucs », sachant que l'occasion d'échanger sur son travail est « très rare ». Nous nous quittons avec une poignée de main chaleureuse. Elle se dirige sans presser le pas vers la console de la salle du bas. Elle prend des grands ballots de serviettes propres, les défait et les installe, en se courbant, dans les compartiments inférieurs. Déjà ses collègues s'apprêtent à déjeuner. À côté d'elle, un couple d'amoureux lui fait des grands signes d'impatience : ils veulent « deux cafés, dont un au lait ». Elle regarde les nappes, sa chef, les clients et le déjeuner qui l'attend. Après une seconde d'hésitation, elle se dirige vers les clients pour les servir.

UN SERVICE DE GÉRIATRIE PUBLIQUE

Changement de lieu. Alors que Véronique s'apprête à « taper dans la balle », à quelques kilomètres de là, Mme B. soulève le corps froissé d'une femme de 94 ans, afin de lui changer sa couche. Nous entrons ici dans un service de gériatrie de l'Assistance publique-Hôpitaux de Paris. Cette organisation publique de santé a, entre autres, pour mission de soigner et d'héberger les populations malades ou vieillissantes.

Mme B. est infirmière en gériatrie long séjour. Elle est l'une des rares infirmières de ce service qui ait accepté et même souhaité faire un entretien, pour « parler de son travail ». Elle me dit, tout de suite, qu'elle a pensé annuler l'entretien « parce que personne ne veut parler de son travail. Ils peuvent pas ». Je lui demande si elle souhaite faire l'entretien tout de même. Elle fait mine de ne pas avoir entendu. Elle ne répond pas verbalement, mais se lève et se dirige en salle de repli en m'invitant, du regard, à la suivre. Nous nous retrouvons dans une pièce de 8 mètres carrés, au bout du couloir. Une table, deux chaises, une fenêtre qu'elle ferme avec le même soin que la porte : nous sommes installées pour parler.

Mme B. a 40 ans environ. Elle habite à deux heures de l'hôpital, ce qui lui fait « des grosses journées ». Elle dit avoir choisi la gériatrie et relie spontanément ce choix au souvenir de sa grand-mère qui l'a élevée. Son arrivée dans les services a été « très dure à vivre » : « Ça m'a remuée. J'avais jamais vu autant de personnes âgées parquées comme ça. C'est impressionnant, c'est dur. Voir ces gens, là, ça fait réfléchir. Ils n'ont personne, à 90 ans. »

Mme B. défend avec fermeté l'égalité de traitement de tous les malades, quels que soient leur niveau social et économique, leur origine et leur pathologie. Cette valeur égalitariste semble liée à sa conception du métier de service plus qu'à sa mission publique. Ainsi, elle établit un parallèle entre son métier d'infirmière et les autres métiers de services (caissière, commerçant de proximité, etc.). Pour elle, « être au service des autres », c'est les respecter, être poli. Comme Véronique, Mme B. souligne qu'elle « ne travaille pas pour l'argent ». La relation avec les patients contribue largement au sens de son activité et à la reconnaissance de son investissement : « C'est la reconnaissance du malade qui fait plaisir. Il n'y a rien de plus beau que d'être attendue. C'est pour cela que je suis venue ici. Dans mon métier, on a besoin de nous. Lorsque je reviens de repos, les malades m'attendent. Je les embrasse parfois. »

L'une des préoccupations constantes de Mme B. dans son travail et une partie de son travail lui-même consistent à « mettre des limites ». Elle ne veut pas parler de sa « vie privée », mais ne peut l'éviter, tant elle est étroitement imbriquée dans son activité professionnelle. En outre, la limite est immédiatement franchie lorsque Mme B. « se met à la place » des patients et des familles, lorsqu'elle conçoit son métier de service avant tout comme une relation. Mais il s'agit aussi de contenir l'affectivité avec les personnes âgées puisqu'une trop grande proximité la menacerait. Elle explique la nécessité de mettre des limites aux demandes multiples, infinies et parfois « folles » des patients. Une grande difficulté pour le soignant est de traduire, cerner et souvent limiter les demandes faites par des personnes démentes ou non. Il s'agit aussi de limiter les exigences des familles, « d'autant qu'ils se sentent coupables de les laisser ici. Ils nous refilent leur douleur ». Il faut « savoir dire non » pour ne pas se faire « bouffer ». Les rares familles qui viennent régulièrement voir « leurs vieux » exercent des pressions sur les soignants. Elles peuvent être explicites et aller jusqu'à des incitations financières ou de « petits cadeaux ». Les demandes des patients et familles peuvent être illégitimes d'un point de vue médical ou social. Il faut alors savoir expliquer, répondre, adapter son discours et ses actes pour concilier les contradictions entre les demandes des familles, l'intérêt du patient et le soin. Mme B. souligne que « ça peut faire "criser" ». L'impossibilité de satisfaire toutes les attentes oblige souvent à « tricher », que ce soit avec les familles, le « système » ou les patients. Par exemple, « pour qu'ils prennent leurs médicaments, on les leur met discrètement dans leur café au lait ». Face aux médecins, aux patients, aux familles et à ses collègues, Mme B. « se sent responsable », mais elle n'a qu'une « obligation de moyens », insiste-t-elle pour finalement insister : « Moi, j'ai des limites. J'arrête mes limites, comme ça, je n'ai pas mal. Je ne suis pas triste. C'est égoïste, mais moi, j'ai des limites. »

Les relations avec les médecins sont assez rares, dit-elle : contrairement aux services de soins aigus, ici « on n'a pas besoin de voir le médecin tous les jours ». Les relations se créent autour d'un malade et souvent à la demande du médecin, car comme le souligne Mme B., en dépit de la différence hiérarchique, « ce sont eux qui ont besoin de nous ». Certains soignants, ceux qui travaillent la nuit, « ne voient pas un médecin de l'année ».

Le collectif de travail dans ce service semble difficile à construire. Elle travaille seule : « Les collègues ne m'aident pas. Chacun travaille dans son coin. » Isolée dans son activité, elle rêve, à l'instar de Véronique, d'avoir des pairs qui pourraient « savoir tolérer la collègue avec qui on travaille, ses différences, s'accepter en tant que telles ». Pour le « bien du malade et puis pour nous aussi », Mme B. souhaite avec une émotion visible « travailler en équipe », « communiquer, échanger davantage ». Pour elle, le collectif serait une ressource « fabuleuse » pour éviter ce qu'elle appelle « l'épuisement professionnel » qu'elle définit ainsi : « C'est tous les problèmes qu'on n'arrive pas à gérer. C'est quand vous n'aimez plus ce que vous faites. Quand vous le faites pour le faire. » Selon elle, cet épuisement risque de lui « tomber dessus » à tout moment. Elle s'en défend, s'en méfie, lutte contre. Des collègues auraient été rattrapés par cet épuisement, celui qui « coupe la parole ». Les gens ne veulent pas parler « parce qu'ils ont peur des rumeurs… Ils ont peur que ça se sache ». Elle tourne doucement la tête et répète : « Oui, que "ça" se sache. » Elle sort alors rapidement de la pièce, sans marquer de pause entre l'entretien et son activité d'infirmière.

Servir un repas dans une chaîne de restauration et faire des soins gériatriques à l'AP-HP sont deux activités qui semblent n'avoir aucun point commun. Elles participent néanmoins d'une même situation : celle de servir des individus, d'une part, et ce, en « masse », c'est-à-dire de manière normée et répétée, d'autre part. Il apparaît, dans ces situations de travail, de nombreuses difficultés et tensions, que l'on peut comprendre en analysant la problématique du service de masse.

LES CONTRADICTIONS DU SERVICE DE MASSE

Une personne en charge d'organiser la production d'un service de masse se trouve devant une situation complexe, et à bien des égards contradictoire. Voyons en quoi une prestation de service est difficile à organiser de manière standardisée.

Pour commencer, il s'agit d'une activité relativement *imprévisible.* La production de service est une relation entre deux personnes (au moins). Le service est avant tout la rencontre avec un autre, qui a – ou non – une demande, des besoins et des attentes singulières. Elle constitue un véritable « événement » (Ph. Zarifian, 1995) dans le travail : la seule chose prévisible, dans l'organisation d'un service, *a priori*, c'est une part importante d'imprévisibilité des attentes et comportements des clients et usagers. Savoir reconnaître leurs attentes ou, mieux, les anticiper, quand bien même elles sont invisibles, fait partie intégrante du travail pour les premières lignes. Elles sont parfois clairement exprimées, mais elles peuvent être aussi silencieuses. Un maître d'hôtel nous explique qu'avec le temps il a appris à placer les gens correctement dans le restaurant. Pour lui, il ne faut pas mettre les hommes d'affaires près d'une table où il y a des enfants. Pour obtenir cette qualité de service, l'homme d'affaires comme l'enfant n'ont besoin de rien dire. De même, une part décisive du travail de soignant dans un service gériatrique consiste à savoir deviner ou anticiper l'attente d'un patient : éviter de le réveiller, prévoir de lui dire un petit mot sur l'émission de télévision, le manipuler en fonction de l'évolution de ses maux, jusqu'au cas extrême de la personne âgée démente, dont il n'est pas possible de savoir si elle a faim ou soif ou même si elle souffre, et dont il faut savoir repérer les besoins presque à son insu. Même si les écarts d'une personne à l'autre peuvent être minimes, ils influent directement sur le travail à effectuer et le rendent difficile à standardiser absolument. S'il fallait prévoir tous les cas possibles, la prescription serait trop volumineuse et peu maniable. Inversement, ne prévoir et prescrire qu'un mode de traitement pour un cas type, ce serait admettre que les premières lignes devront soit déroger à la prescription pour l'adapter à la singularité des destinataires du service, soit passer outre la singularité de ces derniers, au risque de produire un service tout à fait inadapté. La singularité de la relation et sa dimension existentielle posent une sérieuse difficulté pour prescrire le travail de manière massive, c'est-à-dire générique et normée.

C'est à chaque fois au moyen d'un langage et d'une culture spécifiques – compte tenu de la diversité d'âge, d'origine sociale, religieuse, géographique des destinataires du service et des prestataires – qu'il faut savoir *entendre et comprendre les demandes*. Ainsi, ce repérage est au cœur du travail de service. Bien qu'invisible et discret, il conditionne en grande part la pertinence, l'efficacité et parfois même la faisabilité du service. Que se passerait-il en effet si, dans un restaurant, le destinataire du service était obligé de « tout » expliciter et demander ? Pour effectuer ce travail de repérage et d'anticipation des attentes, Véronique comme Mme B. « se mettent à la place » du destinataire du service. Véronique dit « comprendre » la colère d'un client qui ne serait pas servi selon sa commande. Elle-même, dit-elle, si elle se trouvait dans cette situation, râlerait. Mme B., dans la trame de son discours, insère de façon récurrente des références à la vieillesse telle qu'elle l'a rencontrée dans son enfance et dans sa culture, à sa propre vieillesse et à la façon dont elle aimerait qu'elle se déroule. Ici, l'identification non pas au patient mais à sa situation a une composante existentielle. Cette activité, faite d'attention et de compréhension, est nécessaire, mais elle est difficile à prescrire, à organiser et à exiger, bien qu'elle soit décisive du point de vue de la prestation.

Une autre manière de répondre finement aux demandes consiste à opérer un travail invisible de *catégorisation* des clients ou usagers. Les prestataires catégorisent les clients de manière à répondre au mieux, et dans l'urgence, à ce qu'ils peuvent percevoir de leur demande. Ce travail permet de repérer rapidement les différents types de clients et patients, leurs demandes, et même d'anticiper leurs attentes. « Avec l'expérience, on devine à un geste, ce qu'il veut » : cette phrase d'un commis de bar à propos d'un de ses clients est tout à fait juste également en gériatrie, où l'appréciation silencieuse mais précise des besoins de la personne est aussi ce qui « compte » dans leur prise en charge. Parmi ces attentes, il en est une implicite, de reconnaissance. Le destinataire du service, par-delà son statut de « cas », attend de l'interaction, même subrepticement, que le prestataire, en tant que représentant de l'organisation, le reconnaisse comme sujet social. Cette compétence-là, disent-ils, ne s'acquiert qu'avec l'expérience : aucune formation ne permet de l'apprendre et aucune organisation ne permet de la mettre sous contrôle.

Il faut souligner que les attentes des destinataires du service sont *multiples et possiblement contradictoires* entre elles. Mme B. nous laisse entrevoir tout le travail requis dans la relation avec les familles des personnes âgées. Elle reçoit, lorsqu'elle est face à des proches du malade, des demandes diverses, qui ne sont pas toutes compatibles entre elles. Elles sont teintées de l'ambivalence émotive des visiteurs, à la fois soulagés et culpabilisés d'interner ainsi un proche. Dans les restaurants, le client ne se présente pas de façon monolithique avec une attente unique. Exprimées ou non, ses attentes peuvent être de manger bien mais très vite, d'être reconnu personnellement, mais simultanément, de manger en étant « tranquille ». Sans être nécessairement *existentielle* (bien que dans le cas de la gériatrie cette composante fasse irruption à tout moment), la demande du client est *utilitaire*, mais aussi possiblement *affective*. Ce contenu affectif est un travail pour les prestataires, et ce, à deux titres. Tout d'abord, il faut « gérer » l'affectivité de l'autre et, en réponse ou en miroir, la sienne propre. Ceci est net dans le discours des professionnels lorsqu'ils rendent compte de leur travail en situation de crise : décès d'un patient, colère d'un client, etc. Ensuite, l'irruption d'émotions dans la relation modifie généralement l'attente du destinataire du service et peut même la rendre conflictuelle avec le métier. Or, les dimensions existentielles et affectives sont intimement liées à l'acte de travail dans la mesure où celui-ci consiste à être en relation avec une personne. Faire face à une demande affective ou existentielle est un travail difficilement prescriptible. Il y a donc toujours un écart possible et imprévisible entre l'attente du client et de l'usager et ce que l'organisation a prévu de faire, que le sujet au travail se charge de combler au mieux. Les attentes du destinataire du service, en plus d'être chaque fois singulières et difficiles à repérer, sont multiples et parfois contradictoires entre elles. Leur repérage et la possibilité de trouver ou créer, pour chacun, une réponse adaptée constituent une difficulté importante du point de vue de la prescription du travail.

Le travail de service, bien qu'immatériel, est *corporel*. Dans le soin comme dans la restauration, le corps est l'instrument du travail. À l'instar des travaux de nature industrielle, il faut, de manière répétitive, faire des gestes : soulever des corps, faire des lits, pousser des brancards, parcourir des « kilomètres » de couloir, de même que porter des plats, marcher à vive allure avec élégance et assurance, « trimbaler » des nappes, « dresser » des tables, desservir des montagnes d'assiettes sur un plateau tenu en équilibre au bout des doigts. Mais en plus de cette bataille ou de ce ballet avec les artefacts, le travail de service est aussi un « corps-à-corps ». Servir un être humain, c'est mettre son corps à l'épreuve des objets mais aussi – et notoirement dans le cas de la gériatrie – du corps des autres. Les « techniques du corps » (M. Mauss, 1934), en tant qu'elles sont des construits sociaux intergénérationnels, et leur « intelligence », en tant que savoir pratique incorporé, restent, dans les métiers de service, des fondamentaux de l'analyse du travail en plus de la composante relationnelle. La question est alors de savoir comment il serait possible de prescrire l'engagement corporel d'au moins deux personnes dans la relation de service qui les rassemble. Prescrire de manière fine mais massive les manières de toucher l'autre, ou de travailler avec le corps de l'autre, semble contradictoire. Le travail de corps-à-corps échappe en partie à la prescription, en même temps qu'il est au fondement de la relation de service.

Le travail de service, puisque relationnel, mobilise *le langage*, au point où l'on pourrait dire même que, le plus souvent, travailler, c'est parler. La tertiarisation de l'activité de travail amène à considérer avec une attention nouvelle la « part langagière du travail » quand bien même il faut pour cela articuler des disciplines jusque-là « sans passé commun », la sociologie du travail et la linguistique (A. Borzeix *et alii*, 2001). L'étude du service en tant qu'il est une relation oblige le sociologue à considérer le langage autrement que comme un « support » au travail ou comme un « contenu » à analyser. L'interaction langagière entre le prestataire et le destinataire du service, en tant qu'elle *est* le service, par sa fonction de liaison ou sa fonction perlocutoire devrait, dans une logique de maîtrise et de massification, être strictement prescrite au même titre que peuvent l'être les gestes, dans un univers taylorisé. Il est possible d'envisager leur standardisation, à l'aide de scripts de langage oral et non verbal préétablis. Or, prescrire des interactions langagières est problématique à plusieurs titres. Tout d'abord, elles sont difficiles à concevoir de manière standardisée, si l'on considère la diversité des interactions possibles. Ensuite, elle vient de ce que les destinataires du service ne partagent pas tous le même référentiel langagier. Les nuances sont multiples, sur des critères d'origine géographique, de milieu social, de génération, notamment. Elles sont tout aussi possibles

– quoique de manière plus contrôlable – du côté du prestataire. De ce point de vue donc, la prescription langagière signifie l'uniformisation des langages dans la réalisation du service, aux dépens, sans doute, de sa qualité. Si faire un bon travail relationnel, en gériatrie ou en restauration, consiste à poser un cadre de communication, écouter, comprendre, interpréter, répondre, dialoguer avec un patient ou un client, apparaît alors une tension entre la volonté de prévoir ces échanges langagiers et la nécessité de prévoir son irréductible singularité. À l'autre extrême, une organisation du travail qui n'inclut aucune prescription ni contrôle de l'interaction langagière entre le prestataire et le destinataire du service passerait à côté du travail.

Ces langages prescrits doivent, par ailleurs, pouvoir être mobilisés en même temps que les langages et métalangages de la prescription (procédures, démarches qualité, etc.) et que les jargons de métier. Le travail relationnel doit se frayer une voix et une voie dans les contradictions ou difficultés langagières. Comprendre les implicites, construire et adapter à chaque fois les cadres de l'échange et de l'interprétation des énoncés (A. Borzeix, 1994), constitue un travail en soi, qui semble difficile à « massifier » et à normaliser hors de la situation elle-même.

Langage du corps, langage technique et langages sociaux se rencontrent dans la relation de service, alors même que le salarié et le client ou usagers ne partagent pas nécessairement – en fait, très rarement – les mêmes référentiels socioculturels. Les commis de salle et particulièrement ceux qui, par leur origine et leur culture, ne maîtrisent pas les codes sociaux traditionnels de la table bourgeoise française nous disent la difficulté d'être en relation avec des clients divers, notamment avec ceux de milieux sociaux supérieurs au leur. C'est aussi de *la différence sociale* que nous parle Mme B. lorsqu'elle fait référence aux autres professions (le pressing, les caissières) pour illustrer le mépris social qui peut s'instaurer de part et d'autre de la relation soignant/soigné. La question ne se limite pas au jugement social. L'appartenance sociale des individus mis en relation joue aussi du point de vue du travail et de l'organisation. Accompagner des patients – et parfois leur famille – vers la mort, c'est avant tout savoir toucher, savoir parler, savoir se taire. Dans ces moments, la compétence ne relève pas d'un savoir-faire universel ou technocratique : il s'inscrit dans des habitus et des cultures qui, lorsqu'ils ne sont pas communs, peuvent devenir une difficulté insurmontable dans la relation de service. Dans des services de soins corporels, d'accompagnement de fin de vie, comme dans le service de la table, l'épaisseur historique et culturelle, les interdits, les tabous, les manières de faire sont des instruments du travail technique et peuvent être une finalité pour sa partie relationnelle. S'adapter aux références sociales de chacun des destinataires – ou subir l'accusation de ne pas le faire – est une partie largement invisible et imprescriptible du travail de service. La qualité et la pertinence de la relation de service résident dans l'appréciation intersubjective qui est faite de la situation, qui ne se voit pas toujours. L'invisibilité est au cœur du travail de soignant en gériatrie, dans la relation avec les patients, lorsqu'il s'agit de repérer des demandes de personnes démentes et d'y répondre par un geste, un silence ou un retrait. Il en est de même du travail de serveur dans la restauration, en tant qu'héritier du travail des domestiques, dont la qualité principale est de faire le travail sans que celui-ci se voie. La prescription du travail dans les services ne peut alors se résumer à ce qu'il faut faire, visiblement. Elle comprend tout ce qui relève de la retenue de l'action, du corps, de la parole, de la mise en invisibilité de soi et du travail. La « non-prescriptibilité du détail de l'action » vient de ce qu'« une part importante du travail revient à la contribution personnelle et volontaire, en quelque sorte librement consentie, construite en interaction avec le client » (M. Lacoste, 1995).

Or, dans les services, *les « petits détails » ont de l'importance*. Servir un apéritif à un client dans un restaurant, comme préparer une perfusion au chevet d'un malade sont des actes simples. Pourtant, si le serveur ou l'infirmier se trompe d'un centilitre dans le dosage, il dégrade immédiatement la qualité du service – jusqu'à être un service qui dessert –, son coût et sa pertinence. Verser l'exacte dose est un acte « qui compte » à tous égards. Face à un client ou pour une personne âgée, les « petits gestes » et « petites attentions » (fêter un anniversaire, dire un mot personnalisé) joignent l'agréable à l'utile, car un client satisfait reviendra, et une personne âgée bien entourée sera moins médicalisée. « Ce qui compte » qualitativement, subjectivement, médicalement et financièrement réside dans une multiplicité de petits détails et d'attitudes relationnelles discrètes... qui échappent à une vision macro, standardisée et généraliste.

Mais il y a plus : ce « qui compte » surtout, d'après les professionnels, c'est « l'amour ». *L'amour* comme compétence indispensable pour « tenir » dans son métier et pour « bien le faire ». « Ce qui compte », c'est d'aimer les personnes à qui l'on fournit le service, condition pour que le travail soit bien fait, dit-on unanimement de la direction générale au stagiaire de passage. L'amour doit s'adresser aux personnes que l'on sert, mais aussi au service que l'on produit : aimer manger et boire, dans un cas, aimer soigner et nurser, dans l'autre. Dans ces discours sur l'amour et le cœur à l'ouvrage, les professionnels laissent voir un implicite fort : l'organisation ne peut en être responsable. Savoir aimer son métier et la personne à qui il s'adresse serait du ressort exclusif des individus. Ainsi, le sens donné à l'action par le sujet au travail, l'amour qu'il porte, serait une partie importante si ce n'est déterminante du service rendu. Or, cet « amour »-là est jugé impossible à prescrire, déléguer et contrôler.

La difficulté d'avoir la main sur « le petit détail qui compte » touche également à la question sensible du *risque de la délégation*. Comment être sûr qu'un jeudi soir, à Paris, le chef de rang qui s'occupe de la table 12 sache décrire avec la même justesse que son collègue de Marseille ce que c'est que le *coleslaw*, lorsqu'un client le lui demandera ? Comment s'assurer qu'il encaissera correctement les clients et que l'argent « remontera » sans erreur au siège ? Comment être assuré du fait que chaque jour, dans tous les restaurants, les consignes de sécurité sont bien appliquées afin d'éviter des incendies de friteuses, des chutes graves ou des intoxications alimentaires ? Dans les hôpitaux publics, comment faire en sorte que la politique d'accompagnement des fins de vie soit appliquée partout de la même manière ? À ce risque d'écart à la norme, il faut ajouter celui de mise en péril potentiel des personnes et des biens : catastrophes matérielles, humaines, médiatiques, etc., et qui touche aux corps et aux personnes directement. Dans la restauration, si jamais un client, dans un restaurant précis, se trouve victime d'une intoxication alimentaire, c'est l'ensemble des restaurants de la chaîne qui sera affecté médiatiquement. De même, lorsqu'un patient subit un préjudice (médical, administratif, logistique), dans un hôpital public, c'est l'institution entière et parfois même la profession qui sont ébranlées. Dans les organisations de masse et de « chaîne », un événement négatif dans un lieu affecte tous les autres, ne serait-ce que par l'impact médiatique qu'il exercera sur la « marque » partout où elle est implantée dans le monde. Aussi l'enjeu de la maîtrise des risques est-il doublé de celui de sa contagion sur l'ensemble des autres unités. Dans ces deux types de risques, les questions sont similaires : comment, dans une structure décentralisée produisant un service de masse, avoir la maîtrise de l'action locale ? Comment, alors qu'on ne peut être partout, avoir la main sur tous les actes et précautions nécessaires à la maîtrise du risque ? Comment assumer des responsabilités de cadre ou de gérant, alors que l'activité et les risques associés sont totalement délégués ? Cette difficile maîtrise pose également la question de la responsabilité morale et pénale. Si les « responsables » n'ont qu'une faible maîtrise des actes qui peuvent être problématiques, voire délictueux, comment peuvent-ils se protéger néanmoins des risques ?

En outre, le travail de service entretient un rapport au temps spécifique et problématique à trois égards. Tout d'abord, le service est un travail sans fin, sans cesse renouvelé, jamais achevé et dont il est impossible d'interrompre le cours. Pour Véronique, le ménage de la salle de restaurant est un véritable travail de Sisyphe. Chaque jour, il faut briquer chaque meuble, chaque marche, chaque petit élément de décoration. Et dès que cela a été fait, il faut recommencer. Travail sans fin également de Mme B., qui répète chaque jour les mêmes gestes de service : changer les couches des malades, leur distribuer des médicaments, les faire manger, etc. Le service, à la limite, n'est visible que lorsqu'il échoue à perpétuer le flux continu de l'existence. Comme le souligne J.-P. Durand (2004), les services sont pris dans une logique *de flux*. Un hôpital comme un restaurant sont ouverts au public tous les jours de l'année, même la nuit. Interrompre ou suspendre le travail ne sont envisageables que sous forme exceptionnelle d'une fermeture de l'établissement ou du service. Il faut faire face au flux, à l'afflux et au reflux de patients et clients. Surtout, il faut éviter d'interrompre le flux. Car alors, c'est immédiatement cesser de rendre service, puisqu'il a la caractéristique d'être périssable et non stockable. Ceci induit un rapport subjectif et social au temps particulier et peut prendre une acuité particulière dans les activités qui, comme celle du soin hospitalier, ne tolèrent pas l'interruption du flux sans risquer le pire. Dès lors intervient une autre particularité temporelle du service : bien que sans fin, il est inscrit dans le temps de l'immédiateté. Un repas servi avec une heure de retard comme un soin médical réalisé au mauvais moment peuvent desservir le client et le patient. La nature relationnelle et présencielle du service crée une situation dans laquelle toute attente se transforme en *« pression »* et en « frustration quasiment structurelle » (I. Joseph, 1992). La frontière entre servir et desservir est si ténue (E. C. Hugues, 1956) que cette activité est prise dans une logique d'opportunité temporelle, dans laquelle l'urgence n'est jamais loin. L'exigence de ponctualité peut devenir exigence d'ubiquité lorsque les demandes affluent simultanément.

Les *conflits de temporalité* apparaissent souvent. Ils se nouent à l'intersection d'au moins deux demandes simultanées. Lorsque plusieurs clients ou usagers formulent des demandes au même instant, il faut savoir lequel servir et lequel faire attendre – au risque de ne plus lui fournir le service. Souvent, la question est alors de savoir quelle urgence on prend le risque de ne pas traiter. Cette question peut prendre un visage dramatique lorsque la réponse se traduit par des décès, comme ce fut le cas lors de la canicule de l'été 2003 en France. Mais le conflit peut se conjuguer également avec d'autres logiques temporelles : celle des collègues (Véronique et Mme B. soulignent l'importance de ces différences de « rythme » et la difficulté à les tolérer entre collègues), la sienne propre (celle qui permet de se préserver, de tenir, ou celle du plaisir), celle de l'encadrement (qui peut exiger implicitement des dons d'ubiquité et de fulgurance dans l'action), celle des outils (l'informatique et ses lenteurs ou ses pannes, par exemple), celle des prescriptions opératoires, ou encore celle des matières (le temps de cuisson d'un plat ou le temps de coagulation du sang, par exemple). Le travail de service semble ainsi fortement pressé par le temps, si ce n'est bousculé. Pourtant, face à un client attablé comme au chevet d'une personne âgée dépendante et souffrante, le bon service n'est certainement pas celui qui serait exécuté précipitamment ou confusément. Au contraire : face au destinataire du service, qu'il soit alité ou attablé, le « bon service » est celui qui est fait dans le calme et la maîtrise, celui qui ne laisse pas entrevoir la pression temporelle et parfois la confusion qui se jouent « derrière » le sourire, le mot attentionné ou le geste approprié. Ainsi, le travail de service serait traversé par deux temporalités : celle de la production, pressante et conflictuelle d'une part, et celle de la relation qui doit apparaître comme celle de la *disponibilité*, de la *maîtrise* et de l'attention. Ainsi, la massification du service, bien qu'étant aussi une standardisation du rapport au temps, exige en permanence de faire des arbitrages temporels fins et parfois risqués. Ils sont entrelacés avec la problématique de l'adressage du service.

Lorsqu'un salarié réalise un service, il l'*adresse* (mentalement surtout) à quelqu'un. Un médecin hospitalier qui décide d'un examen complémentaire pour une personne âgée agit en étant à la fois l'employé de son hôpital (dont le directeur lui demande de faire des économies tout en assurant une médecine de qualité), celui qui agit sur le patient (avec, en arrière-plan, sa famille), le confrère des autres médecins de sa spécialité (qu'auraient-ils fait ? qu'en penseraient-ils ?), des infirmières, aides-soignantes et autres médecins susceptibles d'intervenir dans le soin apporté à ce patient (y a-t-il assez d'effectifs pour faire cette prise de sang ?). Directeur, patients, familles, collègues, pairs, fournisseurs de ressources peuvent avoir des attentes et des exigences différentes, voire contradictoires. Au moment de poser un geste, d'arbitrer une urgence, de prendre une posture, les personnels en contact avec les malades doivent finalement choisir à qui ils adressent en priorité leur acte. Si le médecin adresse son travail prioritairement au patient, il pourra renoncer à des examens complémentaires éprouvants. Il pourra arriver à la même conclusion, mais pour des raisons différentes, s'il adresse son travail aux représentants de la logique économique du système de santé. En revanche, si son travail s'adresse à ses pairs ou aux juristes, il prendra le parti d'effectuer des examens complémentaires qui limiteront les risques d'une complication médicale ou d'un décès dont il pourrait être désigné coupable. Dans un restaurant, lorsqu'un second maître d'hôtel fait son service, il est également cerné de demandes et d'attentes : celles des différentes directions du siège, celles de son directeur de restaurant, celles du chef, celles de ses collègues, celles des chefs de rang et des commis, sans oublier celles des clients attablés et de ceux qui attendent. À cette liste ajoutons des figures également présentes dans le discours de ces professionnels : leur famille, leurs amis de l'école hôtelière qui travaillent dans d'autres structures, les médias, l'opinion. Un maître d'hôtel peut adresser son activité prioritairement à l'une ou l'autre de ces personnes. Son travail en sera à chaque fois différent. Il ne posera pas les mêmes gestes, n'imprimera pas le même rythme à son action, ne dira pas les mêmes mots à des clients et collègues selon qu'il adresse son travail à l'un ou l'autre de ses interlocuteurs. L'adressage du travail induit des rôles différents. Pour tenir sa place et son rôle, il faut en permanence poser ou construire un cadre d'interaction permettant l'échange et l'action avec un individu chaque fois singulier. C'est un travail à part entière. Il requiert une activité de jugement fine que l'organisation du travail ne peut totalement prévoir. La problématique de l'adressage est d'autant plus aiguë dans le cas des services du fait que le bénéficiaire est en situation de juger immédiatement le travail du professionnel, même si ce jugement est celui d'un profane. « Un praticien peut être jugé par ses collègues tout à fait fautif pour une action que le client en tant que profane peut considérer comme tout à fait couronnée de succès » (E. C. Hugues, 1951, p. 94). Puisque le service est produit dans la relation avec le destinataire du service, parfois dans un corps à corps, son jugement peut prendre une pondération supérieure à celui des autres. Il peut être immédiat, c'est-à-dire s'exprimer dans le cours de la production du service, en direct, donnant libre cours aux conflits d'adressage de manière brutale et parfois injuste, et, surtout, sans les résoudre.

L'adressage détermine la nature et la qualité du travail. Or, les tensions qui le traversent ne peuvent être entièrement prescrites et contrôlées. Une fois de plus, l'organisation du service semble « échapper » aux prescripteurs.

Produire des services pour une masse pose la question de savoir si l'on va produire autant de services différents qu'il y a de demandes ou si l'on offre un type de service standard pour tous. Entre ces deux solutions extrêmes – l'individualisation du service ou sa standardisation –, il existe toute une palette de nuances possibles. La détermination du niveau de standardisation résulte d'un arbitrage entre des logiques de marché (avantages et inconvénients vis-à-vis des clients ou des usagers) et des logiques de production (avantages et inconvénients du point de vue opérationnel et des coûts de production). Car l'offre doit, si ce n'est répondre, du moins rencontrer ou fabriquer une « demande » sociale ou commerciale. Or, contrairement à ce qui se passe dans le secteur industriel, la rencontre de l'offre de service et de la demande ne se fait pas sur un « marché », mais dans une relation : « Le client n'est pas le marché » (F. Hubault & F. Bourgeois, 2002, p. 17). La tension entre standardisation et personnalisation fait irruption dans la relation entre le prestataire et le destinataire du service, tous deux mis au travail de son dénouement. Un cadre d'entreprise pressé qui vient déjeuner trouvera le même service qu'un groupe d'amies venues passer un long et animé dîner d'anniversaire. Comment les mêmes décor, carte, service, plats… peuvent-ils les satisfaire pareillement, si ce n'est dans la relation avec le serveur ? De la même manière, aux portes des hôpitaux publics, ne se présentent jamais deux personnes âgées identiques, jamais deux pathologies semblables, jamais deux familles similaires. L'offre de service public, égalitaire et universel, est adaptée malgré tout à des situations humaines, physiques, sociales et existentielles différentes, par les salariés de première ligne. Garantir l'uniformité et simultanément l'adaptation aux demandes particulières, « coller » une offre conçue pour la masse à des demandes multiples, imprévisibles, mouvantes, indéterminées et parfois contradictoires et toujours singulières, signifie de savoir « gérer la singularité à grande échelle » (E. Minvielle, 1996). Le service de masse consiste à servir des demandes particulières au moyen de règles générales. La question est alors de savoir comment et par qui sont médiées les contradictions entre les logiques existentielles différenciatrices et les logiques organisationnelles normalisatrices, et, si elles ne le sont pas, quel en est le coût psychique, social et économique. Cette tension n'est pas spécifique aux secteurs des services. Ce qu'il y a de remarquable, en revanche, c'est que, dans ce cas, la résolution de la tension a lieu non pas derrière les murs d'usine ou dans le secret d'un dossier. Elle se déploie dans une interaction de coproduction, qui est elle-même productrice d'un lien social.

Ainsi, servir, que ce soit dans la restauration ou dans la gériatrie, apparaît comme un travail extrêmement difficile à prescrire puisqu'il est inscrit dans la singularité d'une rencontre, dans l'incertitude du déroulement de l'interaction et de l'intersubjectivité. La relation de service est traversée de contradictions dont les arbitrages ne peuvent être envisagés en dehors de son déroulement. La prescription peut en résulter « floue ou faible » (A. Hatchuel, 1996) ou au contraire résolument détaillée, au risque de rigidifier les rapports sociaux dans des scripts uniformes. Plusieurs configurations historiques se sont succédé face à cette difficulté.

L'ÉVOLUTION ORGANISATIONNELLE DU SERVICE DE MASSE

Les configurations stratégiques et organisationnelles adoptées au cours du temps pour concilier massification et personnalisation du service ont évolué notoirement depuis la Seconde Guerre mondiale. Distinguons préalablement la standardisation de l'offre de celle de la fabrication, qui a pour idéal-type l'industrie de masse. Ces deux axes sont théoriquement indépendants. L'histoire de l'organisation de la production de services de masse montre une évolution en ciseaux, où la standardisation des processus s'accroît – dans une logique d'optimisation des coûts –, en même temps que l'offre se diversifie – dans le souci d'adaptation de l'offre à la diversité de la demande. Quatre figures principales se sont succédé.

Après-guerre, alors que la demande dépassait grandement l'offre, les services étaient organisés sur le modèle industriel de la standardisation massive : l'État comme les entreprises privées fournissaient des services standardisés à des usagers ou clients. L'écart entre l'offre standardisée et les demandes individuelles était essentiellement assumé par les clients et usagers, générant de ce fait une forme de domination, voire de la violence bureaucratique. Dans les années 1970, qu'il s'agisse des services publics ou de services privés, l'inadéquation entre une offre monolithique et une société plus individualiste devenait progressivement intolérable. Les organisations de service ont alors généralement proposé des services différenciés pour des segments de clientèles. Les études de marché ont permis de procéder à un découpage du marché en « paquets » de demandes homogènes auxquelles on faisait correspondre un type d'offre différenciée, quoique toujours standardisée. Dans les années 1980 apparaissent les notions de « satisfaction » et d'« exigence » du client. Dans les services publics, les usagers sont parfois rebaptisés « clients ». Ils sont légitimés et encouragés à réclamer des organisations qu'elles soient davantage performantes. La satisfaction devient le but et le critère de la qualité dans les services publics et privés. Nous pourrions dire que de manière nette, à cette époque, la qualité, c'est la satisfaction du client. Les segments des années 1970 tendent à se multiplier : l'offre, pour être satisfaisante, devient de plus en plus personnalisée. L'importance centrale donnée à la satisfaction des consommateurs et usagers est une évolution particulièrement importante, car elle crée deux ruptures significatives dans la manière d'aborder le contrôle : d'une part, la définition de la qualité dépendrait dorénavant d'une appréciation subjective (la satisfaction de besoins singuliers). D'autre part, l'évaluation devient externe à l'organisation : elle est confiée aux destinataires du service. Depuis les années 1990, le modèle dominant pousse un peu plus loin encore la différenciation de l'offre dans le but de mieux satisfaire le client : l'ambition est de répondre non plus à des « paquets » de demandes, mais à chaque demande individuelle. Elle engage une modification importante de la conception organisationnelle du service soutenue par la mise en place d'instruments de mesure des « attentes » ou « besoins » des clients, et ce, de façon individuelle. Avec le support de systèmes d'information capables de stocker et restituer une information fine sur chaque client apparaît un marketing relationnel individualisé. L'objectif est d'adapter au mieux l'offre de services aux habitudes ou styles de consommation individuels. Dans cette évolution, la frontière entre l'organisation et son marché (privé ou public) est de plus en plus poreuse : d'une part, l'organisation tend à aller chez le destinataire du service (et parfois même dans sa plus grande intimité). D'autre part, l'organisation tend à inclure le destinataire du service dans les processus d'élaboration de son offre et des processus de fabrication. L'offre de service n'a donc cessé de se diversifier.

Du côté de la fabrication, la tendance historique est de renforcer la logique d'industrialisation. Les différentes étapes de la chaîne de valeur sont progressivement normées. Même les comportements, tels que le sourire, la manière d'entrer en relation avec le client, les rituels de politesse, les procédures de questionnement et de réponse, etc., font l'objet d'une standardisation. Dans de nombreuses organisations de service, le comportement des salariés est prescrit par des scripts tels que le « SBAM » – pour : Sourire, Bonjour, Au revoir, Merci – dans la grande distribution, ou le « BRASMA » – pour : « Bonjour, Regard, Attention, Sourire, Merci, Au revoir » – à La Poste. Les centres d'appels, la restauration rapide et même l'enseignement tendent pareillement à standardiser, pour optimiser son coût et sa maîtrise, la manière de produire le service, c'est-à-dire la relation. Le prestataire lui-même est standardisé, normé : son physique est sélectionné – d'autant qu'il s'agit de fonctions de représentation – et sa tenue rendue uniforme.

Les professionnels du marketing résument ainsi la tendance générale de ces cinquante dernières années : « La tendance est au développement de produits et de services de masse, mais adaptés au besoin individuel du client » (R. Lefebure, G. Venturi, 2001). Dans cette tension entre standardisation et personnalisation, le marketing prend alors une place nouvelle, avec une tentation et tentative toujours plus grande d'orienter le comportement du consommateur pour faciliter la rencontre (ou l'invention) de sa demande avec l'offre possible. Le marketing n'est pas une spécialité fonctionnelle parmi d'autres, chargée de valoriser des produits préexistants, sur un marché sur lequel traîneraient des « demandes » déjà là (F. Cochoy, 1999). Il vient réguler les relations entre les agents de l'organisation et les membres de la « masse » et, par contrecoup, entre les agents eux-mêmes. Il est alors au cœur des questions organisationnelles (E. Langeard, P. Eiglier, 2000). L'individualisation de la prestation suppose une adaptation continue de l'offre et sa personnalisation par les agents de première ligne en interaction avec un client devenu actif dans la définition, la production et l'évaluation du service. La polyvalence (des hommes et des systèmes), la flexibilité (horaire, géographique, psychologique, technologique), l'apprentissage permanent (des produits, des systèmes, des marchés), la réactivité, sont des termes managériaux contemporains nés de cette conception nouvelle de la relation entre les organisations prestataires de services et leurs clients. Dans ces transformations, la relation entre le salarié représentant de l'organisation et son client (ou usager) change sensiblement, ce dont rend compte l'évolution du discours sociologique.

DOMINATION BUREAUCRATIQUE, COPRODUCTION OU SERVITUDE ?

Une relation de service est inévitablement prise par l'asymétrie contextuelle. Dans un restaurant, le client vient pour se restaurer et passer un bon moment, qu'il considère sans doute comme unique. Ce moment peut être important pour lui, qu'il soit seul, avec des collègues, des amis, un conjoint ou un enfant. Il va payer son repas ou se le faire payer et entend « en avoir pour son argent » (même si ce n'est pas le sien). Pendant son passage dans le restaurant, il sait qu'il peut, grâce à ce paiement, obtenir que des gens le servent. Pour le serveur, en revanche, celui-ci n'est qu'un client parmi de nombreux autres qui l'entourent ou qui vont lui succéder dans un flux incessant. De ce point de vue, client et serveur sont dans une situation asymétrique. Il en est de même, et de manière encore plus sensible, dans un service de gériatrie. Les personnes âgées vivent dans ces murs leurs dernières années. Elles y dorment, elles y mangent, elles y respirent, elles y vivent. Et elles y meurent. Les médecins et les soignants, eux, y travaillent : pour eux, il y a un « dehors » et un « après », une « vie privée » que l'on tente de préserver, comme le souligne Mme B. Chaque soignant s'occupe de dizaines de personnes âgées. Certains sont des intérimaires, qui ne font « que passer ». Ainsi, bien qu'étant à un moment donné dans les mêmes lieux et en interaction, personnes âgées et soignants ne partagent aucunement la même « situation » sociale et subjective. Cette asymétrie est un aspect du « drame social du travail » pour E. C. Hugues (1976) : « Une partie du drame réside dans le fait que ce qui est travail quotidien et répétitif pour l'un est urgence pour l'autre. » Dans le cas de la santé, cette asymétrie est poignante. E. C. Hugues cite l'exemple du chirurgien qui va vous opérer : pour la personne opérée, le cas est important. Pour le chirurgien, « votre cas apparaît infime dans l'ensemble de la série ». Cette asymétrie crée un avantage – la compétence du chirurgien –, mais aussi un risque – celui de ne plus voir le patient comme une personne unique, mais de ne le voir que comme un élément d'une collection.

Cette asymétrie relationnelle, dans les relations de service, est analysée en termes de rapports de pouvoir ou de domination. Dans les traces des travaux de Max Weber sur la bureaucratie (1922 *b*), de nombreuses recherches sociologiques portant sur les administrations concluent à une forme de domination, de pouvoir arbitraire et souvent abusif dans l'interaction, par le prestataire routinisé et désimpliqué, où chaque sujet est résumé à un « cas » – ce phénomène ayant été particulièrement critiqué à propos des relations médecins/malades. M. Halbwachs (1972) avait montré qu'une résolution possible du paradoxe de la production individualisée d'un service standardisé consistait, simultanément, à traiter les usagers comme une « humanité matérialisée » et à éviter la relation avec lui. La distance bureaucratique, la suspension du jugement, de la personnalisation relationnelle ont même souvent été prescrites dans les services publics : le prestataire se devait d'être « neutre » et de traiter le destinataire du service comme un dossier plus que comme un individu. L'organisation productrice d'un service normé et uniforme exige des destinataires de se plier à la rationalité bureaucratique. La « mise à distance » du public ou des destinataires du service est un élément clé de la faisabilité et du résultat de l'action, comme l'ont souligné les auteurs de l'École de Chicago et ses héritiers. Ici, l'« indifférence morale » des agents peut même être le résultat d'une « fabrication de l'indifférence » sociale (M. Herzfeld, 1992).

À l'inverse, des recherches plus récentes soulignent le caractère actif, voire dominateur du destinataire du service, qu'il soit usager ou client. Ainsi, Ph. Warin (1993) voit la relation de service davantage comme un « espace de négociation » ou de « régulation ». Dans cet esprit, la question du rapport de pouvoir peut être analysée sous l'angle de l'incertitude et de la négociation plus que de celui de la domination unilatérale. Ph. Corcuff (1996) montre que, dans cet espace relationnel, l'usager peut utiliser la « compassion » de l'agent pour influer sur la production du service en sa faveur. Par ce moyen, le rapport serait une « dissymétrie renversée », inversant les rapports de domination traditionnels. Cette hypothèse du renversement est également formulée par J.-M. Weller (1999) lorsqu'il parle de la « soumission » des agents aux demandes qui leur sont faites. De même, J. Chevallier (1991) rend compte d'une évolution récente dans les comportements des usagers du service public, de plus en plus similaires à un « consommateur ordinaire : exigeant et revendicatif ». Pour lui, le rapport de pouvoir se déplacerait vers le client, par l'accès à des ressources nouvelles : les médias et le droit. Une thèse plus récente (A. Jeantet, 2001) pousse l'hypothèse jusqu'à dire que le rapport de pouvoir serait en faveur de l'usager-client, au point que l'on pourrait parler, concernant les prestataires – les guichetiers de La Poste, dans ce cas –, de situation de « servitude ».

Dans une perspective différente de celle qui privilégie la description des asymétries de pouvoir, il a été fait l'hypothèse que la relation de service s'inscrivait dans un rapport de coproduction ou de « servuction » (G. Whitaker, 1980 ; P. Eigler & E. Langeard, 1987). Ces approches envisagent des processus de production de services dans lesquels le bénéficiaire de la prestation est un acteur et un facteur de production.

Cette histoire montre l'importance à accorder à la fabrication des relations entre les salariés et les clients ou usagers. Que « font-elles faire » au client dans la relation de service ? Comment la tension entre subjectivité et objectivité est-elle résolue dans le lien social créé à l'occasion de la production du service ? Il nous faut questionner le rôle que prend (ou se voit attribuer) désormais le client ou l'usager du service dans l'organisation du travail et dans le travail d'organisation. Dans ce mouvement, nous remettons en cause un paradigme dominant : plutôt que de dire que les organisations s'adaptent à leur environnement et à la demande de ses clients ou usagers, il s'agit de regarder de quelle manière les membres de l'organisation fabriquent de l'environnement apte à faciliter la production de services de masse. Pour opérer ce changement de paradigme, nous allons utiliser quelques concepts précis.

CHAPITRE II

Travail et organisation : quelques définitions

De très nombreuses enquêtes prouvent que le travail, au moment d'être fait, est toujours « renormalisé » par les collectifs de métier, puis par le sujet au travail. Il n'est jamais une exécution stricte de la prescription. Aussi n'est-il plus très intéressant, tant cela est connu, de pointer l'écart existant entre le travail prescrit et le travail réel dans les organisations. Il convient surtout de retenir de ce constat que l'organisation du travail ne peut être totalement confectionnée en dehors de sa réalisation. C'est alors moins l'organisation du travail que le « travail d'organisation » qui devient l'objet central de l'analyse sociologique. En outre, il faut pouvoir appréhender le travail comme une activité aussi subjective, largement invisible. Il sera alors utile de clarifier les catégories conceptuelles désignant le travail sous ses différentes faces, avant que de proposer une définition renouvelée du travail d'organisation comme un ensemble d'activités productrices d'une organisation du travail.

LA SUBJECTIVITÉ AU TRAVAIL : L'ACTEUR ET LE SUJET

La tradition sociologique du travail et des organisations s'est construite sur une théorie de l'individu : celui-ci est considéré parfois comme un acteur rationnel, souvent comme un acteur à rationalité limitée, parfois comme un individu aux appartenances sociales multiples. Il est généralement nommé par la place objective qu'il occupe dans l'organisation (« les dirigeants, les employés, les guichetiers »...) ou par son appartenance professionnelle ou de corps (« les enseignants, les infirmières, les énarques... »). Dans ces conceptions, le sujet n'entre pas explicitement dans le cadre d'observation et d'analyse du sociologue, alors même que l'on sait que tout travail, si répétitif et simple soit-il, le mobilise corps et âme.

La subjectivité fait aujourd'hui irruption dans les activités de service, où le travail est fondamentalement intersubjectif. Les organisateurs du travail font explicitement appel à la subjectivité des professionnels dans leurs prescriptions et dans les formations qu'ils choisissent de dispenser. Quelle que soit sa position hiérarchique et fonctionnelle dans l'organisation, l'individu est sommé de ne pas se conformer à son rôle prescrit. Il est sommé d'être sujet, « autonome », « responsable », « créatif ». Il est invité à mobiliser son corps, ses émotions et sa pensée au travail. Le passage d'un modèle de la qualification à celui de la compétence (E. Dugué, 1999) semble signer ce passage d'une organisation conçue pour des agents ou des acteurs à celle qui composerait avec des sujets.

La subjectivité est invitée au travail, si ce n'est convoquée. Elle doit pouvoir être intégrée à une recherche sociologique avec un outillage théorique permettant de penser la montée de l'individualisme et la psychologisation des rapports sociaux dans les milieux de travail. Il s'agit alors de clarifier un point théorique important, à savoir de quelle manière le sociologue doit considérer les individus : sont-ils des « acteurs » ou des « sujets » ?

Le terme d'acteur fait évidemment référence aux théories de l'action. Il désigne l'individu en tant qu'il réalise des actions, joue un rôle, remplit des fonctions. Il est « celui (individu ou groupe) qui participe à une action et qui a des intérêts communs pour cette action » (Ph. Bernoux, 1985,

p. 166). L'acteur est capable d'initiatives. Il est, dans la tradition économiste simonienne et de ses développements sociologiques, doté d'une rationalité propre ou d'une rationalité limitée (March & Simon, 1958) qui lui permet de bâtir ses « stratégies » dans un « système » (M. Crozier &. E. Friedberg, 1977) et qui oriente ses interactions. L'acteur est considéré indépendamment de ses éventuels déterminismes génétiques, culturels, historiques, familiaux, sociaux ou psychiques. Il a une représentation de lui-même et de son « moi », ainsi que du système social dans lequel il circule, tente d'optimiser ses choix et agit en conséquence. Dans cette conception, l'histoire collective et individuelle, de même que les dimensions symboliques et subjectives n'apparaissent pas comme des éléments d'analyse premiers. En cela, il diffère d'une approche qui prend en compte le sujet.

Il n'existe pas de définition unique et stabilisée du sujet, mais il est cependant possible de le distinguer de l'acteur à plusieurs égards. Le sujet a une histoire, et nous pourrions même dire qu'il *est* une histoire. Il est capable de la faire et de la commenter au nom d'un « je » pensant et éprouvant. Le sujet est traversé de tensions et de contradictions à partir desquelles il tente de faire sens. Ainsi, « l'individu est le produit d'une histoire dont il cherche à devenir le sujet » (de Gaulejac, 2000). Constructeur d'histoire(s) et de sens, le sujet, s'il peut « optimiser » ses choix et ses actions, ne le fera pas uniquement au regard d'un coût/bénéfice au sens rationnel du terme. Il agira davantage à l'aune de ce que nous pourrions appeler un « bénéfice subjectif », c'est-à-dire avec une définition de l'intérêt étoffée de sa dimension existentielle. Pour rester dans une logique d'intérêts, nous dirons que l'intérêt du sujet, c'est avant tout de construire du sens. Le sujet oriente son action vers ce qui lui permet de construire une histoire qui tienne et une histoire qui le tienne, vers ce qui permet de réduire une souffrance ou de préserver sa santé mentale. Alors, son action peut apparaître folle, illogique ou incompréhensible d'un point de vue rationnel et social.

Une analyse de l'organisation qui intégrerait la subjectivité, ainsi définie, considère que les individus sont simultanément des acteurs sociaux et indéfectiblement des sujets. L'individu est un acteur dans une scène sociale située : être infirmière, serveur, directeur de supermarché, guichetier ou ministre sont des « rôles » auxquels sont rattachées des attentes explicites et implicites en termes d'action, de comportement, de discours, de présentation physique et symbolique de soi. Mais les individus sont aussi des sujets. Ils ne se résument pas à leur rôle d'acteur tant qu'ils sont capables de penser leur action et leur situation sociale pour les mettre en forme et en sens au regard de leur histoire, toujours singulière. Acteur et sujet sont, dans cette conception, en dialogue, en conflit, en coconstruction et défendent des intérêts de nature différente.

La subjectivité intervient dans deux processus au travail, qui reprennent la distinction proposée par Sigmund Freud à propos du travail subjectif. Dans *L'Interprétation des rêves* (1900), il définit le terme « travail » pour désigner à la fois les processus inconscients producteurs de rêves, mais également ceux qui permettent de les analyser. Il nommera le premier « travail d'élaboration » du rêve et le second « travail d'interprétation ». Cette distinction est utile pour penser les deux moments de mobilisation subjective au travail. Le premier est dans le processus d'élaboration du travail situé, déployé par le sujet pour arriver à agir. Il participe à ce que nous nommons le « travail réel ». Le second recouvre tout le travail subjectif d'interprétation du travail en tant que statut, condition et action. C'est ce que nous désignons sous le terme de « travail vécu ». Travail réel et travail vécu sont deux des quatre facettes du travail.

LES DIFFÉRENTES FACETTES DU TRAVAIL

Dans la tradition clinique, le travail peut être considéré sous quatre aspects distincts : le travail prescrit (ce que l'on doit faire), le travail réel (ce que l'on fait

« vraiment »), le travail réalisé (ce que l'on a fait « finalement ») et le travail vécu.

Le travail prescrit se réfère à ce qui est formellement demandé, organisé et contrôlé. Il vise à « faire faire » par d'autres ou avec d'autres la fabrication d'un bien ou d'un service. Il consiste à prévoir, ordonner, coordonner, encadrer, outiller l'action individuelle et collective avant qu'elle n'ait lieu. Il s'agit d'une définition des résultats à atteindre, des procédés à suivre, des comportements à adopter et même, dorénavant, de la subjectivité requise. La prescription ne se présente pas de manière monolithique ou rassemblée. Il convient plutôt de parler d'un faisceau prescriptif constitué de multiples injonctions ayant chacune leur origine, leur dynamique et leur évolution. Cinq types de prescriptions émergent : trois de résultat et deux de moyens. Le premier élément prescriptif concerne la définition de l'offre de service, dans l'esprit et dans la lettre. Il décrit le travail réalisé, ce que l'on doit arriver à produire visiblement, pour un client ou un usager. Ensuite, l'ensemble des normes professionnelles nationales et internationales, formalisées dans les textes réglementaires et législatifs qui encadrent la profession, forment, avec le droit commun, la prescription de type normatif. Les règles s'imposent à l'ensemble des organisations d'un secteur et précisent ce que l'on peut faire et ce que l'on doit faire, au regard de la loi, des règlements et chartes déontologiques des secteurs d'activité – sanitaires et alimentaires, dans les cas que nous étudions. Cette prescription est à la fois externe à l'organisation et produite par l'organisation. En s'appliquant à l'ensemble d'un secteur, ces normes uniformisent la prescription, mais laissent tout entière la question de leur réalisation dans les organisations, rendant alors décisives les régulations locales (D. Segrestin, 1997) dans les évolutions relatives des organisations d'un même secteur. Les objectifs de performance constituent un troisième élément de la prescription de résultat. Ils peuvent être ceux d'une équipe ou d'une personne. Ils sont construits sur de multiples critères : financiers, commerciaux, d'activité, de qualité, de conformité, de sécurité, etc. Dans les prescriptions de moyens figurent les procédures et protocoles décrivant les modes opératoires. Elles visent à obtenir de la conformité et de l'uniformité opératoire dans l'ensemble de l'organisation, et ce, indépendamment du résultat. Elle vise à préciser les manières de faire et de dire, à les homogénéiser, à les rendre obligatoires. Elles sont transmises lors de la formation initiale et continue, prennent la forme de classeurs, de protocoles, de formation, de fiches techniques, etc. Elles permettent, en principe, de faciliter la production des services préalablement définis dans l'offre, tout en respectant les normes professionnelles. Le dernier élément du faisceau prescriptif regroupe toutes les injonctions comportementales et de subjectivité : scripts comportementaux, vestimentaires, attitudes relationnelles au travail, injonctions à l'autonomie, à la créativité, à la détente ou à l'hyperactivité... Elles peuvent être émises par la hiérarchie, par les pairs, les formateurs ou encore par le journal interne.

Faverge et Ombredane (1955) et l'ergonomie de langue française ont montré que la prescription du travail ne coïncidait jamais avec *le travail réel.* L'application stricte des règles et des prescriptions – ce qui correspondrait, de fait à une « grève du zèle » – empêcherait le fonctionnement des organisations. Aussi cet écart définit-il assez précisément ce qu'est le travail si l'on poursuit la définition que propose Philippe Davezies (1991) : « Le travail, c'est l'activité déployée par les hommes et les femmes pour faire face à ce qui n'est pas déjà donné par l'organisation prescrite du travail. »[1] Le travail réel désigne cette part d'intelligence (G. Jobert, 1999) mise au-delà de la prescription dans le travail. C'est tout ce que

1. Cette définition rejoint celle que propose Ch. Dejours (1995 *a*, p. 44) : « Le travail, c'est l'activité coordonnée déployée par les hommes et les femmes pour faire face à ce qui, dans une tâche utilitaire, ne peut être obtenu par une stricte exécution de l'organisation prescrite. »

l'on fait « vraiment », à partir et parfois en dépit du travail prescrit. Il contient non seulement ce que l'on réalise, mais aussi tout ce que l'on ne fait pas, ce qu'on fait pour ne pas faire ce qu'on nous demande de faire. Les hésitations, les essais, les erreurs, les ratages, les brouillons, la retenue de l'action ou de la parole..., même s'ils sont largement invisibles à l'œil nu, sont la partie la plus charnue de l'activité, et celle qui mobilise le sujet dans l'effort de renormalisation de la prescription. L'écart entre travail prescrit et travail réel est le plus souvent utilisé, notamment à propos du travail taylorisé, pour analyser l'abîme qui se creuse parfois entre le travail tel que les concepteurs le prévoient idéalement et le travail tel qu'il est fait réellement. Le travail réel est largement invisible, imprévisible et incommensurable.

Le travail réalisé est le résultat du travail, détaché de son producteur : ce qui a été fait, nous pourrions dire « finalement », c'est-à-dire grâce ou en dépit du travail prescrit et comme résultat du travail réel. C'est une « chose faite ». Le travail réalisé est la partie la plus visible du travail et donc celui qui fait l'objet de jugements et évaluations nombreux. L'écart entre travail prescrit et travail réalisé est couramment utilisé dans l'approche gestionnaire pour, dit-on alors injustement, « évaluer le travail ». L'écart entre travail réel et travail réalisé permet de distinguer le travail en tant que processus et que résultat. Cet écart est sans doute celui qui préoccupe le plus le sujet au travail, dans la mesure où il concerne l'efficience et le sens de son action.

La quatrième facette du travail est *le travail vécu*. Il désigne la manière dont le sujet éprouve, interprète et donne sens au travail en cours mais aussi dans des temps qui le précèdent ou le suivent. Il ne concerne pas uniquement l'activité au travail. Il inclut les conditions de réalisation de ce travail, son statut objectif et son image sociale. Il est l'interprétation globale qu'un sujet (se) fait, à un moment donné de son existence, du travail qu'il fait, du travail qu'il a, et de ce que fait son travail, au regard de son histoire sociale et personnelle. Dans le travail, le sujet éprouve l'écart entre les mobiles existentiels qu'il apporte dans son action et la réalisation possible de celle-ci. L'écart entre travail réel et travail vécu indique qu'il n'existe aucun déterminisme à considérer que le processus effectif de travail impose ses significations au sujet. Ainsi le même travail réel peut-il être vécu de manière différente au cours du temps, selon les variations interprétatives qui en sont faites à l'aune des expériences qui le suivent et du débat social qui les parcourt. Il serait alors plus exact de parler du travail vécu au pluriel, puisqu'il est avant tout une série de récits interprétatifs qui, selon la personne à qui il s'adresse – à soi-même, un pair, un néophyte, un expert, un contrôleur, etc. –, et le contexte d'énonciation, changera. Il prendra également des formes différentes au cours du temps et de l'expérience, dans un mouvement ininterrompu de réévaluation et de réinterprétation de l'expérience du travail. L'écart entre le travail réalisé et le travail vécu indique, lui, l'absence de coïncidence entre ce que le sujet transforme dans le monde objectif et le sens qu'il donne à cette action.

Distinguer travail prescrit, travail réel, travail réalisé et travail vécu permet d'appréhender des éléments concrets et visibles de l'organisation – ce que regarde traditionnellement la sociologie des organisations et du travail – mais également des éléments invisibles et subjectifs – ce que considèrent avec attention les ergonomes, psychologues du travail et psychosociologues.

Une autre distinction conceptuelle doit également être précisée, entre le travail productif et le travail d'organisation.

DÉFINITION DU TRAVAIL D'ORGANISATION

L'organisation du travail est une construction sociale, le résultat d'un autre travail, appelé travail d'organisation. Les implantations territoriales des entreprises et administrations, leur capacité d'accueil et de production, leurs équipements, technologies, processus et procédures, les structures fonctionnelles et hiérarchiques, les promesses marketing, les formations et la communication interne… sont le résultat du travail réalisé par des acteurs multiples. L'organisation du travail productif est un « ensemble dynamique de réponses à des contradictions » (M. Pages *et al.*, 1979, p. 43). Elle résulte donc d'une activité de connaissance et de traitement de ces contradictions. Cette activité peut être considérée comme un travail (prescrit, réel, réalisé et vécu), que nous appelons, avec d'autres, « travail d'organisation ». C'est le travail de conception de la prescription mais aussi ses renormalisations successives par les collectifs et les acteurs, dans un « travail de régulation » (J.-D. Reynaud, 1989). Gilbert de Terssac comme J.-D. Reynaud considèrent essentiellement ce travail-là sous l'angle de la production de règles. Le « travail d'organisation » est alors « une production normative, résultant de la mobilisation d'acteurs multiples, confrontés à la nécessité d'inventer des solutions singulières, face à des problèmes particuliers ; l'action est alors tournée vers la fabrication d'un ordre social collectif » (G. de Terssac, 2002). Bruno Maggi (2003) montre qu'il s'agit d'un « processus permanent d'actions et de décisions qui se déploie à tous les niveaux ». Dans la continuité de ces propositions, il est possible de décrire assez précisément en quoi consiste ce travail d'organisation, aux différents niveaux.

Tout d'abord (par ordre hiérarchique et de pouvoir formel), les conseils d'administration font un travail d'organisation de nature *politique* lorsqu'ils définissent les finalités et les moyens de l'organisation. Leur pouvoir formel provient essentiellement de ce qu'ils sont des fournisseurs de ressources. Les dirigeants qu'ils nomment – et qu'ils révoquent – sont mandatés pour réaliser le projet organisationnel ainsi prescrit.

Le second niveau est de nature *gestionnaire*. Il regroupe trois catégories d'acteurs, que Henri Mintzberg (1982) nomme le sommet stratégique (les directeurs et leurs conseillers), la technostructure et les services supports. La distinction entre ces deux dernières catégories n'est cependant pas nette aujourd'hui. Les actions de prescription et de contrôle sont souvent étroitement imbriquées à celle de support notamment en raison de la place prise par l'autocontrôle. Il s'agit des services marketing, qualité, RH, formation, juridique, informatique, comptabilité, contrôle de gestion et finances, logistique. Ces acteurs ne produisent pas directement le service pour les consommateurs, mais adressent leur travail aux opérationnels pour, théoriquement, contribuer à la production du service. Il s'agit de la catégorie des « fonctionnels », qui inclut les experts internes et externes (qu'ils soient consultants, organisme de certification, organisation internationale, laboratoire de recherche ou spécialistes technologiques, par exemple). Un fonctionnel décline les missions et moyens en prescriptions, procédés opératoires et critères de contrôle. Ce travail d'organisation se concrétise et se réalise en une organisation formelle faite de données objectives (des bâtiments, des équipements, des systèmes d'information, des projets...) et de données symboliques, telles que la prescription et le contrôle gestionnaires.

Le travail réalisé par les dirigeants et fonctionnels constitue l'essentiel du travail prescrit des responsables d'équipes opérationnelles, comptables des résultats de l'activité dans les exploitations. Ils sont en relation directe avec les directeurs et ont pour principale mission d'organiser localement la production du service. Ce *« manager »* (qui peut être aussi un chef de projet) se trouve à l'articulation principale de la prescription gestionnaire et du travail opérationnel. Son activité est faite d'attention et de jugements sur les situations (H. Laroche, 2001). Elle consiste à relayer les prescriptions gestionnaires auprès de ses équipes, en les traduisant en langage utile à l'action, puis à rendre compte de l'action réalisée en langage de gestion. Dans ce double mouvement, il transforme la prescription et fabrique une justification du travail réalisé.

Dans le « centre *opérationnel* » (H. Mintzberg, 1982), les équipes ou groupes de pairs réalisent, à partir de cette organisation formelle, un travail d'organisation local, visant à construire une organisation « qui marche », dans la situation concrète dans laquelle ils se trouvent. Ce travail est de nature opérationnelle. Le travail d'organisation se déroule essentiellement par la construction de règles et d'une compétence collective dans l'action. Celle-ci doit pouvoir s'exprimer ou plutôt se formaliser au moyen d'un « langage opératif » (P. Falzon, 1991) qui fixe des références communes pour l'interprétation des situations, l'action individuelle ou coordonnée. Les interactions au sein du collectif déterminent la possibilité de construire un apprentissage mutuel permanent et continu, qui assure la vitalité du collectif et son « genre » (Y. Clot, 1999)[1]. Le travail d'organisation effectué par le collectif est une production normative dans la mesure où elle produit des règles de vie communes, un « vivre ensemble » relevant à la fois de la technique et de l'éthique. Or, la réalisation de ce travail d'organisation n'a rien de naturel ou de déjà là. Elle ne se décrète pas ni ne se prescrit. La condition de la formation et du développement d'une compétence collective, entendue comme renormalisation permanente de l'action et intelligence partagée, suppose de pouvoir montrer son travail réel. Pouvoir dire de quelle manière on fait « vraiment » pour faire face à la situation, expliciter des savoirs tacites, incorporés, ainsi que les pratiques bricolées ou déviantes au regard de la prescription. Il faut pouvoir les dire et les confronter aux autres manières de faire des pairs et collègues. Aussi ce niveau de régulation, pour se construire, requiert-il une certaine stabilité des hommes et des activités, ainsi que la possibilité de

1. Le « genre » en tant « qu'intercalaire social » consiste en « des règles de vie et de métiers pour réussir à faire ce qui est à faire, des façons de faire avec les autres, de sentir et de dire, des gestes possibles et impossibles dirigés à la fois vers les autres et sur l'objet ». Sans lui, on assiste à un « dérèglement de l'action » (*op. cit.*, p. 43-46).

construire de la confiance dans des échanges à propos du travail. Le collectif, lorsqu'il produit ainsi des règles de métiers et normes d'action, offre un cadre prescriptif renouvelé pour les individus qui travaillent sous le regard – effectif ou imaginaire – de leur équipe ou pairs.

Dans les métiers de service, nous identifions un cinquième lieu où se réalise un travail d'organisation : il se situe dans l'*interaction* avec le client (ou usager), dans l'activité de coélaboration ou de coproduction du service (G. Whitaker, 1980 ; P. Eigler & E. Langeard, 1987). Salarié et consommateur « s'arrangent » – ou pas –, tordent les normes organisationnelles et collectives, de manière à pouvoir résoudre le cas singulier qui se présente à eux. Cette régulation peut être soutenue par le collectif et alimenter sa compétence. Elle peut aussi se dérouler de manière silencieuse et coupable. Notons que la relation entre un membre d'une organisation et son client ou usager est inscrite dans des rapports sociaux plus larges. Ainsi, ces consommateurs peuvent faire appel – concrètement ou en parole – à des relais sociaux des utilisateurs de service : les associations de consommateurs, les médias et les juges notamment.

Enfin, chaque personne réalise son organisation du travail personnelle. Elle concerne tous les *arrangements avec soi-même*, ses artefacts, son corps, son langage, ses mouvements, ses « affaires ». Ce travail d'organisation individuel vise à rendre le travail possible et cohérent pour le sujet. Il s'agit de tout ce qu'il construit, de manière singulière, pour « répondre », c'est-à-dire pour être responsable de ses actes, dans une situation de travail donnée, tout en cherchant à fabriquer du sens à son action. Il le fait avec ou contre les organisations formelles, les collectifs et le destinataire du service.

À chacun de ces niveaux, le travail d'organisation consiste à résoudre les contradictions qui se présentent, et produire, dans ce mouvement, un élément de l'organisation du travail. Ils sont en dialogue plus ou moins bruyant et produisent, dans leur agencement final, ce que nous appelons l'organisation réelle du travail. Dans ce schéma, le travail réalisé de chaque niveau constitue le travail prescrit du niveau inférieur. Ainsi, les décisions des conseils d'administration s'imposent comme prescriptions aux dirigeants. Le travail d'organisation réalisé par les fonctionnels forme le travail prescrit des managers qui en font un cadre d'action pour les collectifs. Ceux-ci le transforment encore en une autre forme de travail prescrit pour le sujet face au destinataire du service. La construction singulière qui aura été réalisée entre prestataire et client (ou usager) constituera un cadre au travail subjectif. Les solutions construites à son niveau peuvent « remonter » pour alimenter la prescription des « trouvailles » ainsi expérimentées.

Soulignons que les organisations représentatives du personnel (patronales, des cadres et des employés) sont des acteurs à part entière. Ils ont la possibilité de se saisir de questions relatives à ces différents niveaux d'organisation et de les mettre à l'agenda de la négociation. Ils peuvent également créer un débat sur les règles de discussion entre ces niveaux d'organisation.

Travail productif et travail d'organisation sont étroitement reliés entre eux, tant du point de vue de leur efficience que de leur développement respectif. Le travail d'organisation consiste à fabriquer de la prescription ou à la transformer pour la rendre utile à la production finale du service. C'est un travail en cascade de reformulation et d'enrichissement progressif de la prescription, de définition socialisée de « ce que l'on doit faire », en « travaillant » les contradictions qui traversent l'activité, pour la rendre possible. Lorsqu'il se déroule sans encombrement ou évitement, le travail d'organisation dessine une organisation qui aide les individus à faire – et à bien faire – leur travail, et à le rendre cohérent dans un ensemble sociotechnique qui le dépasse. Une organisation idéale pourrait prévoir, pour le plus grand soulagement du sujet, des tâches productives qui soient à sa mesure (G. Friedmann, 1961). Une tâche qui permette de réduire les débordements du sujet par rapport à son activité, ou de l'activité pour le sujet. Un prescrit construit dans le réel.

Mais il existe une tension inévitable entre ces niveaux. Chacun d'eux relève d'une logique singulière, qui peut entrer en conflit avec les autres. Lorsqu'un niveau s'impose à l'autre, il l'oblige à se soumettre à sa logique. De ce fait, les dialogues entre ces niveaux sont des rapports de pouvoir.

Ces outils conceptuels vont être utiles pour écouter, regarder, sentir et finalement comprendre la manière dont les sujets font, défont ou refont le travail d'organisation. Entrons maintenant dans deux organisations de service de masse pour observer et rendre compte de la manière dont est dénouée, empiriquement, la contradiction entre personnalisation et massification. Où l'on verra que dans deux milieux professionnels distincts, une chaîne de restauration et des hôpitaux gériatriques public, le faisceau prescriptif est pareillement caractérisé par un déni des limites et des contradictions, au point qu'il finit par devenir une prescription de toute-puissance.

CHAPITRE III

Déni des limites et prescription de toute-puissance

L'analyse du travail et de son organisation peut tout d'abord s'attacher à sa partie visible et partagée : le travail prescrit. Quel est-il dans ces deux organisations ? Quelles sont ses principales caractéristiques ?

LE MONDE MERVEILLEUX DES RESTAURANTS DE MASSE

L'histoire de la chaîne de restaurants C'BON s'inscrit dans celle du secteur de la restauration. L'alimentation collective urbaine a trois origines historiques distinctes : les frustes gargotes, la grande cuisine et les restaurations collectives, essentiellement militaire et hospitalière[1].

Des gargotes où l'on pouvait manger et boire, l'histoire n'aura surtout retenu que le caractère fruste, peu hygiénique et socialement stigmatisé. Dès l'Antiquité, les aubergistes avaient une réputation telle que des contrôles furent instaurés pour s'assurer que la nourriture

1. Nous nous référons ici aux recherches de S.-A. Meriot, 2002 ; P. Gerbod, 2000 ; J.-L. Flandrin & M. Montanari, 1996 ; P. Girondin, 1995 ; E. Nierinck & J.-P. Pulain, 1992.

qu'ils servaient – gratuitement – était « digne d'entrer dans un corps humain ». Ces lieux étaient associés à la prostitution et au crime. Les aubergistes étaient discriminés autant que les esclaves et les gladiateurs. Au Moyen Âge, les gargotes et tavernes accueillaient les voyageurs et leur servaient une nourriture de première nécessité[1]. Le terme de « restaurant » provient de cette forme populaire d'alimentation hors de chez soi. Urbain, le restaurant se distingue alors de l'auberge rurale. Cette forme de restauration perdure après la Révolution. On voit apparaître des « regrats », lieu où l'on vendait les restes des grands restaurants bourgeois. Ces « débris » étaient revendus légalement, y compris à d'autres restaurants. Au milieu du XIXe siècle, on assiste à la première innovation majeure relativement à l'organisation de l'offre de service : le menu à prix fixe est inventé par Alexandre Duval, qui arrive, par une centralisation et une industrialisation de ses procédés de fabrication (et notamment de la boulangerie), à offrir des tarifs plus bas. La restauration urbaine est héritière de cette alimentation populaire hors de chez soi, au même titre que celle, fort différente, de la gastronomie.

L'art culinaire et de la table connaît un développement fort à la Renaissance et filtre progressivement hors des milieux fermés de la cour, lorsque la bourgeoisie s'approprie des techniques culinaires nobles et imite les manières des tables aristocratiques, jusque dans la manière d'imposer aux domestiques les règles d'efficacité et d'invisibilité. Les restaurants bourgeois se sont multipliés rapidement à Paris après la Révolution française. Les cuisiniers des aristocrates exilés ouvrirent des établissements

1. « Se restaurer » est la forme pronominale de « restaurer », du latin *restaurare,* « bâtir, refaire réparer » et « reprendre, renouveler ». Restaurer, en ancien français, signifiait guérir une blessure, rendre l'usage d'une partie du corps, puis redonner des forces à quelqu'un par des aliments fortifiants. Le terme « restaurant » désigne, au XVIIe siècle, un bouillon reconstituant à base de jus de viande. Un siècle plus tard, les établissements servant (contre paiement) ces bouillons, puis plus largement des repas, prennent ce nom (A. Rey, 1998).

dans le centre de Paris. Le siècle postrévolutionnaire voit les « maîtres d'hôtel » former la bourgeoisie à l'art de la table aristocratique. Ce que l'on appelait la « grande cuisine » au XVIIe est à l'origine de ce qui est devenu au XIXe siècle la gastronomie. Sa naissance officielle peut être datée de 1802 avec l'*Almanach des gourmands*, écrit par Brillat-Savarin avec la complicité d'Alexandre Dumas. Elle s'est développée dans les milieux royaux et aristocratiques dans lesquels avoir un cuisinier était un signe de distinction sociale. Cette origine noble de la restauration, bien que marginale quantitativement, a forgé un imaginaire social fort, autour de la cuisine française, élégante, sophistiquée, saine et raffinée. La cuisine aristocratique et bourgeoise devient progressivement un modèle universel, dont l'extension aux classes populaires est passée par la restauration scolaire, hospitalière et militaire.

La restauration collective, de masse, a une histoire ancienne. Les hôpitaux, l'armée, puis les établissements scolaires ont été les trois piliers du développement des cantines, réfectoires et autres formes de restauration de masse. Au nom de l'hospitalité chrétienne, l'Église a ouvert des lieux (tels que les léproseries, hospices, hôpitaux, universités) pour loger et restaurer les indigents. La restauration représentait au Moyen Âge la moitié de leurs dépenses. Les hôpitaux ont favorisé, depuis, plus que les autres formes de restauration, les évolutions normatives de la profession et en particulier celles qui ont trait à l'hygiène et à la sécurité alimentaire. Au Moyen Âge également, la restauration collective dans l'armée commence à s'organiser dans le cadre des croisades. La restauration militaire apporta elle aussi des innovations technologiques décisives, comme, en 1782, l'appertisation (stérilisation) des aliments pour leur conservation permettant une consommation différée. À la fin du XIXe siècle, la restauration scolaire contribue à élever les niveaux d'exigences et de technicité dans l'alimentation, sur les aspects diététiques et nutritionnels notamment. Ils ont essaimé dans toute la profession et plus largement dans la société dans laquelle la « diététique » et les règles nutritionnelles prennent une place croissante. Les restaurants ont diversifié progressivement leur offre tout en rationalisant la fabrication avec le développement des produits semi-élaborés (sous vide, congelés, appertisés ou lyophilisés), prêts à assembler.

La restauration hors de chez soi s'est considérablement développée dans les villes, à partir de l'entre-deux-guerres. Les cantines d'entreprise apparaissent dès les années 1930 et se multiplient dans la seconde moitié du XXe siècle sous l'impulsion de l'action sociale des représentants des salariés. L'activité de restauration en ville, elle, n'a cessé de croître également, portée par l'accroissement du niveau de vie, l'évolution de la place de la femme au sein du foyer et le développement des temps de loisir. Les restaurants représentent aujourd'hui 44 % des repas servis hors du domicile et 72 % du chiffre d'affaires de la restauration[1].

La chaîne de restaurants C'BON s'inscrit dans un héritage historique, où le mythe de la grande cuisine côtoie celui de l'hospitalité, de la convivialité et de la rusticité des gargotes, en même temps qu'il accroît la rationalisation des méthodes de production. Nous retrouvons trace de ces sources historiques dans la définition de l'offre de service.

L'offre de service : l'enchantement industrialisé

Les directeurs du siège, ceux qui « font le concept », n'ont pas un discours clair et commun sur la stratégie de la chaîne. Le public « visé », la concurrence, les tarifs, le positionnement ou encore « l'image » ne font pas consensus. Le directeur général reconnaît, non sans embarras, qu'il évite le débat sur ces questions et qu'elles restent

1. Sources : GIRA-SIC Conseil Néorestauration, octobre 2001, *Les Chiffres clés de la restauration.*

effectivement assez vagues. Le directeur commercial affirme avec assurance que le positionnement est celui du « loisir ». Mais, simultanément, il reconnaît que l'essentiel du chiffre d'affaires du midi est assuré par des repas « d'affaires », ou encore que « ça dépend des quartiers ». Le positionnement concurrentiel est particulièrement ambivalent d'après les dirigeants eux-mêmes. Finalement, cette incertitude à propos du concept stratégique ouvre la possibilité d'affirmer dans un même discours que le « concept » est une chose et son contraire. La définition de l'offre de service, premier élément du faisceau prescriptif, est fortement marquée par ces ambivalences. Regardons-le dans le détail.

« Les secrets de la réussite dans la restauration ? Il y en a trois : l'emplacement, l'emplacement et l'emplacement ! » Le P.DG de la chaîne de restauration rappelle que la localisation des restaurants est stratégique puisqu'elle détermine largement le volume d'affaires. Ici, le choix a été clair et constant : les restaurants sont implantés dans des quartiers à la fréquentation élevée le midi et/ou le soir et où la demande de restauration est structurellement importante. En outre, les restaurants sont situés – à quelques exceptions près – au cœur même de l'animation du quartier. À proximité de ces restaurants, on note la présence systématique d'autres chaînes de restauration, concurrentes directes ou de gamme légèrement inférieure. La concentration de ces mêmes enseignes montre l'importance, dans la profession, d'être « au bon endroit ». L'accès à ces emplacements suppose un pouvoir financier important. Ceci explique en grande partie que les grands groupes, plus que les indépendants, se retrouvent agglutinés sur les mêmes parcelles urbaines.

L'offre de service dans la restauration est définie aussi par la capacité d'accueil des restaurants : qualité et générosité des espaces, capacité en couverts, possibilité ou non d'accueillir des groupes. Chez C'BON, les restaurants ont de grandes capacités d'accueil. Ils comportent des espaces intimes, mais aussi des tablées pour de grands groupes. Dans tous les cas, ils sont équipés pour faire face à des « masses » de consommateurs.

La décoration fait l'objet d'une définition et d'une prescription précises. Les dirigeants portent une attention pointilleuse à ce que cet aspect de l'offre reste sous leur maîtrise et de celle du décorateur mandaté. Aucune autre personne dans l'organisation ne peut prendre d'initiative à cet égard, ne serait-ce que de déplacer une chaise, une table, un tableau ou une poignée de porte. Les matériaux sont nobles, et l'espacement entre les tables offre un confort presque provincial. La lumière est douce. Elle crée une atmosphère chaleureuse. L'impression générale est celle d'un espace assez haut de gamme qui privilégie la qualité et le confort. La principale caractéristique de ces restaurants, d'après leurs fondateurs, est le « charme ». Ce terme est utilisé pour évoquer une forme de nostalgie de la ruralité française, sympathique, chaleureuse, saine, parfois chic lorsqu'elle s'inspire de l'imaginaire des *gentlemen-farmers* ou de la vie coloniale. Mais puisque cette authenticité-là, en plein centre-ville, est nécessairement feinte, elle est reconstruite et symbolisée : fauteuils club au coin d'une fausse cheminée, tables rustiques en bois massif, entourées de chaises recouvertes de tissus chatoyants, escalier en colimaçon, menant à un mur, fausse fenêtre en bois patiné, potager d'un mètre carré orné d'une poule empaillée, bibliothèque aux livres sans pages. Dans ces espaces, toute la décoration est avant tout une mise en scène. Elle fait « comme si » on était à la campagne, « comme si » on était dans une salle à manger provençale, « comme si » notre grand-mère bienveillante allait nous servir un pot-au-feu odorant et copieux.

La publicité promet de produire sur ses clients un état subjectif, celui d'être « enchanté » par la référence à la cuisine artisanale authentique. Ce discours fait référence à une cuisine traditionnelle, efficace dans l'imaginaire social : « Tout ce qui est traditionnel possède un rendement symbolique maximal, avec toujours le risque de s'enraciner dans un passé mythologique traditionnel »

(S.-A. Meriot, 2002, p. 27). Le terroir comme le rural sont associés dans le rapport de la nourriture à la « qualité » (J. Csergo, 1995). Ce qui peut étonner d'ailleurs, si l'on se réfère aux conditions concrètes d'alimentation de l'« avant » et de « l'ailleurs ». Les dirigeants et les salariés des restaurants disent d'une seule voix que le concept principal de ces aménagements est « un restaurant où l'on est comme chez soi ». Le caractère paradoxal de ce slogan – pourquoi irait-on au restaurant, si c'est pour se retrouver comme chez soi ? – est levé lorsque l'on demande aux salariés si, chez eux, la décoration est comparable. La réponse est alors exclamative, comme celle de ce maître d'hôtel qui dit sans hésitation : « Non ! bien sûr ! Chez moi, c'est pas du tout comme ça… mais ici, c'est comme on aimerait que ce soit chez soi ! C'est comme du temps de nos grand-mères. Enfin, moi, j'ai pas eu de grand-mère comme ça, mais bon… des cuisines qui sentent bon. De la vraie cuisine comme avant, quoi ! » Le « concept » commun aux restaurants est la promesse de manger dans un lieu qui pourrait recréer les conditions d'une illusion spatio-temporelle, d'un retour fantasmatique dans un temps ancien merveilleux.

Les restaurants sont ouverts sans discontinuer jusqu'à 2 heures du matin. Le service « non-stop » est affiché en ces termes de façon visible sur la vitrine. C'est une caractéristique importante de l'offre, dans la mesure où elle suppose une organisation elle aussi « non-stop », en cuisine comme en salle. Ainsi n'y a-t-il pas une seule carte mais deux, puisqu'à la carte des déjeuners et dîners vient s'ajouter celle des petits déjeuners et goûters. Les cartes changent deux fois l'an. Celle des repas offre un large choix d'apéritifs, d'entrées, de plats, d'assiettes, de desserts et de boissons. Elle est diversifiée, avec des entrées et des plats très explicitement issus de cuisine française. La présentation des mets est avantageuse, presque poétique, dans la tradition gastronomique. La « composition de charme des saveurs » est ainsi déclinée : « Raviolines de homard, fine crème de crustacés à la marjolaine, croustillant de chèvre chaud, salade follement gourmande en foie gras, tartare de saumon en duo amoureux, magret de canard en tournedos aux abricots » côtoient le plus sobre « tartare de bœuf, pommes Pont-Neuf, à préparer par vos soins ». Le registre sémantique est héritier de ce courant emphatique, parfois baroque, où la présentation des plats est une composition en soi. Le raffinement des tournures langagières peut être aussi la promesse d'un délice gustatif à venir. Et tout cela pour un repas qui coûte, en moyenne, 26 €.

Notons que toute décision concernant la carte est prise au siège. Elle est conçue par ses personnels dans une procédure assez informelle, qui pourrait se résumer ainsi : le « chef des chefs », le responsable des cuisiniers, avec le directeur de chaîne fait des propositions aux dirigeants qui valident à la fois la composition des plats, leur présentation, leur nom, la présentation visuelle et les tarifs. Les directeurs de restaurant peuvent faire des suggestions, mais il leur est rappelé « qu'on ne peut pas satisfaire tout le monde ». Dans les faits, les personnels de restaurants n'influent pas significativement sur le processus de fabrication de l'offre de restauration. Du moins n'essayent-ils plus.

Outre la carte et les tarifs, le style du service à table est un élément fondamental de la définition de l'offre et donc du travail prescrit. C'est à la fois une description objective des gestes à faire – ou à ne pas faire – et une attitude générale à l'égard du client. Il indique la manière de prendre des réservations, de recevoir le client, de lui souhaiter la bienvenue, de prendre son manteau, de le placer à table, de lui présenter la carte, de prendre sa commande, de le servir, de le débarrasser. Il précise si l'on doit offrir l'apéritif en cas d'attente, si l'on doit apporter l'addition ou attendre que le client la demande, si l'on doit servir le vin, etc. Chez C'BON, la définition du service est une création unique pour la chaîne. Il se veut « convivial, chaleureux, prévenant, décontracté ». Par distinction avec celui plus guindé, rigide et peut-être

« rétro » des brasseries traditionnelles, les commis sont habillés en pantalon ou jupe noirs, accompagnés d'un chemisier d'une couleur gaie, changeant avec les saisons. La « convivialité », c'est aussi l'absence de vestiaire pour les clients. Les dirigeants souhaitent que leurs établissements restent des « restaurants de quartier », jouant sur la proximité. Un restaurant « où l'on connaît ses clients » et où, même, « les clients peuvent se connaître entre eux ». Ainsi, bien que faisant chaîne, la publicité promet au client qu'il trouvera une familiarité et des relations de proximité, tout à la fois dans le restaurant en bas de chez lui et dans celui qui jouxte son bureau. Cet esprit de quartier, de « village », cher aux dirigeants est articulé avec ce qu'une chaîne peut garantir : la régularité du produit dans le temps et dans l'espace. De la même manière que pour la décoration, le service est défini au siège, c'est-à-dire en dehors de la relation avec le client et largement en amont de celle-ci. Les personnels des restaurants n'interviennent pas sur la définition du service quand bien même ils jugeraient, à l'usage, que certains aspects sont inadéquats commercialement ou techniquement.

Simultanément à la promesse d'enchantement et d'authenticité, l'offre est industrialisée et standardisée. La communication commerciale promet de servir un produit standard qui satisfasse la notion personnelle du « charme » pour chaque client. L'enchantement de l'offre, allié à sa standardisation, est une façon de promettre que le client trouvera dans ce restaurant la satisfaction de désirs contradictoires : manger des plats « authentiques », des produits qui ont une « âme », des mets sortis des bonnes casseroles en étain de nos grand-mères…, et ce, dans des temps compressés de déjeuners urbains. Contradiction qu'un responsable du siège synthétise ainsi : « Si le client savait quel est le processus de fabrication, il ne viendrait plus. » Les professionnels de cette enseigne soulignent : « Ici, les gens croient que c'est une brasserie. C'est pas vrai, mais nous, ça nous arrange. En fait, 90 % des produits sont préfabriqués. » Ainsi, l'offre promet simultanément au client les avantages d'une industrialisation (régularité, rapidité, hygiène) et les « charmes » d'un restaurant de quartier qui personnaliserait la prestation.

L'offre de service, premier élément du faisceau prescriptif, se présente moins comme une solution aux contradictions organisationnelles du service de masse que comme une difficulté supplémentaire, avec l'obligation de faire comme si cette contradiction pouvait être tenue. Le second élément du faisceau prescriptif est le cadre réglementaire, normatif et législatif du secteur de la restauration.

La prescription normative : des normes alimentaires d'une exigence extrême

« Aujourd'hui, en cuisine, on n'a plus le droit d'avoir un œuf, tout ça parce qu'il sort du cul d'une poule », rappelle un qualiticien avec un air à la fois autoritaire et peiné. Cette exclamation un peu brutale nous rappelle que la prescription du travail est également faite par les obligations légales, réglementaires et les normes professionnelles qui s'imposent aux acteurs de la restauration. Le dispositif actuel de normalisation du secteur alimentaire est précis et contraignant. Le contrôle des denrées alimentaires a longtemps été une préoccupation des pouvoirs publics. Il génère un niveau d'exigence et de normalisation croissant. Le cadre réglementaire actuel en est, historiquement, la forme la plus sophistiquée et aboutie. Il apparaît comme une forme du processus de rationalisation, au sens wébérien du terme.

Les textes normatifs français, qui servent de cadre prescriptif aux restaurants, trouvent leur origine dans des référents internationaux qui se sont construits depuis plus d'un siècle avec un double objectif : limiter les risques alimentaires, d'une part et permettre le libre-échange, d'autre part. Le premier souci a abouti à l'élaboration de règles fixant des interdits et des méthodes de contrôle pointus. Cette thématique de la sécurité alimentaire a pris, depuis l'événement de la vache folle, une importance inédite. L'Agence française de sécurité sanitaire des aliments, créée en 1998, doit veiller à la sécurité sanitaire dans le domaine de l'alimentation, depuis la production des matières premières jusqu'à la distribution au consommateur final. La préoccupation du libre-échange a été un facteur décisif de l'harmonisation des normes et des pratiques, à un niveau international. En 1961, avec le soutien de l'OMS, de la Commission économique pour l'Europe, de l'Organisation pour la coopération et le développement économiques (OCDE) et du conseil du Codex Alimentarius Europaeus, la conférence de la FAO institue le Codex Alimentarius et décide de créer un programme international sur les normes alimentaires. En 1963, l'Assemblée mondiale de la santé approuve la création du Programme mixte FAO/OMS sur les normes alimentaires et adopte les statuts de la commission du Codex Alimentarius. Ce référentiel est établi par des experts, des scientifiques internationaux du plus haut niveau et en particulier la NASA qui a apporté à la société civile son savoir-faire en termes d'hygiène alimentaire. En effet, pour éviter tout risque de déconvenue gastrique à ses spationautes, la NASA a formalisé une méthode garantissant l'hygiène et la sécurité alimentaires, appelée méthode HACCP (*Hasard Analysis Critical Control Point*, ou « analyse des risques et maîtrise des points de contrôle »). Celle-ci a essaimé dans l'industrie alimentaire pour inspirer aujourd'hui la législation applicable dans les restaurants. Le cadre réglementaire des professions alimentaires est principalement donné par une directive européenne[1] suivie d'un arrêté français[2].

1. Directive 93/43/CEE du conseil du 14 juin 1993 relative à l'hygiène des services alimentaires.

2. Arrêté du 9 mai 1995. Règlement sur l'hygiène des aliments remis directement aux consommateurs. Guide des bonnes pratiques d'hygiène du restaurateur.

Cette réglementation est assortie de contrôles externes réguliers de la DGCCRF[1]. Ils contribuent à la maîtrise de l'hygiène alimentaire et créent une obligation de résultat sur le produit remis au client. Cette réglementation concerne essentiellement l'hygiène et ambitionne de prévenir tout problème de contamination. Ces textes se réfèrent explicitement à la méthode HACCP. Ils en gardent l'esprit (l'hypersécurité alimentaire) et une part de la lettre (la méthode). Les normes réglementaires qui encadrent les métiers de la restauration actuels, comme les méthodes de travail, trouvent donc leurs sources dans celles qui ont été conçues par la NASA. Ce travail de normalisation est un projet international, animé par des experts. Il se conclut par des interdictions strictes, dont celle, emblématique, d'avoir, dans des cuisines, de « vrais » œufs. Les professionnels de la restauration cuisinent alors avec des bidons de « jaunes » et de « blancs » ou des œufs précuits, en tube ou en poudre.

Ces normes sont prescrites au sein des restaurants par le service qualité avec le support d'un *Manuel des procédures assurance-qualité* (MDPAQ*[2]). La politique qualité de la chaîne de restauration est introduite par un discours dans lequel est proclamée avec une insistance presque lyrique l'absence de limite, d'exception, de différenciation locale. La qualité se doit d'être « totale », « absolue » et, finalement, idéale. Ce document regroupe une trentaine de procédures. Chacune a un objectif précis (« nettoyage et désinfection », « réception marchandise », « processus de décongélation », « étiquetage des produits ») et précise le processus strict à suivre. Pour la procédure de nettoyage et de désinfection, par exemple, un tableau

1. La DGCCRF* intervient comme régulateur étatique sur l'observation des prix, le respect du jeu de la concurrence, la politique de la consommation, le contrôle de la qualité et de la sécurité des produits et des services, l'application du Code des marchés publics, l'équipement commercial et le classement des établissements de tourisme.

2. Les mots et acronymes suivis d'un astérisque renvoient au glossaire en fin d'ouvrage.

de plus de 100 lignes et six colonnes détaille pour chaque surface à nettoyer le type de produit à utiliser, le matériel à employer et la méthode. À chaque procédure correspondent des grilles vierges à remplir par ceux qui font les actions correspondantes. Ces documents sont des outils de « traçabilité ». Ainsi, pour chaque point du processus (laver un plan de travail, le rincer, changer de torchon, etc.), le manuel prévoit que l'on sait « qui a fait quoi » et à quel moment. Le responsable qualité de l'entreprise insiste sur ce point : « La base de toute structure qualité, c'est de faire de la formalisation. Écrire ce qu'on fait, faire ce qu'on écrit. » Il ajoute : « Le principe, c'est de formaliser. Ensuite, il faut prouver. Il faut attester qu'on respecte la réglementation. »

Le niveau d'exigence des normes alimentaires a donc crû de manière exponentielle depuis un demi-siècle, au point qu'il est jugé « inapplicable ». Aujourd'hui, de l'avis des professionnels, si l'on exigeait vraiment que les normes soient appliquées, 80 % des restaurants français fermeraient. Ces normes sont idéales.

Les objectifs hiérarchiques de performance : rentabilité, conformité et satisfaction

La prescription du travail concerne aussi les objectifs de performance. Ils se résument à trois mots : rentabilité, conformité et satisfaction.

Chaque restaurant a des objectifs de volume d'affaires et de rentabilité à atteindre. La performance économique est mesurée et fixée à l'aide de deux indicateurs principaux : le chiffre d'affaires et le résultat brut d'exploitation (RBE). Ces objectifs de performance économique sont orientés sur les résultats courants, à court terme. Ils n'incluent pas d'indicateur d'investissement ou de développement. Ce qui est demandé aux restaurants, c'est « de faire du chiffre ». Lors d'une négociation annuelle, le directeur de chaîne et les directeurs de restaurants fixent les objectifs détaillés de performance économique à atteindre pour l'année. Ils sont régis par une règle explicite, que l'on sait pourtant impossible à respecter : les résultats doivent être meilleurs d'année en année, quels que soient la conjoncture et le vieillissement du « concept » de restauration. La direction du groupe C'BON dit sans détour que les objectifs sont extrêmement ambitieux, voire irréalisables. Mais elle les justifie en arguant qu'il est nécessaire de mettre la « barre très haut si on veut progresser ». À l'instar des normes techniques, les normes économiques sont devenues, de l'avis de tous, inatteignables.

L'objectif de conformité, lui, consiste à exiger que le service effectué soit strictement celui qui a été prescrit dans les divers manuels. La disposition des tables et des chaises, l'entretien général du bâtiment, la présentation des façades, la préparation des plats, les tenues des serveurs, le déroulement du service, etc. doivent être conformes à ce que préconise le concept de la chaîne. Le but est de maintenir, aux vues du client, l'homogénéité des produits et du service dans tous les restaurants. Il s'agit de tenir la promesse de régularité et de standardisation de l'offre.

Enfin, la hiérarchie prescrit un niveau de qualité spécifique. Il s'ajoute à celle qui est exigée réglementairement. Elle est définie comme étant l'obligation, pour les restaurants, de « satisfaire les clients ». Cette prescription est assez vague et provient essentiellement de la mesure de la « satisfaction clientèle », préoccupation centrale de l'encadrement supérieur. L'expression la plus commune dans la prescription de satisfaction et de qualité est l'adjectif « total ». La qualité ne doit pas être relative ou partielle, conjoncturelle ou éphémère : elle est exigée, à l'instar de la conformité et de la performance économique, de manière illimitée et absolue. Les clients doivent être totalement satisfaits. Sur tous les critères, à tout instant, et dans tous les restaurants.

Ces éléments de la prescription de performance ne sont que rarement articulés. Ainsi la poursuite d'un des trois objectifs est-il souvent, sur un plan pratique, contradictoire avec les deux autres.

La prescription opératoire : procédures, protocoles, « Bibles » et formation

Chez C'BON, la prescription opératoire est visiblement imposante : au *Manuel des procédures assurance-qualité* (MDPAQ) déjà cité, s'ajoutent trois gros classeurs de procédures appelés « La Bible », dont un dirigeant dit qu'elle est « *le* règlement ». Le choix du mot « Bible » pour parler d'un classeur de prescriptions ne semble choquer ou amuser personne dans l'entreprise, sauf peut-être un commis musulman, qui a proposé, en boutade, de le rebaptiser « Le Coran ».

La Bible a été rédigée dans le but de « figer les procédures ». Elle est composée d'une dizaine de chapitres dont les principaux concernent « tout ce que l'on doit savoir » à propos de l'offre (la mise en place, le service, la carte, l'entretien du restaurant), d'une part, et à propos de « moyens », d'autre part (la gestion du personnel, la formation et la gestion administrative). Elle « est un support écrit définissant l'intégralité du concept de la chaîne ». L'introduction précise également que ce document est « une référence pour l'uniformisation et l'application des procédures de travail dans tous les établissements ». Cinq cents pages très denses décrivent « tout » ce qui doit se passer quotidiennement dans un restaurant. Ces prescriptions opératoires détaillent chaque étape de la fabrication du service jusque dans le moindre détail et sont diffusées sous forme de procédures types applicables partout.

L'enjeu est d'assurer l'homogénéité non seulement du « concept » dans des exploitations décentralisées mais, surtout, des manières de travailler. Il s'agit de standardiser, pour les optimiser, les processus de fabrication du service quand bien même ils seraient invisibles pour le consommateur final : le nombre de verres par console, la procédure de réception des marchandises ou le protocole de nettoyage des toilettes sont décrits dans le moindre détail. La prescription mêle des savoir-faire qui trouvent leur origine dans les « règles de métier » de la restauration et des « règles maison ». En outre, la Bible prescrit de nombreux comportements et scripts relationnels, qu'ils soient avec le client ou avec les collègues.

Le souci d'exhaustivité et de maîtrise dans la Bible est affaibli par les difficultés de mise à jour des informations. Une procédure extrêmement détaillée est prévue, en introduction des classeurs, pour effectuer les modifications et mises à jour. Néanmoins, rien n'est dit pour savoir qui, nominativement, est responsable de la modifier si ce n'est « personne », « tout le monde » ou « Untel » qui ne se sent pas concerné. En conséquence, les mises à jour de la Bible sont de trois types : inexistantes (« on sait que c'est obsolète »), sauvages (« je fais un document et je l'envoie, en cachette de la direction, à tous les restaurants. Faut qu'ils le mettent dans le classeur après ») ou bureaucratiques (« on met six mois pour changer une virgule. Et quand tout le monde a validé la modification, elle est déjà obsolète »). De ce fait, les acteurs finissent progressivement par douter de la fiabilité des prescriptions contenues dans les classeurs.

À ces classeurs bibliques viennent s'ajouter des fiches techniques, « l'identité du plat ». Il s'agit de la description précise de leur fabrication : les ingrédients et leur grammage exact, le processus détaillé de fabrication, les règles d'hygiène spécifiques et la présentation du mets, au moyen d'une photo. Chaque geste, chaque événement, chaque instrument, chaque fonction font l'objet d'une description extrêmement précise. Les fiches techniques sont là pour « faire appliquer partout la même chose », afin que le plat soit absolument identique quels que soient le site et le moment. Comme la Bible, elles montrent une volonté de maîtrise de tous les détails du travail et de son résultat.

Bien que les « gens du terrain » ne soient pas invités à participer à la rédaction de ces documents, les prescripteurs du siège reconnaissent leur expérience et sa pertinence. Aussi à côté des prescriptions ultra-détaillées, les documents insistent-ils aussi beaucoup sur l'importance du « professionnalisme » et de l'« amour du métier » pour arriver à mettre en œuvre ces prescriptions. Alors que ces procédures opératoires donnent une représentation du travail comme totalement prévisible, prescriptible et contrôlable, au même moment il est fait mention, à maintes reprises, de la nécessité de « s'adapter », de « dépasser le cadre de ses fonctions », de « personnaliser la relation ». Les prescriptions opératoires répliquent donc la contradiction entre standardisation et personnalisation. C'est un message fort de la formation, qui vient en écho de la prescription d'autonomie et de responsabilisation faite par la direction. Elle participe, en les amplifiant, aux prescriptions de « savoir-être ».

Les prescriptions de « savoir-être »

Le « savoir-être », dans la restauration, est décrit comme un élément stratégique. L'esprit général du service, tel qu'il est prescrit chez C'BON, doit être semblable à celui des maisons bourgeoises. L'ambition des dirigeants est d'arriver, dans le cadre d'une relation marchande, à faire comme si les consommateurs étaient des « invités ». Notons que cette représentation ne précise pas si ceux qui font le service ont le rôle de domestiques ou d'hôtes. Dans l'interstice de ce doute, il est prescrit aux serveurs d'être à la fois « neutres », et en relation conviviale avec les clients et même d'entretenir des relations personnalisées avec les habitués. Ainsi, il ne s'agit pas de faire le service propre à la « grande cuisine », où ceux qui servent sont muets et invisibles. Néanmoins, ils ne doivent pas tomber dans une spontanéité débridée, ou une convivialité de « gargotier ». Leur aspect physique et leurs comportements ne doivent pas outrepasser « certaines limites », comme le dit – sans le préciser – un formateur à des commis en passe de devenir chefs de rang. « Il ne faut pas porter de bijoux, de vernis, de parfum parce qu'il ne faut pas montrer qui on est : on est là pour servir. On doit être neutre. On est une chaîne. »

Une chaîne dans laquelle on exprime « le plaisir de recevoir ». Cette expression n'est pas un simple habillage publicitaire. La notion de « plaisir de servir » est très présente au sein même de la culture de la restauration. Elle est liée à celle de « l'amour ». Ainsi l'offre définit-elle également un certain rapport subjectif au travail. Il fait partie de la promesse faite aux clients : promesse qu'ils seront en interaction avec des personnes qui aiment être à leur service, qui y prennent plaisir. Au-delà des rapports sociaux de production, au-delà du fait que l'un travaille et l'autre mange, au-delà des statuts respectifs de client et de serveur, il y aurait une relation authentique, nouée autour de l'amour partagé de la nourriture et de sa mise en scène. Le serveur doit « savoir être » celui qui incarne l'amour de la restauration et du service. Le « savoir-être » prescrit est un mélange subtil d'attention et de spontanéité. Des trois grandes tendances historiques de la restauration, le service chez C'BON est une promesse additionnant les avantages respectifs des formes de restauration populaire, aristocratique et collective. Finalement, le serveur doit être tout à la fois le bourgeois qui reçoit, le domestique qui sert et le salarié qui produit. Il doit être simultanément convivial, invisible et efficace. Et cette attitude-là, qui constitue une part importante du service, doit être produite « en masse », rapidement, avec un maximum de rotation à chaque repas.

Dans la chaîne C'BON, la prescription de « savoir-être » est également produite et diffusée par le discours des dirigeants et par le journal interne. Ce dernier n'est pas vraiment lu dans les restaurants, notamment parce que la majorité des personnes qui y travaillent disent qu'elles ne lisent pas. Ce qui nous intéresse, relativement à ce support, c'est moins l'influence qu'il pourrait avoir sur le « savoir-être » effectif des employés, que de repérer quel type de discours est choisi par la direction de la communication et la direction générale pour promouvoir des valeurs, des attitudes ou des croyances. L'amour et l'importance du travail, l'autonomie et la responsabilité, la nécessité de transmettre le métier et de favoriser l'ascension sociale, l'attachement à la qualité des produits (qualité gastronomique et qualité de l'ambiance) et surtout l'impérieuse nécessité d'obéir aux règles sont rappelés à chaque page. Les comportements valorisés dans ce discours sont ceux qui démontrent un engagement illimité dans le travail. En même temps que l'obéissance et l'adaptation relationnelle, les dirigeants prescrivent à leurs salariés d'être « autonomes, responsables, capables d'initiative ». Ces termes sont martelés tels quels, sans davantage de précision. Puisqu'ils interdisent de déplacer une chaise dans le restaurant, nous pouvons nous demander à quoi peut correspondre, concrètement, cette exigence d'« initiative », et, surtout, à quel type d'action elle pourrait s'appliquer. Ainsi le savoir-être prescrit est-il un mélange d'obéissance et d'initiative dont les dosages et modalités concrètes peuvent poser de sérieux problèmes d'interprétation quotidienne. La prescription est là aussi idéale, dans la mesure où elle poursuit une chose (l'obéissance) et son contraire (l'initiative).

Les prescriptions prennent d'autant plus d'efficacité qu'elles sont liées à des dispositifs de contrôle. Contrôler un travail réalisé ou un travail comme processus induit une prescription : ce qui est contrôlé – qui peut être différent de ce qui est prescrit – doit être réalisé afin d'éviter la sanction.

Les dispositifs de contrôle et de sanction

Au travail productif prescrit s'ajoute tout ce qu'il faut faire pour satisfaire aux contrôles. Il convient de distinguer le contrôle « externe » et le contrôle « interne ». Les premiers peuvent être *administratifs* : le contrôle vétérinaire, ceux de la DGCCRF*, des services fiscaux, de l'URSSAF ou des commissaires aux comptes. Ils peuvent également concerner tous les autres domaines réglementaires et juridiques auxquels l'entreprise est soumise (référés aux droit du travail, droit des affaires, droit immobilier, normes d'hygiène et de sécurité, etc.).

Intervient également, dans le cas de la restauration – mais nous verrons que c'est également celui de la santé –, un *contrôle médiatique*. Les salariés ont en tête l'impact parfois fatal des « scandales médiatiques » sur l'activité de restauration. Telle chaîne a « coulé » consécutivement à une émission de télévision montrant le processus de production industrielle, si éloigné de son image de cuisine traditionnelle, par exemple. Quelle que soit la validité de la causalité entre la médiatisation et la faillite de ces marques, les acteurs de la restauration travaillent avec la certitude que les médias peuvent les « tuer », à la moindre incartade. Aussi peut-on compter l'opinion, ou du moins la médiatisation, au rang des contrôles externes face auxquels les dirigeants vont mettre en place des pare-feux.

Ces contrôles externes comportent des sanctions : amendes, redressement, scandale médiatique, et, même, peine de prison. En ce sens, ils mettent en jeu très concrètement la responsabilité de certaines personnes dans la structure, au premier rang desquels, les gérants. Alors, les examens externes sont tous doublés de contrôles internes, permettant de prévenir les risques d'une sanction. Ils copient ceux que sont susceptibles d'effectuer les organismes de contrôle externes et les dépassent souvent en termes d'exigence. Le contrôle externe légitime le contrôle interne lorsqu'il consiste essentiellement à limiter, voire à supprimer, les risques d'une sanction externe.

Dans la chaîne C'BON, les dispositifs de contrôle et de sanction sont au nombre de cinq : contrôle de la conformité du produit, de la satisfaction clientèle, de l'application des normes, de la performance économique et, enfin, des compétences et comportements.

Dirigeants et cadres du siège ont mis en place des dispositifs de contrôle de la conformité du « concept », dans chaque exploitation. Il s'effectue par le moyen du *« client mystère »*. Les prescripteurs de la chaîne paient un cabinet de marketing pour que celui-ci envoie régulièrement dans chaque restaurant un « client mystère », chargé de vérifier la conformité de la prestation à celle que l'entreprise a prescrite. Il s'agit de mesurer la « qualité voulue » – nous pourrions dire l'écart entre le travail réalisé et le travail prescrit. Le client mystère est volontairement anonyme et non identifiable par les personnels du restaurant : c'est un client quelconque en apparence. Il a été préalablement informé et formé à toutes les caractéristiques du service « voulu » : il connaît parfaitement le service promis aux clients (le travail prescrit) et mesure les écarts avec sa réalisation effective (le travail réalisé). Il teste toutes les facettes du service et vérifie avec minutie que tout ce qui a été prévu soit bien effectué : la réservation téléphonique, la disposition de la serviette sur l'assiette, l'apéritif recommandé par le serveur, la manière d'être renseigné sur la composition d'un plat et conseillé pour le choix du vin, en passant par la visite des toilettes et jusqu'aux salutations d'au revoir à son départ. Tout est noté dans un rapport. Celui-ci est mis en forme par l'agence de marketing et donné à la direction de la qualité, qui en fait une copie à la direction générale et au directeur du restaurant. Il organise généralement des réunions avec le personnel du restaurant pour « débriefer » ces résultats.

Parallèlement au contrôle de la qualité « voulue », le groupe commande au cabinet de marketing des contrôles de qualité « perçue », avec un autre « client mystère », chargé, lui, de faire part de sa satisfaction. Les dirigeants du groupe font donc l'hypothèse que le contrôle de la conformité au service prévu n'est pas suffisant pour garantir la satisfaction du consommateur. Alors, un second « client mystère », « naïf », vient dans le restaurant, teste la prestation et attribue une note argumentée, une appréciation personnelle et libre, de sa « satisfaction ».

Un autre dispositif de contrôle de la satisfaction clientèle est mis en place par le biais du *« baromètre qualité »* annuel. Des « questionnaires qualité » sont semi-administrés, dans chaque restaurant, à un échantillon de clients. Soixante-six questions tentent de cerner la satisfaction des clients, en fonction de leurs caractéristiques (âge, lieu de travail, mode de vie) et du contexte de restauration (repas pris seul/avec des amis, repas d'affaires/repas personnel, etc.). Ce questionnaire passe au crible ces nombreux « petits détails » qui font la qualité du service. Le terme « satisfaction » est employé 35 fois, à propos de multiples critères de service, tels que le rapport qualité-prix, la décoration, la ventilation de la fumée, la propreté des salles et des toilettes, la « qualité » du service, sa rapidité, le sourire, l'amabilité, le rythme, la disponibilité, l'intérêt qui lui est porté, la capacité des serveurs à résoudre un problème, la carte (variété des plats, présentation, etc.), les plats (portions, présentation, température). Nous pouvons interroger la possibilité, pour un client, de répondre à toutes ces questions et même la pertinence d'une approche aussi analytique de la « satisfaction ». Cette méthode par critères présuppose sans doute que la somme des satisfactions partielles donne une satisfaction globale positive.

Outre ces mesures de satisfaction, les professionnels disent sentir un contrôle plus informel : il s'agit des visites des cadres du siège et de celles, plus floues, des « connaissances et amis » des cadres du siège. Ce type de contrôle, tout à fait aléatoire et informel, crée une vigilance de tous les instants. De même, les professionnels se sentent-ils sous le regard de leurs pairs : les confrères ou concurrents peuvent venir se restaurer chez eux, pour des raisons diverses : « chasser » des commis pour les recruter, faire une étude de concurrence, ou tout simplement se restaurer. Le contrôle par des « clients mystère » ou par les « amis du directeur » tire sa force de ce que chaque professionnel en contact avec le client sait qu'il risque à tout moment de tomber sur l'un de ces commentateurs. À la manière d'un *panopticon* (M. Foucault, 1975), il met chacun sous le regard du contrôleur sans que toutefois celui-ci ait besoin d'être là de manière permanente. Cet ensemble de contrôles internes cherchent là aussi à prévenir la sanction du marché, qui se traduirait, théoriquement, par une baisse de la fréquentation des restaurants.

Après le contrôle de conformité et de satisfaction, C'BON a mis également en place des dispositifs de contrôle internes *sur l'hygiène et la sécurité*, qui anticipent le contrôle externe. Il dépasse en formalisme comme en exigence, les obligations réglementaires. Le service qualité du siège effectue un suivi régulier et pointilleux des pratiques recommandées dans le *Manuel qualité*. Chaque mois, un auditeur se rend sans prévenir dans les restaurants pour procéder à une vérification systématique des points critiques relatifs à l'hygiène : contrôle des températures des frigos, examen de l'étiquetage des aliments, vérification de la tenue des documents relatifs à la réception des marchandises, etc. Il a une grille d'évaluation composée de plusieurs dizaines d'items, qu'il « check », et pour lesquels il met « des notes et des commentaires ». Il mène son audit le matin. Puis il déjeune dans le restaurant, l'œil aux aguets. Après le coup de feu du midi, il commente au directeur de restaurant les notes qu'il a prises. S'ensuit un dialogue, où l'auditeur pointe « ce qui ne va pas » dans le restaurant, mettant le directeur en situation d'avoir à s'expliquer, si ce n'est à se justifier. Le plus souvent, la critique se retourne vers le siège (« si les travaux ne sont toujours pas faits, c'est que les services du siège n'ont pas fait le nécessaire depuis six mois ! »). Et l'auditeur, compréhensif, répète que néanmoins, « ça ne va pas ». Le service qualité souhaite faire de ces contrôles « des moments de dialogue et de formation ». Néanmoins, les auditeurs « avouent » qu'à leur arrivée, « c'est sûr que c'est l'affolement général ». Il existe une réelle tension entre la volonté des qualiticiens de faire de ces contrôles un « outil de progrès » pour les opérationnels et le sentiment que, malgré tout, il ne s'agit ni plus ni moins que d'un « flicage ». Ici, l'auditeur est le représentant d'un siège qui a tous les pouvoirs sur les exploitations. Cependant, il n'a aucune possibilité de répondre aux questions qu'il soulève. Il ne peut que rappeler la loi sans pouvoir expliquer ou défendre leur pertinence, leur élaboration et leur application. Les opérationnels tentent, eux, sans succès, d'alerter ce représentant du siège sur leurs difficultés, pour qu'ils les aident. Autrement dit, ce contrôle joue presque à l'envers : comme si les qualiticiens venaient mesurer tout ce que le siège n'arrive pas à faire ou faire faire dans les exploitations. C'est sans doute à cause de cette situation ambiguë que pendant tout l'entretien, l'auditeur évite de regarder le directeur du restaurant dans les yeux.

À ces contrôles sur le travail réalisé s'ajoute un contrôle de l'activité et des *résultats d'exploitation* de chaque restaurant. Outre les flux financiers, le contrôle concerne avant tout les performances économiques. Le résultat d'exploitation est établi mensuellement par le service comptable qui le communique mensuellement à tous les restaurants. Le tableau est également remis aux actionnaires, au directeur général et aux directeurs de chaîne. Si le RBE est « mauvais », le directeur de chaîne va voir le directeur de restaurant pour, dit-il, « analyser » l'écart. En outre, une réunion trimestrielle de la direction générale est organisée pour passer les comptes en revue. Le contrôle des résultats s'opère donc sur plusieurs échelles de temps : à la journée, au mois, au trimestre, à l'année. Il est assorti de sanctions dirigées sur les responsables d'exploitation. Si les résultats sont « décevants », « insuffisants », ou « mauvais » relativement aux objectifs fixés avec le directeur de chaîne, le directeur de restaurant est rapidement puni. Ainsi, un directeur de restaurant, connu et reconnu pour ses « vingt années de bons et loyaux services » dans le groupe, s'est vu licencié dès que ses résultats ont été jugés défectueux. Lors de son pot de départ, le P.DG a dit, devant tous les autres directeurs d'établissements, que celui-ci avait été licencié pour la simple raison que cette année, il n'avait pas eu d'assez bons résultats. Ce genre de pot a le mérite de communiquer très clairement

– voire crûment – sur le système de sanctions relatif aux performances économiques. Par ailleurs, la sanction est rapide : « On ne peut pas attendre trois mois, quand ça va pas. S'il y a un problème avec le directeur de restaurant, on le change », commente un cadre supérieur du siège.

Enfin, les services fonctionnels du groupe contrôlent les *compétences* des professionnels des restaurants. Remarquons que celles des personnels du siège ne font l'objet d'aucun contrôle formel. Les « mises à niveau » sont des moments de formation et de promotion. Elles consistent aussi à tester et évaluer les niveaux de connaissance théorique des participants. Ces stages de formation/évaluation sont traversés par la même tension que les audits qualité : les formateurs se rendent dans les restaurants avec l'intention de « mesurer des écarts dans une logique de progrès ». Ces journées rassemblent des professionnels d'un même grade et métier autour d'un « formateur ». Dès leur arrivée au stage, les participants doivent répondre par écrit à un quiz, série de questions relatives aux connaissances qu'ils sont supposés avoir à leur niveau (la composition d'un cocktail ou d'un plat, les vins, les produits, le « concept », etc.). Il s'agit d'un test de connaissances théoriques et pratiques, conditionnant leur promotion et ce, quels que soient leur niveau et la nature de leur formation initiale. Ces épreuves d'évaluation et de passage sont avant tout subies comme des contrôles. Tous ces contrôles viennent rappeler que la prescription, même si elle est idéale, est obligatoire et soumise à des sanctions.

Voyons maintenant, en restant ici aussi à un niveau descriptif, quels sont les dispositifs de prescription et de contrôle du travail dans un service de gériatrie de l'Assistance publique-Hôpitaux de Paris.

UNE GÉRIATRIE PUBLIQUE PARFAITE

Quittons le monde merveilleux des restaurants, pour une autre organisation de service de masse : la gériatrie publique de l'Assistance publique-Hôpitaux de Paris (AP-HP). Celle-ci prend forme au XIXe siècle, sous la IIe République. Elle procède alors du regroupement de l'hôtel-Dieu de Paris (fondé au VIIe siècle par saint Landry), du Grand bureau des pauvres (créé en 1544 par François Ier) et de l'Hôpital général (créé par Louis XIV en 1656). Elle a intégré progressivement des « œuvres » privées, religieuses ou humanitaires et des « maisons » religieuses qui avaient été fondées au XVIIIe siècle. En plus de la reprise, après la Révolution, de bâtiments ecclésiastiques, tels que Port-Royal, Saint-Antoine, ou Beaujon, elle ouvre, au XIXe siècle, de *nombreux* nouveaux établissements. Au XXe siècle, cette croissance continue se poursuit avec l'ouverture de nouveaux hôpitaux, jusqu'à l'hôpital Georges-Pompidou. Les missions institutionnelles sont le produit d'une histoire. Elles sont polymorphes et parfois contradictoires.

Les premiers établissements relevant aujourd'hui de l'AP-HP ont été créés au nom de la bienfaisance, de la charité et de l'hospitalité chrétiennes. L'Église, alors propriétaire foncier des nombreux établissements, en administrait certains directement, comme l'hôtel-Dieu de Paris. Le personnel comme le financement étaient essentiellement religieux. En 1505, les administrateurs vont chercher de l'aide chez les laïcs et notamment à la municipalité. Ils se partagent à partir de cette date le pouvoir. Non sans heurts. L'AP-HP a été fondée sur un idéal inscrit dans la religion chrétienne, d'où la nature « vocationnelle » des professions de santé (F. Dubet, 2003). Ces origines religieuses sont toujours présentes dans l'organisation du travail : visibles dans son patrimoine bien sûr, mais aussi dans le vocabulaire, dans les représentations sociales et les références de métiers.

Les missions de l'AP-HP sont empreintes d'un second projet social historique : le souci du contrôle de l'ordre, des bonnes mœurs et de la santé publique dans la Ville de Paris. Créé en pleine Renaissance, le « Grand bureau des pauvres » avait deux missions : charitable et policière, puisqu'il avait un pouvoir de police pour réguler la mendicité parisienne. Les hôpitaux servaient aussi à enfermer et réprimer les « incurables », sous le signe du *Memento Mori* des hospices chrétiens. Lorsque Louis XIV fonda l'Hôpital général dans le but de « renfermer tous les mendiants »[1], il ouvrait en fait des établissements aux règlements carcéraux, dans lesquels les autorités amenaient les déviants sociaux : vénériens, aliénés, mendiants, épileptiques, vieillards impotents, orphelins, aveugles, infirmes… Ces deux hospices étaient placés sous l'autorité du parlement de Paris, chargé de la répression des délits de mendicité et de vagabondage. Ce processus de laïcisation fut progressif jusqu'à la Révolution, époque durant laquelle La Rochefoucault-Liancourt préconisa de nationaliser tous les biens hospitaliers. Ce qui fut fait sous la Convention. Le Directoire plaça les hôpitaux parisiens sous le contrôle des autorités municipales. La laïcisation du personnel soignant date, elle, de 1905. Au XIXe siècle, le directeur de l'administration générale de l'Assistance publique était nommé par le ministre de l'Intérieur sur proposition du préfet de la Seine. Celui-ci, comme le préfet de police et les membres du conseil municipal, participait au conseil de surveillance. De même aujourd'hui, le ministère de l'Intérieur appartient au conseil des tutelles, signe que le projet de maintien de l'ordre social, né sous l'Ancien Régime, reste d'actualité. En 1977, un décret remplace le préfet de Paris à la présidence du conseil d'administration de l'AP-HP, par le maire de Paris. Cette mission policière laïque va à son tour régresser au profit d'une mission de soins.

Sous l'Ancien Régime, la préoccupation relative à la santé était faible. L'insalubrité des principaux établissements était même notoire, les hôpitaux étant parfois eux-mêmes réputés pour être des foyers de contamination. Ce n'est qu'à partir du XIXe siècle qu'aux projets religieux et d'ordre public vient se greffer le projet

1. Édit royal du 27 avril 1656.

médical et scientifique avec la création de l'Internat des hôpitaux de Paris, l'ouverture d'une école d'infirmières, le développement d'activités d'enseignement et de recherche liées à la santé. Mais c'est à partir de 1958 que le projet médical va prendre une place prépondérante, avec l'ordonnance instituant des centres hospitaliers et universitaires et la réforme de l'enseignement médical. Elle développe la recherche scientifique, faisant ainsi coïncider la pratique des soins et l'enseignement de la médecine. Dans le même temps, elle donne un poids prépondérant à la préoccupation scientifique et médicale dans l'hôpital. La loi de 1961 amène l'AP-HP à centrer davantage ses missions sur les activités sanitaires et hospitalières. Entre 1961 et 1972, l'AP-HP voit ses missions recentrées sur les soins de santé, et déchargées de l'activité « sociale », confiée au Département de la protection maternelle et infantile et de dix maisons de retraite. Dans un contexte de forte croissance économique et, depuis les antibiotiques, de progrès « miraculeux » de la pratique, le projet médical devient prédominant dans l'organisation. On note alors l'accroissement des budgets en faveur de la médecine préventive, les investissements technologiques, le développement de la recherche, de la formation et de l'enseignement. Si l'État garde du pouvoir, il doit aussi dorénavant composer avec celui de la corporation médicale. Depuis 1983, l'incitation budgétaire est forte pour réduire le nombre et la durée des hospitalisations. Aujourd'hui, et à l'inverse de sa mission historique et de son nom, l'hôpital n'est plus prioritairement le lieu d'hospitalité ou d'enfermement. Il est d'abord dédié aux soins.

La quatrième mission, moins explicite, de l'AP-HP est économique. En dépit de ce qui a été, de tout temps, décrié comme étant une insuffisance structurelle de moyens, il faut souligner que ceux-ci ont connu une croissance continue au cours de l'histoire moderne et contemporaine. Des 25 salles de l'hôtel-Dieu, équipées de lits de quatre personnes, nous sommes passés, en

200 ans, à une organisation de près de 30 000 lits individuels. En 1803, on comptait en tout 61 médecins et chirurgiens. Ils sont aujourd'hui 19 000. Et leur niveau technique est évidemment incomparable. On assiste alors à un paradoxe : cette organisation a bénéficié, tout au long de son histoire, d'un accroissement exponentiel et quasi continu de ses moyens. Et pourtant, ses membres semblent avoir le « sentiment » de n'avoir pas assez de moyens, et ce de manière inversement proportionnelle à son accroissement. Or, sa place devenue prédominante, voire déterminante, dans les dépenses et la politique de santé publique en France, opère un renversement : la préoccupation gestionnaire n'est plus un moyen mais devient un instrument d'action politique et économique. L'utilisation et la réduction des moyens deviennent des fins en soi, notamment pour « satisfaire » les critères européens.

L'évolution historique des missions de l'AP-HP montre qu'aux idéaux initiaux de charité chrétienne et de maintien de l'ordre public se sont ajoutés ceux de soin et d'économie publique. Ces missions coexistent à tous les niveaux de l'organisation, à commencer par son conseil d'administration, dans lequel sont représentées ces quatre missions dans le Conseil de tutelle interministériel où siègent le ministère des Finances, le ministère de l'Intérieur, le ministère de la Santé et des Affaires sociales et le ministère de la Sécurité sociale. Ce conseil démontre la pluralité des projets de l'institution, fruit d'un processus de sédimentation historique dans lequel chaque nouvelle mission atténue, sans toutefois la supprimer, la précédente. Or, ces différentes missions peuvent être contradictoires entre elles.

Ensuite, la question des niveaux d'autonomie et de pouvoir de décision est une question clé qu'il faut remettre en perspective. C'est dans un mouvement historique long de balancier entre décentralisation et centralisation que les politiques actuelles de l'AP-HP s'inscrivent. Du haut Moyen Âge jusqu'à la fin de l'Ancien Régime, les établissements hospitaliers étaient dispersés et autonomes. Certains étaient religieux, d'autres royaux. Leur administration était locale et individualisée. À partir de la Révolution est apparue une volonté politique de regrouper, de donner de la cohérence et d'uniformiser toutes ces unités avec une législation hospitalière qui plaçait les hôpitaux sous la surveillance des communes. Un processus de centralisation et rationalisation de la gestion se déploie tout au long du XIXe siècle et concerne le recrutement des médecins, chirurgiens et pharmaciens, la mise en place de services généraux – meunerie, boulangerie, service d'approvisionnement, pharmacie centrale, laboratoire d'anatomie – et un magasin central, l'administration budgétaire, et, enfin, les admissions avec son « bureau central ». Ce mouvement de centralisation se poursuit jusqu'à la Seconde Guerre mondiale. Il peine à intégrer toutes les nouvelles structures. À l'issue de ce siècle de croissance, l'organisation consiste en un ensemble vaste d'établissements sanitaires et sociaux hétéroclites mais néanmoins dirigés de façon centralisée. En 1950, elle est attaquée par la Cour des comptes, pour son « gigantisme ». Commence alors un mouvement inverse, de resserrement sur des activités plus limitées, de décentralisation administrative : pouvoirs financiers des directeurs d'hôpitaux, création des commissions de surveillance (décret de 1965), création des comités consultatifs médicaux dans chaque hôpital (1975), élargissement des compétences des directeurs, groupes hospitaliers et commissions (1991). La réforme hospitalière de 1991 s'inscrit clairement dans cette tendance décentralisatrice. La tarification à l'acte (t2a) accentue encore la tendance à la décentralisation budgétaire, par une possible différenciation des hôpitaux et l'accroissement de leur autonomie financière.

La situation actuelle de l'AP-HP peut être analysée à l'aune de son faisceau prescriptif, en commençant par le service tel qu'il doit être fait, tel qu'il est promis à ses usagers.

L'offre de service : satisfaire un public de « clients-patients »

Le service que l'AP-HP doit produire est d'abord décrit par les documents – lois, décrets, réglementations, déclarations ministérielles – précisant ses missions. Les textes précisent ce que les pouvoirs publics et les citoyens, représentés par le Parlement, attendent de l'organisation.

Le Code de la santé publique (articles L. 711-1 et 2) donne pour mission d'assurer les examens de diagnostic, la surveillance et le traitement des malades, de participer à des actions de santé publique et notamment à toutes les actions médico-sociales coordonnées et à des actions d'éducation pour la santé et de prévention ; et de dispenser, avec ou sans hébergement, des soins de courte durée ou concernant des affections graves pendant leur phase aiguë (en médecine, chirurgie, obstétrique, odontologie ou psychiatrie), des soins de suite ou de réadaptation et des soins de longue durée, comportant un hébergement, à des personnes n'ayant pas leur autonomie de vie et dont l'état nécessite une surveillance médicale constante et des traitements d'entretien. En outre, l'article L. 711-3 précise que l'AP-HP doit concourir à l'enseignement universitaire et postuniversitaire ainsi qu'à la recherche, à la formation initiale et continue des praticiens hospitaliers ou non, aux actions de médecine préventive et d'éducation pour la santé et participer à l'aide médicale d'urgence. Enfin, l'AP-HP doit assurer les examens diagnostiques, des soins et des actions de prévention aux détenus. Ainsi, la gamme des services que doit rendre l'AP-HP est large et complexe. Ses statuts additionnent, sans toujours les articuler, les idéaux de bienfaisance, d'ordre public, de progrès médical et de performance gestionnaire.

En tant que service public, l'AP-HP doit respecter des principes jurisprudentiels tels que l'égal accès de tous aux soins, sans discrimination. Elle doit garantir, conformément au principe de continuité, un accès permanent, jour et nuit. Enfin, en vertu du principe d'adaptation continue, elle doit assurer des soins de qualité, adaptés aux besoins de la population, en adoptant une neutralité religieuse et politique absolue. Le principe d'adaptation et de qualité suppose également que l'AP-HP puisse être capable d'assurer une prise en charge globale des soins préventifs, curatifs ou palliatifs, qu'elle assure une continuité des soins après l'hospitalisation et sache prendre en charge la douleur des malades.

Des textes encadrent fortement les étapes de construction de l'offre quantitative et qualitative de service de l'AP-HP. La planification sanitaire[1] et le « schéma régional d'organisation sanitaire et social » déterminent la répartition géographique des installations et des activités de soins ainsi que la nature et l'importance des moyens d'hospitalisation et des équipements pour « optimiser » l'offre de service à des « besoins ». Le « régime des autorisations » instauré par la loi de 1991 crée une obligation pour tous les établissements de faire des demandes d'autorisation aux Agences régionales d'hospitalisation – ARH* – (compétence générale) ou au ministre de la Santé pour toute modification des établissements, de la capacité en lits ou des transformations qui leur sont liées ou des équipements lourds. Le « projet d'établissement » et le « projet de service », niveaux d'élaboration locale de l'offre de service, est soumis à l'approbation de l'ARH*. Celle-ci passe avec les établissements des contrats pluriannuels d'objectifs et de moyens.

Pour la question organisationnelle qui nous intéresse ici, nous retiendrons que les décisions relatives aux structures hospitalières (création, transformation, extension d'établissements), comme celles qui valident les axes stratégiques locaux, sont prises par l'ARH* ou par le ministre de la Santé. L'offre de service, en termes d'implantation, de capacité, d'équipement et de priorités sanitaires relève

1. Pour un descriptif complet des structures (comités, sections, projets spécifiques) et procédures prévues pour établir la carte sanitaire et le SROSS*, on peut se reporter à D. Stingre, 1998.

d'une décision ministérielle. La tarification des prestations gériatriques est fixée, elle, de manière centralisée, par le maire de Paris.

La définition des services de santé publique à produire, telle que stipulée dans les textes, crée un niveau d'exigence très grand. Il est encore accru dans la communication externe. Les personnes âgées hébergées et soignées dans les services de gériatrie sont des patients, mais aussi des « clients » si l'on considère qu'ils paient le service de soin et d'hospitalisation rendu (121,86 € par jour en 2002), et ont la possibilité d'aller ailleurs – en théorie. Le service est donc à la fois un service public – un service presté à des « usagers », c'est-à-dire des individus avec des droits communs, et à des « clients » liés à l'organisation par un échange marchand. L'AP-HP a développé un discours adressé à ses patients-clients et plus largement à la société. Il se situe entre la communication institutionnelle et la publicité commerciale et présente les services que l'AP-HP promet de fabriquer.

Deux documents permettent de rendre compte des caractéristiques de ces promesses. L'une, la Charte du patient hospitalisé (CPH*), est commune à tous les établissements de soin en France et à toutes les spécialités. L'autre, la Charte des droits et libertés de la personne âgée dépendante (CDLPAD*), est spécifique à la gériatrie. Toutes deux ont été produites à des niveaux nationaux : il ne s'agit pas de productions écrites spécifiquement pour et par l'AP-HP, même si en tant qu'acteur majeur de la politique de santé en France, elle est largement impliquée dans la rédaction et la diffusion[1] de ces chartes. Ainsi, la CPH* est placardée dans toutes les salles d'attente, les couloirs, elle est aussi remise systématiquement aux patients

1. La CPH* est annexée à la circulaire ministérielle n° 95-22 du 6 mai 1995 relative aux droits des patients hospitalisés. La CDLPAD*, elle, a été rédigée par la Fondation nationale de gérontologie en 1987 et promulguée par le secrétariat d'État chargé de la Sécurité sociale (ministère des Affaires sociales). Elle a été actualisée en 1999.

hospitalisés et à leur famille. La CDLPAD*, quant à elle, est diffusée largement auprès des personnes, professionnelles ou non, concernées par la gériatrie, champ dans lequel elle constitue un document de référence.

L'introduction de ces deux textes consiste pareillement en des déclarations d'intentions. Elles ont un caractère abstrait et idéal. La CPH déclare : « Au-delà de la réglementation sanitaire qu'ils appliquent, les établissements de santé doivent veiller au respect des Droits de l'homme. » Sont déclinées, dans la suite de ce document, un ensemble de promesses de nature morale telles que le « respect », la « dignité », la « non-discrimination », la « transparence », etc. La Charte des droits et libertés de la personne âgée dépendante commence également par des déclarations de type moral, pour la satisfaction des désirs : « La vieillesse est une étape de l'existence pendant laquelle chacun doit pouvoir poursuivre son épanouissement. » Plus loin, il est déclaré qu'il faut respecter le « désir profond » de la personne âgée pour ses choix de vie. La charte poursuit sur la nécessité d'offrir aux patients du « plaisir, du confort, de la liberté, de l'épanouissement et de supprimer la douleur ». D'après ces textes, un patient est en droit d'attendre et même d'exiger, puisqu'il est invité à porter plainte, des services concrets tels que d'être accueilli dans des établissements équipés pour gérer des « handicaps physique, mental ou sensoriel ». La CDLPAD ajoute : « L'architecture des établissements doit être conçue pour répondre aux besoins de la vie privée. » Le patient, d'après ces textes, aura droit au respect de sa vie privée et serait autorisé, « dans la limite du respect des autres patients et de l'espace de sa chambre, à apporter des effets personnels ». Ces documents déclarent que l'AP-HP devra (et pourra) « respecter les croyances et convictions » de chaque patient et fera face aux différences linguistiques éventuelles. Elle s'engage à respecter la personne et son intimité « lors des toilettes, des consultations et des visites médicales, des traitements, etc. », à traiter la personne « avec égards » et sans

« attitudes équivoques », avec pour « objectif constant », à l'égard de la personne âgée, « son confort moral et physique, sa qualité de vie », pour lui permettre de « terminer sa vie naturellement et confortablement, entourée de ses proches, dans le respect de ses convictions et en tenant compte de ses avis ». Ces chartes promettent au patient que l'on va donner des « réponses à ses douleurs », que « les soins s'appliquent à améliorer la qualité de vie en soulageant la douleur ». La dépendance est qualifiée dans la CDLPAD de « fléau ». D'ailleurs, elle pourrait, d'après ce texte, être évitée : « La prévention de la dépendance est une nécessité pour l'individu qui vieillit. » La communication externe de l'AP-HP l'engage à donner au patient une « information simple, accessible, intelligible et loyale » sur sa pathologie, et ce, avec « tact », de l'associer « pleinement aux choix thérapeutiques » et de lui demander « son consentement pour tous les actes médicaux ». Elle autorise le patient, à tout moment, à « quitter l'établissement », et invite à ne pas le retenir dans ce cas.

La conclusion de la CPH incite ceux qui la lisent à croire que les précédents articles sont de vraies promesses, des engagements fermes puisqu'elle proclame : « Si la personne hospitalisée ou ses ayants droit estiment avoir subi un préjudice [...] ils peuvent saisir le directeur de l'hôpital d'une réclamation en vue d'obtenir une réparation. »

Alors que les missions policières sont à peine reconnues dans ces documents, l'organisation s'engage à accueillir et soigner, certes, mais aussi à assurer du confort, voire du plaisir, soutenir les patients et les familles, respecter toutes les cultures, soigner en ne portant pas atteinte à l'intimité des personnes. Les missions de service public doivent se conjuguer dorénavant avec la morale contemporaine de l'impératif consumériste de la « satisfaction du client ». Dans ces promesses, la souffrance, la vieillesse, la mort sont tabous. Il faut – et l'organisation peut – les supprimer, les combattre, les arrondir, les euphémiser, les cacher, afin de « satisfaire » le client. D'une certaine façon, les limites humaines, qui sont l'objet même de la gériatrie, ne sont plus acceptées. Nous sommes loin du temps où il s'agissait, explicitement, d'« enfermer les incurables et les fous ».

Pour les professionnels de ces organisations, cette promesse de satisfaction constitue le premier élément du faisceau prescriptif de leur travail. Il coexiste avec celle, normative, qui encadre et même enserre l'activité médicale en général et gériatrique en particulier.

La prescription normative : droits des patients, responsabilisation des professionnels

Bien qu'il s'agisse d'une banalité sociologique, soulignons l'extraordinaire évolution normative de notre société à l'égard de la santé et de la durée de vie. Les normes de la « bonne santé » ont évolué vers une exigence d'absolu, transformant la maladie ou le handicap en événements passagers ou « inadmissibles ». De même, l'allongement de la durée de vie est-il devenu banalisé. Mourir avant l'âge « normal » n'a pas la même définition aujourd'hui qu'il y a cent ou même cinquante ans : il est jugé « scandaleux » de mourir à 50 ans, comme il est jugé « inadmissible », « de nos jours », de mourir d'une pneumonie ou des effets d'une canicule. Les normes sociales construites à propos de la santé sont d'une exigence exceptionnelle au regard de l'histoire. Cette évolution rapide a été portée par les progrès médicaux et sociaux en même temps qu'elle les favorisait. Elles sont progressivement inscrites dans des textes de loi. La juridiciarisation[1] de la relation de service intervient de manière décisive dans la prescription du travail.

La loi du 4 mars 2002 constitue une étape importante dans ce processus de normalisation législative en

1. Ce terme désigne la tendance à « entamer un litige, à faire valoir des prétentions, ou plus généralement à affirmer ses droits, à travers un recours accru aux tribunaux » (A.-J. Arnaud, 1988).

matière de santé. Elle fait suite à l'« affaire Perruche »[1] et énumère de façon précise tous les « droits de la personne malade », opposables juridiquement aux professionnels. L'esprit général de la loi est d'instaurer « la démocratie sanitaire » (art. 2), en donnant au patient de nouveaux droits. Elle réaffirme les principes généraux et généreux d'accès de tous aux soins, qu'elle s'exprime en termes absolus (« tous », « tout », « toujours ») et abstraits (« dignité »). Ainsi cette loi exige-t-elle que soit appliqué le principe suivant : « Le droit fondamental à la protection de la santé doit être mis en œuvre par tous les moyens disponibles au bénéfice de toute personne. » Des missions institutionnelles infiniment ambitieuses et la légitimité de l'exigence du consommateur sont ainsi légalement inscrites. L'inscription légale d'exigences d'universalité, de moralité, de confort absolu, et ce, tout le temps, pour tous et partout se fait sans étonnement social. Pourtant, il s'agit d'une véritable nouveauté sociale-historique en matière de santé publique, précédemment plus humble et prudente dans l'affichage des services qu'elle pourrait rendre.

Depuis la loi du 4 mars 2002, le patient change officiellement de statut dans sa relation avec l'hôpital et ses membres : il devient, légalement, un « codécideur » dans les choix médicaux qui le concernent. La loi stipule que le patient (quel qu'il soit, puisque la loi s'applique à « toute personne ») doit être informé dans le détail : « sur son état de santé [...], des différentes investigations, traitements

1. L'affaire Perruche fait référence à un procès intenté par Mme Perruche pour la naissance de son enfant né handicapé suite à une rubéole non détectée pendant la grossesse – alors qu'elle avait affirmé sa volonté d'interrompre sa grossesse au cas où le diagnostic de la rubéole serait confirmé. La Cour de cassation, en 2002, a rendu l'arrêt suivant : « Dès lors que les fautes commises par le médecin et le laboratoire dans l'exécution des contrats formés avec Mme X avaient empêché celle-ci d'exercer son choix d'interrompre sa grossesse afin d'éviter la naissance d'un enfant atteint d'un handicap, ce dernier peut demander la réparation du préjudice résultant de ce handicap et causé par les fautes retenues. »

ou actions de prévention qui sont proposés, leur utilité, leur urgence éventuelle, leurs conséquences, les risques fréquents ou graves normalement prévisibles qu'ils comportent ainsi que sur les autres solutions possibles et sur les conséquences prévisibles en cas de refus. [...] Cette information incombe à tout professionnel de santé ». De l'obligation d'informer, la norme passe ensuite à l'obligation de donner au patient le choix de décider. Cette décision, bien qu'appartenant exclusivement au malade, peut ou doit être influencée par le médecin. Le choix des soins devient le résultat d'une sorte de négociation entre un expert et un patient, qui garde le dernier mot, même s'il n'est pas compétent médicalement. Le patient, dans ce texte, est invité formellement à exiger le « meilleur », à tout instant. Cette loi érige le malade en possible accusateur du travail du médecin et de son équipe de soin. En outre, elle instaure un contrôle nouveau visant à la maîtrise totale des risques. Suite au « scandale » du sang contaminé, la vigilance et la sécurité sanitaire ont été renforcées afin de prévenir les risques de « toute nature ». Les programmes d'hémovigilance, de pharmacovigilance, de matériovigilance et de lutte contre les infections nosocomiales se sont concrétisés dans les années 1990 par la création de comités multiples.

L'évolution normative des activités non médicales du secteur hospitalier suit des tendances sociologiques comparables à celles qui ont été identifiées précédemment. La restauration en milieu hospitalier est soumise aux exigences de la profession (HACCP*...) auxquelles sont ajoutées les normes médicales et diététiques. Le cumul produit une alimentation jugée par les soignants et les patients comme « aseptisée », « fade », « sans odeur, sans couleur et sans saveur ». Des repas que l'on pourrait qualifier, avec eux, de « fonctionnels ». Qu'il s'agisse aussi des équipements communs – logistique, transports, patrimoine – ou du ménage, ces fonctions dites « supports » s'inscrivent dans des normes sectorielles de plus en plus précises et exigeantes, à l'image de celles qui se sont développées dans le secteur de la restauration. Certaines font l'objet de normalisation formelle par des systèmes de certification et qualification, de type ISO[1]. Ces normes encadrent leur travail, dans le sens d'une plus grande exigence, voire d'une exigence « totale », qui relève d'un idéal de maîtrise absolue de la qualité, de la ponctualité et du risque.

Des modes opératoires experts

La prescription du travail, outre la définition du service à produire et les normes à respecter absolument, est définie par les modes opératoires. Ceux-ci sont construits par métiers : médecins, infirmiers, aides-soignants, agents, personnels administratifs voient, chacun dans son corps professionnel, son travail encadré par des procédures, des protocoles médicaux ou de soins. Cette prescription a été formalisée avec systématisme au cours du XXe siècle, ce qui, d'après les médecins, a permis et soutenu de manière décisive les progrès théoriques et pratiques de la profession. L'inscription des manières de procéder et d'opérer – dans les deux sens du terme – constitue une caractéristique positive de l'évolution historique de l'activité. La prescription opératoire actuelle, qu'elle concerne l'activité médicale ou de soin, est héritière de cette recherche de scientificité de l'activité, soutenue par un idéal de progrès positiviste.

L'analyse de deux documents précis, dont la diffusion est large chez les soignants, permet d'en cerner les caractéristiques : le diagnostic infirmier d'une part et un document de formation d'aides-soignants en gériatrie d'autre part, soit un document « généraliste » (commun à toutes les spécialités médicales) et un document spécifique à la gériatrie.

1. ISO : International Institution for Standardization.

Le diagnostic infirmier est le nom donné à un texte prescriptif central dans la profession d'infirmiers. Il a été construit, progressivement, depuis les années 1950 en Amérique du Nord – États-Unis et Canada. Il instaure une nouvelle approche de l'exercice de la profession infirmière, moins décrit en « tâches ». En 1973, la loi accorde l'autonomie et la responsabilité aux infirmiers qui doivent dorénavant poser un diagnostic, identifier les besoins du patient, porter un jugement personnel, prendre des initiatives et arriver à l'élaboration d'un plan de soins personnalisés. Le travail infirmier consiste ici à appréhender le patient comme un sujet social et non uniquement comme une pathologie. L'inscription législative de cette fonction autonome génère un travail normatif nouveau de taxinomie, pris en charge par l'association américaine NANDA*[1], créée en 1982. Des infirmiers experts et théoriciens y construisent une classification à l'attention des praticiens.

Le diagnostic infirmier est importé en France – non sans vifs débats au sein de la profession et parmi les médecins qui contestent la légitimité du diagnostic porté par des non-médecins – à partir des années 1980, parallèlement à celle de qualité. C'est en 1990 que le terme s'impose dans les écrits professionnels – articles, livres, formations, etc. En 1991, la profession crée l'AFEDI* – Association francophone européenne pour le diagnostic infirmier – à Bruxelles, affiliée à la NANDA*. Elle a pour objet principal de développer et promouvoir les diagnostics infirmiers tant dans la pratique infirmière que dans la recherche. Finalement, l'utilisation du diagnostic infirmier est rendue obligatoire par le décret de compétence de 1993. L'infirmier est décrété « autonome » pour une grande partie de ses actes. Il doit « prendre des initiatives ». Ensuite, l'infirmier, dans son « rôle

1. L'Association nord-américaine pour le diagnostic infirmier – ANADI* en français.

propre »[1], se doit de « viser à assurer le confort du patient en comprenant, en tant que de besoin, son éducation et celle de son entourage ». Une longue liste suit, précisant les services à assurer auprès des patients. Il s'agit d'actes de « soins d'hygiène corporelle et de propreté », de « la surveillance de l'hygiène et de l'équilibre alimentaire », de « la vérification de la prise des médicaments et surveillance de leurs effets ». Cet article ajoute également des « aides » d'une autre nature : « aide et soutien psychologiques », « relation d'aide thérapeutique », « observation et surveillance des troubles du comportement », « entretien d'accueil et d'orientation », « organisation et animation d'activités à visée sociothérapique ». La prescription du travail contenue dans le diagnostic infirmier se résumerait par : « autonomie et initiative » d'une part, et injonction à être « totalement » aidant d'autre part. Nous y retrouvons en miroir les « promesses » faites aux patients et leurs familles par l'AP-HP : au-delà des soins, il s'agit d'être capable de donner du confort et de la satisfaction, tant sur le plan physique que psychique et social.

Le diagnostic infirmier, en tant que prescription opératoire centrale pour la profession, se présente comme idéal, éloigné des pratiques et des langages de métier courants, peinant à rendre compte de la diversité des situations et des spécialités. L'histoire de ces productions prescriptives permet de comprendre la résistance à adopter le diagnostic infirmier. Le langage utilisé est perçu par les praticiens comme trop éloigné de leurs mots « à eux ». Le langage des « Américains » et des « intellectuels de la profession » décrit des situations, des processus cognitifs et des actes en des termes « incompréhensibles » ou « risibles ». Au-delà du décalage lexical, les praticiens soulignent également

1. « Relèvent du rôle propre infirmier les soins infirmiers liés aux fonctions d'entretien et de continuité de la vie et visant à compenser partiellement ou totalement un manque ou une diminution d'autonomie d'une personne ou d'un groupe de personnes » : Article 2 du guide infirmier, n° 15, intitulé « Démarche pédagogique pour l'apprentissage et l'enseignement des diagnostics infirmiers ».

son caractère « abstrait » et « idéal ». La volonté d'appréhender « toutes » les situations cliniques en fait un outil lourd et maladroit, qui ne convient finalement à aucune situation réelle. En même temps, il crée une nouvelle obligation de résultat pour les infirmiers, à qui il est demandé de l'initiative et de la justesse de jugement.

Regardons maintenant un autre élément prescriptif significatif des évolutions organisationnelles de l'AP-HP et de la spécialité gériatrique en particulier. Il s'agit d'un document de formation à l'attention des soignants qui « seront un jour au contact avec des personnes âgées ». D'après ce document, les patients résidant à l'hôpital ne sont pas « internés » : ils doivent être libres de circuler et de partir, quand bien même, en gériatrie, une part importante des patients sont des « fugueurs », pouvant mettre leur vie en danger. La prescription sur ce thème est contenue dans cinq obligations : « Elle [la personne âgée dépendante] doit pouvoir profiter de l'autonomie permise par ses capacités physiques et mentales, même au prix d'un certain risque. » En même temps, il est dit aux soignants : « Assurez leur sécurité, agissez avec douceur, évitez les chutes » (document de formation). En outre : « Notre obligation est de respecter son intimité, tout en assurant sa sécurité » et simultanément : « Gardez sous surveillance un malade qui a déjà fugué. » Et enfin : « Toute personne en situation de dépendance doit voir protégés non seulement ses biens mais aussi sa personne. Ceux qui initient ou appliquent une mesure de protection ont le devoir d'évaluer ses conséquences affectives et sociales. » Dans ces textes prescriptifs, la contradiction liberté promise/sécurité nécessaire n'est pas résolue : elle devra l'être par les soignants, à leurs risques. Dans ces prescriptions, rien n'est dit des éventuels conflits avec les familles qui exigent la sécurité physique de leur proche, en même temps qu'elles ne supportent pas qu'on les attache. Ainsi, sur ce point précis, la prescription est aussi exigeante moralement qu'elle est vague opérationnellement.

En ce qui concerne « l'animation » des personnes âgées, il faut, d'après les documents de formation, « encourager la personne âgée à bouger », même si « l'immobilité est due à la maladie, à la fatigue, à la douleur, au désintérêt, au refus de marcher ». Il est également prescrit que la personne âgée doit « participer volontairement à des réalisations diversifiées et valorisantes », mais il est précisé qu'il faut rejeter « les activités infantilisantes ou dévalorisantes ». Il faut faire cela sachant que « la famille et les intervenants doivent respecter le plus possible son désir profond ». Faut-il forcer ou non la personne à marcher si elle ne le « désire » pas ? Faut-il faire faire aux patients ce qu'ils refusent de faire ? La prescription, ici, ne tranche pas les contradictions entre ce que la personne – parfois démente – veut faire, ce que sa famille considère qu'elle doit faire, ce que les soignants peuvent faire ou veulent faire, et ce qu'il serait médicalement recommandé de faire. Quel travail réaliser, concrètement, face à une personne centenaire ayant perdu ses capacités mentales et physiques pour réaménager ses projets sans l'infantiliser, tout en la valorisant ?

La vie quotidienne en gériatrie comprend des manipulations nombreuses, qu'elles concernent l'hygiène ou les soins. Ici, la prescription d'inspiration médicale peut être contradictoire avec la prescription d'inspiration « humaniste » puisqu'il est demandé aux soignants d'« alerter dans les cinq minutes l'apparition d'une rougeur sur le corps d'un patient » (rougeurs qui deviennent graves dans l'heure), en précisant : « Soyez vigilants pour la localisation suivante : « sous les seins, sous les aisselles, l'ombilic, le siège, les parties génitales », tout en veillant à « préserver la pudeur de la personne âgée ». Ces deux prescriptions se trouvent inscrites sur une même page du document de formation. Il semble concrètement impossible de les suivre simultanément. Le soignant aurait alors le choix de prendre le risque d'une complication médicale ou d'enfreindre l'intimité physique des patients.

Un autre aspect important de la vie en gériatrie concerne l'alimentation. À ce sujet, on peut lire : « Faites consommer des crudités et légumes », mais en même temps « adaptez les repas aux besoins de chacun », et « servez les repas établis en fonction d'un questionnaire que le patient a rempli à son arrivée », et « ne donnez pas d'aliments supplémentaires sans avis de l'infirmière », et « respectez les goûts et textures adaptés à chacun », et « servez rapidement les repas chauds des personnes âgées déficientes », et « laissez manger les personnes âgées à leur rythme », etc. Toutes ces prescriptions sont formulées à des soignants qui agissent dans des hôpitaux dans lesquels la restauration est centralisée et les menus largement imposés. Changer une tomate dans le menu est jugé « impossible ».

Ces quelques exemples concrets montrent que les prescriptions juxtaposent des contradictions plutôt qu'elles ne les résolvent. Tout (la sécurité, les soins, les Droits de l'homme, la liberté, l'universalité, le confort, etc.) est exigible. Pour atteindre cet idéal, le document de formation propose à chacun d'avoir recours au collectif de travail, jugé indispensable pour résoudre les dilemmes techniques, moraux et sociaux que la profession rencontre. De même, dans les prescriptions de manipulation et actes auprès des personnes âgées dépendantes, à chaque fois, le « conseil » des prescripteurs est : « Renseignez-vous, vérifiez, demandez, alertez vos collègues. » Ce document renvoie explicitement la résolution des dilemmes au sein de l'équipe. Son existence reste cependant hypothétique puisque au même moment, pour satisfaire à des critères d'optimisation gestionnaire, ces équipes sont fragilisées. D'ailleurs, les rédacteurs du document doivent considérer que le collectif n'est pas une ressource évidente puisqu'ils jugent utile d'ajouter : « N'oubliez pas que vous travaillez en équipe et que chacun est là pour répondre à vos interrogations. » Ce document ne dit rien des conditions de construction d'une équipe et d'un collectif auquel le professionnel pourrait se tenir, se référer. Les prescriptions opératoires dans la santé publique sont alors idéalisées. Elles doivent cohabiter avec des prescriptions de performance également illimitées.

Une santé parfaite et moins coûteuse

Les objectifs de performance concernent la rentabilité, la conformité et la satisfaction. De manière croissante et avec une acuité particulière depuis les années 1990, la préoccupation économique devient un objectif en soi. Il faut « remplir les lits » et dépenser le moins possible. Depuis 1983, les hôpitaux sont dotés d'un budget global. L'esprit et la lettre de cette approche budgétaire sont de mettre sous contrôle les dépenses et d'améliorer l'efficacité du système de santé. Elle oblige les établissements à construire des arguments étayés pour obtenir des budgets. Une batterie de ratios de gestion, dont le « point ISA* »[1], permet de mesurer de façon continue la performance de chaque service, selon son activité (nombre de lits remplis, rotation par lit) et son budget. L'introduction plus récente de la « TA2* », la tarification à l'acte, attribue à chaque acte hospitalier une valeur comptable et budgétaire : la rentabilité de chaque acte, de chaque malade, de chaque service est mise sous contrôle. Depuis 2005, la direction de l'AP-HP a renforcé l'obligation de calcul des coûts par service et systématisé la comparaison entre eux. Ce faisant, elle met implicitement en concurrence, si ce n'est en compétition, les différents établissements et services, vis-à-vis d'une tutelle aux ressources limitées. La ligne hiérarchique prescrit donc d'accroître la productivité des actes de santé. Et cela, tout en augmentant sans fin la qualité de service.

1. Le point ISA* est une unité de mesure des coûts moyens par catégorie de séjour hospitalier, calculé annuellement suite à une étude nationale sur 50 établissements.

Les objectifs de performances économiques sont dictés par le Gouvernement, lui-même comptable de ses engagements européens. Quelles que soient leurs formes, les politiques de dépenses dans la santé publique imposent aux acteurs de faire des « économies » sans prendre en compte l'accroissement massif et incontrôlé de la demande de soin qui caractérise l'Occident vieillissant (A. Letourmy, 2000). La direction générale de l'AP-HP comme les tutelles savent que l'équation économique est prescrite à partir d'hypothèses fausses, puisque l'attribution de moyens est calculée indépendamment du coût réel de la prise en charge de la demande sociale de soin. Comme le souligne C. Paradeise (2000), « l'économie du système de santé dépend donc de l'adéquation hasardeuse entre deux données qui évoluent indépendamment l'une de l'autre ». La problématisation du lien entre dépenses et recettes, entre offre et demande, s'avère être un « impensé du modèle ». En définitive, les objectifs économiques exigés en cascade depuis Bruxelles jusqu'au service hospitalier sont des sortes d'incantations dont la réalisation effective relèverait d'un hasard un peu magique. La performance économique idéale doit s'articuler avec celle de la satisfaction.

L'ordonnance du 24 avril 1996, en continuité avec la loi de 1991, a instauré l'évaluation et l'accréditation. Chaque service et hôpital a désormais des objectifs qualitatifs négociés dans le but d'accroître de manière « continue » la qualité de service, comprise comme celle qui permet de « satisfaire » les usagers du système de santé. Ces normes sont élaborées par l'Agence nationale d'accréditation et d'évaluation en santé (ANAES*), dont le comité scientifique garantit la validité des productions. Il est composé de personnalités et d'experts de l'accréditation, de l'évaluation. Ces scientifiques et experts agréés, par leur position d'extériorité, sont supposés assurer l'indépendance du collège. Ils contribuent à produire des référentiels, et, dans une dynamique circulaire sans fin, à les faire respecter. Ce système est donc prévu pour produire des normes de qualité communes de plus en plus exigeantes. L'accroissement des objectifs hiérarchiques de coûts et de qualité est soutenu par une prescription comportementale d'autonomie.

Les prescriptions de « savoir-être » : participer, être transparent

Les prescriptions de savoir-être, à l'hôpital, proviennent de deux sources principales : la formation – initiale ou continue – d'une part, et les discours et dispositifs managériaux d'autre part, avec la mise en place des « centres de responsabilité » ou des « conseils de service ou de département » en 1992. Ces deux sources convergent vers un type commun de prescription apte à accroître l'« expression », la « participation », la « responsabilisation » et « l'autonomie » des personnels. Ils prescrivent aux personnels soignants de participer à l'élaboration et à l'évaluation du projet de service, et, enfin, de faire part d'idées pour des propositions d'amélioration. Ce dispositif, inspiré des cercles de qualité, prescrit un comportement coopératif et « transparent » au travail. Les objectifs de contractualisation, d'évaluation, de négociation, de communication sont doublés de formations éponymes, qui créent une prescription dans laquelle celui qui se comporte bien, c'est celui qui « participe » en intégrant totalement les contraintes des autres acteurs – contraintes financière, technique, professionnelle, horaire – et construit, dans le dialogue pacifique, des solutions « créatives » aux contradictions multiples qu'il rencontre dans son travail. Dans cette prescription de savoir-être, l'attitude conflictuelle est une antivaleur. De même, le repli sur le métier ou le service est-il « mal vu ». À l'échelle individuelle comme à l'échelle collective, il faut « coopérer », travailler en « concertation », « en réseau » et en toute « transparence ». Cette prescription cherche à mobiliser les professionnels dans le travail d'organisation, y compris dans sa partie évaluative. Néanmoins, cette invitation ne tient pas compte des situations réelles de travail, généralement si contraintes que la « participation » est étouffée. Elle est généreuse mais idéalisée.

Contrôler et se contrôler

Comme dans la restauration, le travail est également prescrit formellement par les dispositifs de contrôle. Ici, l'accréditation constitue un élément central. L'ordonnance crée l'obligation de se soumettre à une procédure d'évaluation de la *qualité* sous toutes ses formes, à la demande de l'établissement ou, au bout de cinq ans, de l'ARH*. L'« évaluation » est effectuée par un tiers dit « indépendant ». Mais l'accréditation par l'ANAES* est précédée d'une autonotation. Plus que de contrôle, il s'agit donc d'autocontrôle. L'ordonnance précise : « L'évaluation doit être au cœur de la culture de l'entreprise hospitalière et présente à l'esprit de tout acteur de santé. » Comme dans les restaurants, le contrôle interne de la qualité est un moyen d'adoucir ou de préparer le contrôle externe.

Le contrôle de conformité est également présent, si ce n'est « lourd », en ce qui concerne les opérations comptables. Outre l'agent comptable, rattaché directement au ministère de l'Économie et des Finances qui contrôle la légalité des recettes et des dépenses, les établissements de santé sont surveillés par l'Inspection générale des finances. L'IGAS* exerce également un contrôle de conformité comptable, mais aussi législative, déontologique et scientifique pour le compte du ministère. Ses inspections, vérifications et contrôles donnent lieu à des rapports pouvant mettre en cause la responsabilité d'un directeur d'établissement sanitaire.

Le contrôle concerne aussi la *satisfaction* du client, du patient, du contribuable et de l'usager. La loi du 4 mars 2002 instaure des méthodes de contrôle avec une volonté affichée de redonner la parole au patient. Elle institue des commissions visant à recueillir leurs attentes et à mesurer leur « satisfaction », à « veiller au respect des droits » et à « contribuer à l'amélioration de la qualité de l'accueil ». En outre, « cette commission facilite les démarches de ces personnes et veille à ce qu'elles puissent, le cas échéant, exprimer leurs griefs auprès des responsables de l'établissement, entendre les explications de ceux-ci et être informées des suites de leurs demandes ». Ainsi, la loi du 4 mars 2002 institue une évaluation des usagers sur l'activité hospitalière. Elle rend obligatoire l'examen annuel des préconisations de la commission des relations avec les usagers et de la qualité. Le contrôle de la « satisfaction » des consommateurs de soins passe également par l'utilisation de la réclamation ou de la dénonciation. Le principe des « réclamations », à l'AP-HP, est introduit en 1948, à propos de la restauration hospitalière, avec la mise en place d'un cahier des « doléances des malades concernant la nourriture ». En un demi-siècle, la possibilité donnée aux usagers d'exprimer leurs griefs n'a cessé de prendre de l'ampleur.

En ce qui concerne plus spécifiquement la gériatrie, l'AP-HP met en place depuis 2003 un nouveau dispositif baptisé « Angélique », qui favorise l'expression des « désirs » des personnes âgées dépendantes. Les « conseils de résidants » consistent en des « réunions régulières des personnes âgées aptes à s'exprimer en vue de leur permettre de formuler leur point de vue et leurs souhaits dans tous les domaines ». Cette démarche s'inscrit dans une logique de contrôle de la satisfaction, en donnant les moyens de faire exprimer « tous les souhaits » et réclamations des patients aux directions d'hôpital à propos du service qui leur est fourni par les professionnels de « première ligne ». Car ces dispositifs de contrôle de la satisfaction, et en particulier les textes de loi, sont cités spontanément comme participant à un nouveau mode de contrôle du travail. Les personnels disent tous percevoir cette montée de la plainte juridique. Ils s'accordent à dire que le « système » incite les gens à « attaquer » de plus en plus au pénal. Le fait que les familles portent plainte est vécu comme un phénomène récent et « oppressant », d'autant que cette pratique prendrait parfois un tour caricatural. Certaines familles portent plainte abusivement, comme si l'on pouvait reprocher à l'organisation hospitalière de n'être pas capable de miracle.

Le cadre légal accroît la *responsabilité pénale et morale* des professionnels dans l'écart à la norme. Il n'existe aucune définition légale de la faute, mais une jurisprudence importante : celle-ci est définie au cas par cas, par le juge. S'il s'agit d'une faute liée à un acte médical, elle est appelée « faute lourde » (erreurs de diagnostic, de prescription, de méthodes d'investigation, etc.). Elle se distingue de la « faute liée au fonctionnement du service », dite « faute légère » (actes de soins, actes matériels tels que les problèmes de locaux, d'équipement, etc.). Néanmoins, les médecins restent sceptiques quant à la possibilité de se « défendre » en cas de plainte. Ils se sentent facilement « attaquables », puisqu'on peut toujours leur reprocher de ne pas avoir assez bien informé, ou de l'avoir mal fait.

En outre, le droit évolue dans le sens d'une responsabilisation individuelle croissante, transformant la responsabilité objective en « sens des responsabilités » (en tant qu'éprouvé subjectif) des individus. Ce sont les personnes singulières, plus qu'un collectif ou même l'institution, qui porteraient les responsabilités de leurs actes. Ceci serait nouveau, d'après les professionnels qui soulignent qu'« avant, les choses se réglaient à l'amiable ». Maintenant, la responsabilité est engagée : par « dégringolade », la personne en cause fait l'objet d'une procédure pénale. Là où ce qui peut être considéré comme une « faute » était anciennement sanctionné au sein même de l'hôpital, au moyen d'une mise à pied, d'une retenue sur salaire ou d'une promotion bloquée, peut maintenant plus facilement faire l'objet d'un traitement judiciaire. Comme le dit un chef de service : « On gère moins notre linge en famille », ce qui signifie également que l'encadrement ne peut plus aussi facilement « fermer les yeux » sur des pratiques susceptibles d'être des fautes au regard de la loi. La mise en cause de la responsabilité d'un subordonné n'exempte pas le supérieur hiérarchique, ce qui, d'après les acteurs hospitaliers, induit une modification sensible du fonctionnement des services dans le sens d'une plus grande prudence. Comme nous dit un cadre infirmier avec un air soucieux, « responsabiliser, ça rend prudent. Tout acte peut être catastrophique ».

Le contrôle social du travail est également exercé par les *médias*. Ainsi, les « affaires » sanctionnées pénalement et reprises assez largement par les médias sont des références spontanées dans le discours des professionnels. Au-delà des procès exceptionnels de personnel soignant ou de cadres pour des actes illégaux (euthanasie, maltraitance, abus sexuel, etc.), des professionnels sont mis en examen pour des décès prématurés ou des présomptions de maltraitance dans des services hospitaliers. De même, les classements réguliers des hôpitaux ou des services, ou plus largement tous les articles abordant un métier, un établissement ou une spécialité apportent de la reconnaissance sociale et jouent comme instrument de contrôle significatif pour les professionnels. Or, en dépit d'un accroissement sans précédent de la maîtrise des risques, le milieu hospitalier est régulièrement accusé de ne pas les contenir tous. Les « scandales » médiatiques à propos des hôpitaux et des questions de santé en général arrivent vite, mettant « la pression » aux professionnels, toujours menacés d'en être les acteurs involontaires.

La montée de la responsabilité juridique et l'importance prise par le contrôle médiatique s'accompagnent d'un accroissement de la formalisation et des procédures, ou de ce que l'on nomme la *« traçabilité »*. Comme dans la chaîne de restauration, elle est de plus en plus étendue. Elle consiste à formaliser les actions menées et à identifier leurs auteurs afin de pouvoir fournir, en cas de plainte, des preuves formelles d'innocence. Le dossier médical, mais aussi les cahiers de transmission, les carnets de service permettent de « laisser des traces » de ce que l'on fait, pour, en cas de problème, pouvoir prouver que l'on a bien fait. Alors, « il faut tout noter ». Les professionnels se plaignent unanimement de cette tendance à « la paperasserie », indispensable néanmoins pour « se couvrir ».

À ces différents types de contrôle (accréditation, évaluation, contrôle juridique, contrôle par les patients et les médias, traçabilité) s'ajoutent les contrôles de nature économique.

Au-delà des contrôles *financiers et comptables* légaux, l'AP-HP est soumise à un contrôle serré des dépenses hospitalières. Les aspects budgétaires échappent au contrôle *a posteriori* : projet médical, projet d'établissement et contrat pluriannuel d'objectifs et de moyens, programmes d'investissements, budget et résultats d'exploitation sont les seules délibérations qui restent contrôlées *a priori* par le conseil de tutelle où sont représentés les quatre ministres – Santé, Budget, Sécurité sociale et Intérieur. Cette exception montre l'importance donnée au contrôle économique par les tutelles. Chaque année, les établissements et le directeur général de l'AP-HP soumettent au contrôle de l'État, sa tutelle, un projet de budget accompagné de propositions de tarifs de prestation et de dotation globale. Le contrôle des dépenses est effectué et sanctionné par la planification sanitaire, effectuée au niveau régional et national. Les praticiens hospitaliers doivent fournir régulièrement les données relatives à leur activité. Ces informations sont consolidées au niveau régional. La tutelle peut établir des comparaisons entre services, notamment à l'aide du point ISA*. Cet indicateur synthétique et complexe ne permet pas de connaître « la boîte noire » que constitue l'hôpital, mais conduit à une « automatisation du jugement » des tutelles sur l'activité (J.-C. Moisdon, 2000, p. 39). Il vient outiller la décision des ARH* mais ne la résume pas, puisque la réforme de 1996 introduit la négociation et la contractualisation avec les établissements. L'introduction de la tarification à l'acte renforce le contrôle économique en indexant directement le budget des services aux actes médicaux mesurables et classifiables qui y sont réalisés, obligeant chacun à intérioriser le risque de sanction économique dans chacun de ses actes.

Que retenir de ces dispositifs de prescription et de contrôle du travail, dans ces deux milieux professionnels très différents ? Une caractéristique commune les relie : il s'agit du déni des limites. Qu'il s'agisse de la satisfaction des usagers, de la maîtrise des risques ou des performances, la prescription exige l'idéal.

DES SERVICES INFINIMENT SATISFAISANTS, MAÎTRISÉS ET PERFORMANTS

Dans ces deux organisations, la communication externe porte sur le service que les clients ou usagers pourraient attendre. Elle charrie des *promesses de satisfaction totale* qui gomment les limites ou contradictions. Les textes et chartes décrivant les missions de l'AP-HP – et des établissements gériatriques en général – disent qu'il faudrait et que l'on pourrait supprimer la douleur, la dépendance, la sénilité. Ce discours sur la gériatrie semble dénier les conditions concrètes de vie des patients et des soignants. Elle ignore les limites physiologiques, organisationnelles et psychiques. La communication de l'AP-HP promet de créer un lieu un peu magique, dans lequel des professionnels pourraient régler les problèmes de cette humanité souffrante et dépendante, notamment en cachant à la société la vision de cette grande vieillesse. Elle participe de ce point de vue au déni social, dans la gérontologie contemporaine, des limites humaines (M. Levet-Gautrat & Ph. Pitaud, 1985). En promettant à la société de supprimer les limites douloureuses et problématiques de notre condition, elle charrie l'idée d'un « droit à la santé » (C. Paradeise, 2000). Elle participe de l'« utopie de la santé parfaite » (L. Sfez, 1995) jusque dans l'ultime recoin de la vie, accroissant alors l'exigence sociale à l'égard des professions de santé, initiée depuis la fin du XXe siècle (C. Herzlitch & J. Pierret, 1984). Dans un tout autre secteur, la restauration, la communication externe est enchanteresse également. La décoration, les slogans publicitaires, la dénomination des plats, la musique d'ambiance, les animations et soirées à thèmes... forment ensemble un projet volontariste caractérisé par une négation des limites et contradictions d'une restauration urbaine contemporaine massifiée. Il serait possible de manger rapidement une nourriture de type familial ou gastronomique, d'être à la campagne en plein cœur de Paris ou, encore, d'assister à la joie sincère des salariés à servir autrui.

Dans les deux cas, la communication externe promet bien plus qu'un service. Les membres de l'organisation (direction générale, marketing, communication, essentiellement) qui la fabriquent engagent l'organisation sur des promesses précises, vis-à-vis d'une masse d'individus. Le message peut aller jusqu'à envisager une compensation, c'est-à-dire une indemnisation en cas d'écart à la promesse, sur le modèle de la garantie industrielle. La certification du résultat puis sa législation en sont les formes les plus abouties socialement. Cet engagement est illimité... mais exigible. Dans le cas de la gériatrie comme dans celui de la restauration, le déni des limites agit comme une offre d'« utopie concrète », pour reprendre des termes d'E. Morin (1999). Un bonheur garanti, une euphorie exigible et perpétuele (P. Bruckner, 2000). Le service promis est une forme de publicité adressée aux masses. Sa caractéristique principale serait d'être un langage de la séduction qui transforme les objets en éliminant leurs caractéristiques objectives pour les reconstruire « comme fait divers spectaculaire, comme mythe, comme modèle [...] où le désir peut enfin s'accomplir sans contrainte de réalité » (J. Baudrillard, 1999). Dans ces promesses, les limites ontologiques, sociales, organisationnelles ou techniques semblent avoir été effacées. En les taisant, les organisations produisent un discours social dans lequel elles annoncent être capables de produire des objets de satisfaction au désir individuel de chacun. Et ce, massivement.

En outre, les prescriptions normatives dans ces deux secteurs, si elles diffèrent dans leurs formes, évoluent pareillement dans le sens d'un accroissement des exigences de *maîtrise* de l'homme sur le monde naturel et les transformations qu'il lui applique. Les procès de fabrication comme le service final sont soumis à un contrôle qui semble devoir s'étendre infiniment du point de vue de son périmètre d'application et de son exigence, pour permettre une maîtrise et une qualité « totales » des gens et des choses. Les normes de qualité régissent les démarches éponymes et encadrent le travail quotidien des producteurs de service. Elles mobilisent des termes absolus et idéaux : « zéro défaut », « qualité totale », « contrôle en temps réel », « sécurité totale ». Prescription et contrôle visent la suppression, voire l'extermination du risque sous toutes ses formes : risque d'intoxication alimentaire, risque d'accident du travail, risque d'incendie, risque de chute, risque d'infection, etc. E. C. Hugues (1951) montrait la difficulté qu'il y a à accepter d'un prestataire de service l'erreur et le risque. Exiger le « zéro défaut » relève d'une forme de naïveté que seul un profane, ignorant des limites réelles de l'activité, peut avoir[1]. Alors, la revendication de satisfaction et de sécurité absolues va de pair avec une forme de déni de l'activité réelle et de ses limites. L'attitude du « je ne veux pas le savoir »,

1. « Exiger des garanties est une attitude que seuls les profanes peuvent avoir par rapport à un métier. [...] mais il existe des sujets à propos desquels nous préférons penser en termes absolus. Dans ces domaines, le fait de penser en termes relatifs est délégué à un autre, qui devient ainsi notre agent. Il court le risque pour nous, et nous aimons croire qu'il dispose d'un charisme. Ray Gold, qui étudia certains métiers du bâtiment, s'aperçut que les maîtresses de maison aiment croire que le plombier auquel elles font appel est parfait, et non *relativement* bon, [...] et nous voulons encore avoir absolument confiance dans notre dentiste, notre avocat, notre médecin ou notre prêtre » (E. C. Hugues, 1951, tr. fr., 1996, p. 89).

caractéristique des normalisateurs et des consommateurs, permet de formuler une exigence illimitée. Dans le secteur de la restauration comme dans celui de la santé, la demande sociale privilégie de manière explicite et légale « l'éthique de la responsabilité » plutôt que « l'éthique de la conviction » (M. Weber, 1919, p. 206) : l'obligation de résultat – bien qu'exprimée en termes idéaux – prend le pas sur l'obligation de moyens qui, elle, reconnaîtrait les limites de l'action et ses incertitudes.

Simultanément, les *performances* exigées sont illimitées. Dans ces deux organisations, et en dépit de leurs immenses différences, les objectifs d'activité, d'optimisation des infrastructures (*turn over* des lits ou tables), de consommation de moyens et de productivité, sont négociés annuellement entre des directeurs du siège et les responsables d'unités opérationnelles (directeurs d'hôpitaux, de service hospitalier ou de restaurant). La négociation est vécue comme une simulation qui se termine par une imposition. La règle incontournable est d'accroître les objectifs d'année en année, presque indépendamment des événements et des conditions concrètes de réalisation – évolution quantitative et qualitative de la demande locale, travaux d'entretien, coûts des matières... L'objectif est fixé « par principe » dans une logique du « toujours plus », sans fin. Les responsables opérationnels constatent que les objectifs sont « fous » et « impossibles à atteindre ». La performance économique est simultanément jugée irréaliste et réaffirmée comme un objectif à atteindre. Le sentiment dominant, dans les restaurants comme dans les hôpitaux, c'est de devoir faire « plus avec moins », sans que cette logique d'efficacité connaisse de fin, de limite, de « fond ».

Le faisceau prescriptif, dans ces deux organisations, est donc idéal. Il surplombe, sans les résoudre, les limites et contradictions organisationnelles. Or, la prescription est elle-même le résultat d'un travail : le travail de conception des prescripteurs. Il s'avère qu'il est lui aussi caractérisé par un déni des limites.

UNE PRESCRIPTION RATIONNELLEMENT CONSTRUITE SUR DES HYPOTHÈSES FAUSSES

Le travail de fabrication de la prescription, dans ces deux organisations, se déploie de manière ultrarationnelle, mais l'observation montre qu'il part d'une série d'hypothèses fausses car idéales.

Tout d'abord, *séparer la conception du travail de sa réalisation*, à la manière taylorienne, contient une hypothèse implicite forte : que l'on peut penser le travail sans le faire, et bien le faire sans le penser. Cette séparation nette et même topographique (siège/centres opérationnels) entre les personnes qui prescrivent le travail et ceux qui sont supposés l'exécuter est généralisée à l'ensemble du faisceau prescriptif. Elle est construite sur une hypothèse contestable, mais explicitée, que les opérationnels « ne savent pas faire le travail », qu'« ils ne connaissent pas les normes, les règles d'hygiène, les règles du métier, les bonnes manières de faire ». Les fonctionnels du siège, l'air un peu las, s'en plaignent : « On doit tout leur dire » et « il faut tout contrôler ». « Les gens » ne comprennent pas les enjeux liés à la qualité, à la rentabilité et au respect des normes. Ce sont, en conséquence, des gens qu'« il ne faut pas laisser seuls » et qu'il faut encadrer par davantage d'expertise, de méthode, de prescription et de contrôle. La formation, dans cette logique, est conçue de manière « descendante » : des formateurs disent aux opérationnels comment ils doivent travailler (sans prendre en compte ou utiliser les pratiques effectives). Leur « problème », ensuite, est d'arriver à « vendre » les procédures aux opérationnels, pour qu'ils se les « approprient », voire aient « envie » de les appliquer. Bien qu'ils jugent cela comme un « gros travail relationnel et psychologique », souvent « désespérant », ils ne remettent pas en cause l'hypothèse de la séparation et répartition du savoir pratique. Le travail d'organisation est bâti sur l'hypothèse taylorienne que l'on pourrait optimiser l'organisation d'un système lorsqu'un centre « pense », « sait » et organise le travail des « exécutants ». Ce faisant, l'expérience du travail réel, c'est-à-dire de la confrontation aux limites, n'a pas de valeur prescriptive : la pensée théorique – qui ne connaît de limites qu'internes à sa propre logique – peut alors se déployer sans jamais croiser d'obstacles et de contradictions réels.

D'ailleurs, la prescription est fabriquée par des experts *spécialisés* dans un domaine organisationnel précis (A. Chandler, 1971). Le responsable de l'hygiène alimentaire dans la restauration se distingue du spécialiste des installations de cuisines, lui-même distinct du spécialiste de la gestion des ressources humaines, etc. En santé publique, les experts en gérontologie ne sont pas les mêmes que ceux de l'accréditation ni ceux de la nutrition ou des finances publiques. Ils ont, chacun dans son domaine, développé une compétence et un arsenal de méthodes spécifiques à leur champ de spécialité. La légitimité professionnelle et la progression de carrière des fonctionnels et experts tiennent dans leur capacité à déployer des modèles chaque fois plus affinés et toujours distincts du précédent, indépendamment de son incohérence finale, au regard du travail réel. Cette sophistication méthodologique infinie crée une distance opératoire, langagière et culturelle croissante avec les personnes qui font le travail, en actes[1].

En outre, les prescripteurs prévoient une organisation du travail pour des *personnels aux comportements idéaux* du point de vue du déroulement opérationnel. « Lorsque le client réclame et dit que le vin est bouchonné, il faut le goûter », dit un formateur à un jeune commis de religion musulmane. Ce dernier conteste : « Moi, je ne peux pas le goûter ! » Le formateur hésite, le regarde de biais, se

1. L'écart entre le travail prescrit des experts et le travail réel des opérationnels n'est pas un problème du point de vue des experts puisqu'ils sont généralement des fournisseurs de la direction. De ce point de vue, ils ont plus intérêt à inventer des « produits » sur le marché du management qu'à aider le travail réel des unités opérationnelles (S. Maugeri, 2001).

frotte la barbe. Il sait que près de la moitié des effectifs des serveurs est dans ce cas. Il fait alors la réponse suivante, rapidement formulée : « Dans la vie, il faut faire des choix. » Cette interaction montre que la procédure opératoire, dans ce cas, n'intègre pas la situation réelle des personnes qui vont le faire, et les limites concrètes de leur action. La contradiction ici est esquivée. De même, bien que l'absentéisme soit mesuré – y compris celui qui n'est pas déclaré – et reconnu comme étant relativement élevé, l'ensemble des dispositifs de gestion du personnel (recrutement, formations, plannings, etc.) sont pensés « comme si » il n'existait pas. L'organisation prescrite est conçue en faisant « comme si » les personnels étaient tous idéalement compétents quand bien même « on sait » que ces compétences ne sont qu'exceptionnellement réunies à un moment donné, dans un service, du fait de l'absentéisme, du recours à des personnes moins qualifiées (« faisant fonction », personnel sous-qualifié, intérimaires, etc.) et du *turn over*. La prescription du travail et son contrôle sont, dans ces deux milieux, construits sur l'hypothèse que les salariés sont en constante bonne santé, qu'ils sont prévisibles, réguliers, performants, compétents, fiables et obéissants. En un mot : parfaitement surhumains. Ainsi l'organisation du travail est-elle bâtie et déployée largement sur une quantité d'hypothèses douteuses, voire fausses. Le déni des limites concerne également les clients et usagers des services.

La prescription considère généralement le destinataire du service comme un « bon client », voire comme un *client idéal*. Or, comme le note un directeur de restaurant, le consommateur idéal, celui qui sert de référence à la prescription, ne se présente jamais à la porte de son restaurant…, ce qui invalide en grande partie la prescription elle-même. De même, à l'hôpital, entend-on souvent dire – sans ironie aucune – que les dysfonctionnements sont causés par les pathologies elles-mêmes. « Les malades sont de plus en plus lourds », disent les soignants pour expliquer leur difficulté à faire face, comme si cette évolution pathologique n'était pas prise en compte dans les prescriptions. Les nouvelles pathologies ou leur multiplication semblent arriver « en plus » du travail prévu. Autrement dit, la prescription est conçue pour des maladies et des malades idéaux, bien différents de ce que l'on traite vraiment.

Ensuite, les prescripteurs postulent que l'environnement matériel rassemble les *conditions idéales* : architecture, infrastructures, équipements professionnels, systèmes d'information sont supposés être adaptés et fonctionner parfaitement. Du moins, le travail prescrit est-il pensé à partir de ce postulat. Or, rien n'est moins sûr. Il serait fastidieux d'énumérer tous les éléments matériels qui ne sont pas idéaux dans les hôpitaux et les restaurants. Par exemple, les services gériatriques, en tant qu'héritiers des hospices anciens, sont souvent installés dans des bâtiments dont l'agencement est contradictoire avec la politique de l'institution ou avec les prescriptions opératoires : les chambres sont collectives, les portes ne sont pas assez larges, les escaliers sont glissants, la disposition des chambres est à la fois peu confortable et peu pratique, les clients fragiles ne disposent pas de climatiseurs en cas de grandes chaleurs. Les installations téléphoniques, électriques ou télévisuelles sont parfois insuffisantes ou vétustes. Mais la prescription du travail, elle, est conçue pour des chambres idéales, parfaitement équipées, avec un personnel de proximité en nombre suffisant. Chez C'BON, les menus sont élaborés par le siège, avec l'aide d'experts. Lorsque les chefs de cuisine découvrent la carte saisonnière, leur premier souci va être de savoir comment faire ces plats compte tenu de l'exiguïté des cuisines. À chaque saison, les cuisiniers constatent un hiatus croissant entre les menus prescrits et les conditions concrètes d'agencement et d'équipement : les menus sont conçus pour des cuisines idéales. Les outils de travail – et notamment les systèmes informatisés –, dans la prescription, sont considérés comme fonctionnant parfaitement. Les éventuels problèmes d'ajustement de ces outils aux cas particuliers, leurs pannes, leur « affectivité croissante », pour reprendre un terme de Pierre Naville, ne sont pas pris comme hypothèse au moment de construire la prescription. L'environnement matériel est considéré dans le travail prescrit, comme idéalement fonctionnel.

Des prescripteurs idéaux, des salariés parfaits, des clients modèles et des outils de travail infaillibles : l'organisation du travail est bâtie sur des hypothèses idéales, donc fausses. Alors, les prescripteurs constatent, dépités, que « ça ne marche jamais » comme ils l'avaient prévu. Plus qu'une remise en cause de leurs hypothèses, ce constat est suivi d'un discours critique et plaintif sur les limites. Celles-ci sont explicitement mises en accusation. Les prescripteurs jugent les personnes qui travaillent dans les restaurants et les hôpitaux comme étant très décevantes : « ils ne veulent plus travailler », « ils ne comprennent rien », « ils ne se rendent pas compte », « ils ne pensent qu'à se plaindre », « les jeunes sont paresseux » et les « vieux sont usés »... Si les services médicaux ne fonctionnent pas aussi bien qu'on le voudrait, c'est, entend-on au siège, à cause « des problèmes sociaux des personnels », « de l'absentéisme », « des budgets européens », « des corporatismes médicaux », etc. Certes, les problèmes sociaux existent, les effectifs peuvent manquer, les médecins ont des enjeux de carrière incompatibles avec le fonctionnement « idéal » de l'institution de soin. Certes, l'AP-HP est une organisation de grande taille, publique et complexe dans laquelle s'affrontent des logiques de corps – dans tous les sens du terme. Ces caractéristiques sont bien connues. Ce qu'il est intéressant de souligner, c'est que tous ces éléments sont considérés par les prescripteurs, comme des « problèmes » qui gênent le travail : les contradictions et les difficultés concrètes sont considérées comme « anormales » et encombrantes. Comme s'il fallait les supprimer avant de pouvoir agir. De même, chez C'BON, les cadres (très) supérieurs se plaignent copieusement du « système ». Leur raisonnement est le suivant : ils pourraient travailler correctement si seulement l'Éducation nationale formait mieux les jeunes, si la loi sur le temps de travail était mieux adaptée à leurs besoins, si les gens travaillaient plus et partaient moins en vacances, si « la France » taxait moins le travail, si la TVA sur la restauration était moins élevée, etc. La liste des empêchements d'agir est longue. Ainsi, leur raisonnement et leur colère sont fondés sur l'hypothèse que ces limites devraient (et pourraient) ne pas exister, qu'un monde « normal » serait un monde sans limites. Car, dans ce discours rageur, ils ne considèrent pas les limites concrètes – ontologiques, physiques, matérielles, sociales, architecturales, légales – comme des données mais comme des aberrations. Leur déception de voir les limites freiner ou même trahir leur prescription confirme et renforce au passage leur croyance initiale en la « nullité » et « la mauvaise volonté » des « gens du terrain », « incapables de suivre ». Elle conforte leur croyance sur l'évolution dramatique des mœurs en général et du rapport au travail en particulier. La critique du « système » et des « gens » chez les prescripteurs nous donne à entendre un élément clé de leur théorie implicite de l'organisation : ils disent en creux qu'ils conçoivent leur action dans un monde « parfait », un monde où les gens seraient enthousiastes et compétents, en bonne santé et sans problèmes. Un monde où l'État serait une ressource mais jamais une contrainte. Un monde dans lequel les différences culturelles et sociales entre les gens (qu'ils soient salariés ou consommateurs) ne seraient jamais un obstacle au déroulement du service. Un monde dans lequel il n'y aurait pas de limite au déploiement de l'action qu'ils prévoient. Un monde où tout marcherait comme prévu, comme conçu. Le travail d'organisation est alors largement évité : l'idéalisation de la prescription permet d'esquiver le travail d'arbitrage des contradictions propres à l'activité. Elle formule simplement une sorte de vœu magique : une prescription de toute-puissance organisationnelle.

Le déni des limites dans la prescription dessine une organisation qui devrait être capable de dépasser sans peine deux types de contradictions. Tout d'abord, elle devrait pouvoir accommoder, sans renoncement aucun, toutes les prescriptions pourtant souvent incompatibles ou contradictoires entre elles. Concoctées par des experts hyperspécialisés, travaillant séparément, elles déboulent l'une après l'autre dans les exploitations chargées de les appliquer, sans qu'elles aient toujours été mises en regard. Chacune d'elles a sa logique, mais la somme de ces prescriptions ne constitue pas une prescription logique. Ici, l'existence de contradictions n'est pas reconnue ni traitée : on fait « comme si » elles n'existaient pas et qu'il était possible de les satisfaire toutes simultanément.

Ainsi, historiquement, l'AP-HP s'est construite autour de missions d'ordre public, d'hospitalité charitable, de soin et de maîtrise économique. Ces missions continuent de coexister, même si aujourd'hui ce sont les deux dernières qui font l'objet d'une plus grande attention et publicité. Ces quatre missions sont souvent conflictuelles. Les questions concrètes qui se posent aux professionnels sont alors : faut-il poursuivre un soin coûteux sur une personne très âgée ? Faut-il héberger ce SDF qui arrive aux urgences, alors qu'il n'a pas de pathologie (mais qui a besoin d'hospitalité), peut-être aux dépens d'un autre patient ? Chez C'BON, le projet de l'entreprise est de cumuler dans une seule offre trois traditions distinctes : la restauration gastronomique, la convivialité des restaurants populaires et la production de masse. Elles sont présentes dans le « concept » et donnent lieu à une kyrielle de prescriptions sophistiquées, dont la somme génère des contradictions logiques et pratiques quotidiennes. L'objectif de conformité et de standardisation semble contradictoire avec celui de profit : mais ici, cette contradiction n'est pas arbitrée. Les deux prescriptions – « soyez fidèles à la Bible » et « contribuez à accroître le chiffre d'affaires » – sont juxtaposées, telles quelles. La moindre activité – prendre une commande, dresser les tables, apporter l'addition – se situe ainsi à la croisée d'injonctions multiples et souvent incompatibles.

Les dispositifs de contrôle de l'activité et des résultats, à l'instar des prescriptions, sont conçus et appliqués de manière indépendante les uns des autres, par des contrôleurs spécialisés. Aussi, les contradictions qui peuvent apparaître à l'intersection de deux prescriptions – ou plus – ne sont-elles pas davantage arbitrées dans l'acte de contrôle. Si la satisfaction du destinataire du service suppose de déroger à des prescriptions opératoires ou économiques – cas fréquent –, l'acte sera nécessairement mal évalué sur l'un des critères. Autrement dit, la somme des contrôles sur le travail de service ne fait que renforcer le caractère hétérogène et contradictoire des prescriptions. Ce qui est remarquable ici, c'est moins l'existence de contradictions dans l'activité – ce qui est inévitable et banal – que le fait qu'elles ne sont pas reconnues, médiées et arbitrées. Ce phénomène s'inscrit dans le droit fil de la tendance à la rationalisation, décrite par Max Weber (1919) : une intellectualisation doublée de la croyance que nous pourrions maîtriser toute chose si seulement nous le voulions. Elle produit un effet paradoxal lorsque l'excès de rationalité crée, comme c'est le cas ici, de l'irrationalité. Finalement, l'évitement du travail d'organisation produit une prescription saturée de contradictions.

Outre que des prescriptions normatives, économiques ou qualitatives puissent entrer en conflit, chacune d'elles, nous l'avons vu, est illimitée. Sur à peu près tous les critères de performance, chacune exige, par la grâce d'une invention langagière abstraite, morale, universelle et souvent lyrique, le « meilleur », le « total » le « maximum » et le « toujours plus ». Chaque prescription, en étant idéale, crée une nouvelle contradiction qui déplace la question organisationnelle et subjective sur le versant du possible et de l'impossible. Ici, l'écart entre travail réel et travail prescrit ne se creuse pas uniquement par la méconnaissance du travail réel par les prescripteurs. Il provient de l'idéalisation des conditions de travail et de ceux qui le font. Il s'agit d'un écart entre le travail idéal et le travail possible. Cet écart est une contradiction entre la démesure de l'objectif et le caractère limité de l'action humaine. Pour réaliser ne serait-ce qu'une seule de ces prescriptions « totalement », il faudrait que l'organisation du travail puisse être infiniment puissante.

Dans ces organisations incomparables, le travail prescrit a pour point commun de dénier les limites et les contradictions du travail productif. Pour tenir toutes ses promesses, l'organisation – en tant qu'entité collective – devrait pouvoir dépasser les contradictions entre les prescriptions, d'une part, et au sein de chacune d'elles, d'autre part. Elle doit faire une chose et son contraire, atteindre la perfection et se rire des limites sans que cela ne crée jamais de problèmes. En résumé : elle devrait être toute-puissante.

Pour comprendre la formation du phénomène social de déni des limites, il nous faut entrer dans l'épaisseur du travail des différents acteurs, porter un regard curieux et compréhensif sur la manière dont ils y contribuent. Ce faisant, nous verrons de quelle manière chacun travaille, d'une part, et participe – ou non – au travail d'organisation, d'autre part.

CHAPITRE IV

La division sociale du travail d'organisation

Que dans un hôpital coexistent des logiques et des enjeux hétérogènes et contradictoires – gestionnaires, éthiques, médicaux, sociaux, techniques – n'est ni une nouveauté ni un motif d'étonnement. De même, qu'une chaîne de restauration connaisse la tension entre une logique de rentabilité dans la production de repas et les « règles de l'art » culinaire est également inhérent à l'activité. Les organisations naissent précisément du besoin de médiation des contradictions (Pages *et al.*, 1979). Or, trouver des solutions pratiques aux contradictions est un véritable travail, individuel et collectif, que nous appelons ici le « travail d'organisation ». Ce travail-là est réparti socialement. Ses formes historiques présentent un intérêt sociologique fort.

Qui, dans ces organisations de service de masse, résout les contradictions ? Qui les « travaille », sans avoir recours à l'argument de la toute-puissance ou de l'impuissance ? Comment se déroule ce travail d'organisation, et avec quelles incidences sur l'organisation du travail ? Pour répondre à ces questions, nous allons nous intéresser au travail prescrit, réel, réalisé et vécu des différents acteurs organisationnels. L'analyse du travail d'organisation, à chaque niveau, montre que l'on assiste à un phénomène de délégation du travail sur les contradictions, jusqu'au dernier niveau, celui de l'interaction entre un salarié et le client (ou usager).

LES CONSEILS D'ADMINISTRATION (CA) : UNE PRESCRIPTION ABSTRAITE ET IDÉALE

Les conseils d'administration de la chaîne de restauration C'BON et celui de l'AP-HP diffèrent grandement. Le premier est, à l'instar du capital, privé, ramassé et stable. À l'AP-HP, en revanche, il compte 52 membres, représentants d'institutions publiques, administratives, associatives, de consommateurs, d'universitaires, etc., relativement mouvants. Il est présidé par le maire de Paris, et peut accueillir par surcroît des personnes ayant une voix consultative. Il regroupe tous les acteurs clés du système de santé, des ministères aux élus, en passant par les professionnels. En dépit du caractère incomparable de ces deux conseils d'administration, leur action se décline pareillement en trois temps.

Tout d'abord, elle consiste à définir les missions des organisations et leur donner des ressources (le capital, le budget de fonctionnement et leur allocation). Les administrateurs définissent, dans les grandes lignes, ce que doit être le « service de masse » à produire, et son rapport à des moyens dépensés : le type, le nombre et la qualité des repas et un résultat d'exploitation, dans le cas des restaurants ; des missions sanitaires avec une enveloppe globale de ressources, dans le cas de la gériatrie publique. Les décisions sur l'allocation du capital et des investissements déterminent en grande part l'offre de service puisqu'ils décident du nombre et des lieux d'implantation des restaurants et des hôpitaux, de leur capacité d'accueil, de leur équipement, de leur spécialisation, et de leur configuration. Il en va de même pour les décisions d'affectation de ressources de fonctionnement, au premier rang desquels les recrutements. Si les échelles sont fort différentes, le CA de la chaîne de restauration comme celui de l'AP-HP sont *in fine* ceux par qui les postes sont créés et les professionnels, si possible formés, recrutés. Les montants et la nature des allocations des ressources sont discutés avec les directeurs généraux, mais les membres des conseils d'administration restent les décisionnaires finaux. Dans les deux cas, les membres des conseils d'administration contribuent largement à structurer l'offre de service de masse et, en conséquence, à poser un pan entier du travail prescrit tel que nous l'avons décrit précédemment. Les administrateurs disent, avec un ton victimaire, être largement contraints par l'environnement. L'Europe, l'État, la conjoncture, le coût des choses et de la vie semblent être déterminants au point qu'eux-mêmes peuvent dire à leurs salariés qu'ils n'ont que le choix de se soumettre à cette rafale de contraintes externes en adoptant une posture « réaliste ».

Ensuite, les membres du CA de ces deux organisations nomment des dirigeants, décident de leur maintien en poste ou de leur éviction. D'après eux, le « bon » dirigeant est celui qui a la capacité de « gérer les problèmes opérationnels » et de « rendre compte des résultats ».

Les administrateurs, sauf de manière anecdotique, voire condescendante, ne connaissent ni n'évaluent le service produit dans les services. Ce qui compte – au sens propre –, c'est la conformité des résultats économiques et l'évitement des sanctions externes, médiatiques, administratives et légales. L'attention des conseils d'administration porte donc sur les effets de ce que produit l'organisation, plus que sur la production en tant que telle. Cette distinction importante, à propos des résultats, est faite dans la langue anglaise par les termes *outcomes* (effets du travail réalisé) et *« output »* (le travail réalisé). Le contrôle concerne alors essentiellement les « retombées » (effectives ou potentielles) du travail réalisé. Ainsi les conseils d'administration peuvent-ils travailler avec ardeur sans aborder les questions relatives aux services produits, qu'ils soient des repas ou des soins. En se plaçant du point de vue de leurs effets, ils peuvent formuler une prescription qui ne s'encombre pas de la connaissance et de la reconnaissance des contradictions de l'activité. La contradiction organisationnelle propre à la massification du service, notamment, est ici posée sans être travaillée. Charge aux dirigeants de s'en saisir.

LES DIRECTEURS GÉNÉRAUX (DG) : « ON N'A PAS LE CHOIX »

Chez C'BON comme à l'AP-HP, les dirigeants sont des généralistes de bon niveau social. Issus de grandes écoles, ils ont plus de 45 ans, soit plus de vingt années d'expérience professionnelle. Ils doivent, dans ces deux organisations pourtant si différentes, faire le même travail, qui consiste à faire faire par d'autres le service de masse, que l'on sait être difficile à prescrire et à contrôler de loin et de haut. Il leur faut arriver à faire en sorte que des personnes (des serveurs, des infirmiers, des médecins, etc.) agissent collectivement et individuellement pour produire un repas ou un soin, dont les effets satisfassent les membres des conseils d'administration.

Qu'ils soient dirigeants de la chaîne de restauration ou d'un service public de soin, leurs appréciations de la situation se rejoignent. Les directeurs généraux perçoivent que les attentes du CA sont « irréalistes », « folles », « désespérantes ». En un mot : idéales. Ils soulignent, de plus, que ces attentes peuvent être contradictoires et que cette contradiction est irrésolue. Ainsi, à l'AP-HP, les allocations de ressources par les tutelles et les ARH* sont jugées « dérisoires » : les *numerus clausus* sur la formation des professionnels de santé, les restructurations d'unités de soin, les ouvertures, fermetures et transferts d'hôpitaux sont des décisions assez largement critiquées par les dirigeants, qui disent les subir. Pénurie d'infirmières et de médecins, insuffisance de lits, restrictions de moyens de fonctionnement… La liste des récriminations à propos des décisions sur la structure de l'offre de soin est longue. Chez C'BON, les directeurs ne sont pas d'accord sur les décisions des administrateurs. Les objectifs de rentabilité, de qualité, de développement, tant qu'ils sont « génériques », ne font pas débat. En revanche, les désaccords portent sur la manière d'y arriver concrètement, qu'il s'agisse du positionnement stratégique (niveau tarifaire, cycle du produit, rythme de croissance), du « concept » (clientèle cible, décoration, etc.) ou de la gestion des ressources humaines. Les directeurs généraux deviennent même parfois virulents lorsqu'ils dénoncent le manque de cohérence, de moyens, de possibilité d'agir. Ces dirigeants, du secteur public ou privé, disent se « battre pour avoir plus de moyens », auprès des administrateurs. Ils râlent, en disant qu'il faut sans cesse faire « plus avec moins ».

Bien qu'ils soulignent l'impossibilité d'être à la hauteur des attentes des conseils d'administration, ils ne contestent généralement pas la hauteur de la prescription. Les exigences sont acceptées même si elles sont jugées « folles », « impossibles » ou « idéales ». Les directeurs semblent considérer que les exigences posées par le CA (rentabilité, qualité totale, satisfaction du consommateur, personnalisation et massification) sont « normales », en tous les cas, exigibles. La quasi-naturalisation des prescriptions mène alors à un commentaire récurrent : « Je n'ai pas le choix. » Bien que dans l'imaginaire contemporain le dirigeant soit l'archétype de la personne qui décide et qui a le choix, nous nous trouvons en face de personnes qui se décrivent comme largement contraintes si ce n'est déterminées par la situation. Disant cela, ils indiquent que les contradictions contenues dans la prescription du conseil d'administration ne sont pas travaillées. Qu'il s'agisse du traitement social du grand âge ou de l'offre d'un produit de restauration « authentique » et standardisé, les objectifs organisationnels restent tissés de contradictions et surplombés par une prescription idéale.

Pourtant, les directeurs généraux, à propos de la problématique organisationnelle du service de masse, commencent généralement par récuser avec une pointe de mépris l'idée qu'il puisse exister une difficulté. Les composantes relationnelles, incertaines et affectives du travail de service seraient la preuve de « l'extrême simplicité » et banalité du travail. Pour bien soigner une personne âgée ou pour bien servir un repas, « il n'y a qu'à aimer son métier », « il suffit de sourire », « c'est juste qu'il faut aimer faire ça », « il suffit d'avoir la vocation », d'être dans un certain « état d'esprit ». Un état subjectif qui serait tout entier mobilisé vers la satisfaction du client ou de l'usager, tout en respectant simultanément les prescriptions normatives, économiques et opératoires.

En revanche, dès que l'on tente de comprendre avec eux de quelle manière ils prescrivent et contrôlent ces comportements et états subjectifs, leur ton devient nettement moins assuré. Moins affirmatifs, moins détendus, ils soulignent alors la complexité du travail d'organisation. Ils disent, finalement, qu'il leur est impossible d'avoir la main sur le travail réel. Car si la gentillesse est « simple » à comprendre, en revanche, « on n'arrive pas à obtenir des personnels de salle qu'ils soient souriants et gentils ». Ou encore : « On ne peut pas dire à une aide-soignante qu'elle doit être humaine avec les patients », car « c'est pas en leur disant qu'elles le feront. C'est plus compliqué. Ça dépend pas de moi ». Ce qui relève du comportement relationnel avec les destinataires du service, ce qui tient de l'engagement subjectif nécessaire, ce qu'ils nomment « l'amour » du client et du métier, est perçu ici comme étant à la fois fondamental et imprescriptible. Préoccupés par le maintien des mêmes procédures et standards, dans tous les lieux mais convaincus que le management est une affaire locale, ils chuchotent leur sentiment d'impuissance à modifier des situations qu'ils dominent pourtant intellectuellement. Ainsi, un directeur général peut dire : « En tant que directeur, je sais ce qui va pas dans le management. Mais je sais aussi que je ne peux rien faire. » Il s'agit d'un sentiment d'impuissance à avoir « prise » sur le travail quotidien des opérationnels, sur les hommes, de manière à ce que tous les détails qui font qu'un repas ou un soin sont économiques, satisfaisants, sécurisés et normalisés. Certains ont « mal » et « du mal » à vivre cette impossible maîtrise des éléments du service, pourtant stratégiques. Cette impuissance se transforme parfois en colère et plus souvent en résignation en forme de délégation de ce travail-là « au terrain ».

Néanmoins, ces dirigeants expriment une forte volonté d'agir sur l'organisation. Ils veulent et doivent maîtriser ce « petit détail qui compte » tant. Le fait d'éprouver, simultanément, une impossibilité à le faire les met dans une tension forte. Le soulagement de cette tension passe par une double délégation : vers les fonctionnels d'une part, et vers les opérationnels d'autre part.

Le premier volet du travail réalisé des dirigeants consiste à donner une forme organisationnelle aux objectifs génériques provenant du conseil d'administration. Ils commandent à des experts la déclinaison sous forme de prescriptions et de contrôles, des missions fixées par le conseil d'administration : « chartes », « engagements éthiques », « politique qualité », « plans d'économie », « accréditation », « contrôle de gestion », « informatisation », « plan marketing », « système d'information », « campagnes de publicité ». Les contraintes de moyens sont, elles aussi, transformées en éléments organisationnels sous des formes diverses : « budgets », « politique de ressources humaines », « plan d'investissement », etc. Le recours aux experts pour fabriquer ces prescriptions et contrôles est justifié par le souci de faire au mieux. Les exigences du CA sont « découpées » en spécialités fonctionnelles, confiées à des experts, qui vont produire des prescriptions et contrôles sophistiqués sur leur parcelle de spécialité : qualité, communication, contrôle de gestion, marketing, sécurité, etc. En confiant à des services multiples la tâche de concrétiser les prescriptions opérationnelles,

les dirigeants rendent possibles leur déploiement et leur sophistication, sans les confronter entre elles.

Le second volet du travail réalisé des dirigeants concerne la « responsabilisation » des opérationnels sur des objectifs à atteindre. Il s'agit d'une délégation de l'arbitrage des contradictions aux « managers de terrain ». Dans la chaîne de restauration, comme au siège de l'AP-HP, les directeurs généraux sont unanimes à compter sur les niveaux opérationnels pour « gérer le quotidien » et ses tensions : le sous-effectif, les défauts d'installation des locaux, l'insuffisance de lits ou de tables, les pics d'activités comme les moments de sous-charge, etc. Ils procèdent à des délégations de responsabilités pénales, civiles, financières et disciplinaires, qui prennent une forme contractuelle et légale, notamment sur les domaines à risques. La logique de contractualisation entre le siège et les unités de service et le recours à des dispositifs de traçabilité soutiennent cet acte de délégation, de même que d'abondantes prescriptions de subjectivité qui déclarent les responsables d'exploitation « compétents, autonomes et responsables »[1]. Les directeurs soulignent que les opérationnels doivent être « mobilisés » pour faire face aux diverses situations locales et aux événements imprévisibles. Ils leur font alors une prescription d'initiative, une incitation à la renormalisation locale de la prescription. D'une certaine manière, ils reconnaissent l'utilité du travail réel des opérationnels, tout en accroissant l'étendue et la valeur du travail prescrit, maintenant ainsi les deux termes de la contradiction du service de masse. Cette double exigence maintient une prescription idéale, celle qui se situe au-dessus des contradictions, sans les médier.

Après ce double acte de délégation, les dirigeants contrôlent les résultats des opérationnels, avec les outils

1. À l'AP-HP, ce thème est directement issu de la loi de modernisation de 1991, lorsqu'elle affiche trois objectifs principaux : accroître « l'autonomie » des hôpitaux et la « responsabilité » des acteurs, avec notamment l'inscription légale des « projets d'établissement ».

que les fonctionnels mettent à leur disposition, et sanctionnent les écarts visibles. À l'AP-HP, les sanctions sont presque systématiquement un retrait de moyens : fermeture de salles, désinvestissement (ou arrêt d'un projet d'investissement), arrêt (parfois brutal) d'initiatives ou de projets, réduction des effectifs réels. Chez C'BON, la sanction est plus personnalisée : elle consiste à « remonter les bretelles » des personnes « responsables », voire à les licencier.

Les dirigeants disent du travail qu'ils délèguent aux opérationnels qu'il est difficile. Ils ont conscience que la prescription qu'ils administrent *via* les services fonctionnels peut créer des situations « ingérables ». Mais cela ne modifie pas leur action, puisque, disent-ils, jusque-là, « ça marche » et, que de toute façon, « ils n'ont pas le choix ». Alors, ils entretiennent un rapport ambivalent avec les « gens du terrain ». D'un côté, ils en parlent avec admiration et une pointe d'envie. De l'autre, ils accablent les opérationnels des pires qualificatifs. On note la même ambivalence dans leur désir de proximité avec le « terrain ». Ils disent « devoir aller sur terrain », voire « aimer ça ». Mais dans les faits, ils sont dans l'évitement de cette rencontre : leur passage dans les restaurants et les services hospitaliers est bref et ponctuel. Le « terrain » est source d'anecdotes croustillantes ou dramatiques mais aussi de problèmes ennuyeux. Dans ce mélange d'admiration et de méfiance, la reconnaissance des personnels de terrain prend des formes exclamatives un peu forcées telles que : « Vous êtes formidables ! »

Les directeurs généraux déclarent se situer « au-dessus » des difficultés quotidiennes opérationnelles. Puisqu'ils ne peuvent « être partout » et « derrière chaque problème », ils disent orienter leur action sur la production des « grandes idées », sur la création de « sens », sur « la stratégie » et sur le « moyen terme ». Cette action discursive et prescriptive est caractérisée par un grand degré d'abstraction langagière. Ainsi, bien qu'ils soient militants de la logique du « réalisme » (économique essentiellement), le travail réalisé des dirigeants consiste essentiellement à déléguer aux opérationnels des contradictions qui n'ont pas été arbitrées ni par leur CA ni par eux-mêmes : ils sont, de ce point de vue, les porte-parole d'une prescription idéale, c'est-à-dire irréaliste.

LES FONCTIONNELS DU SIÈGE : « NOUS, ON EST DES TECHNICIENS »

Les experts fonctionnels, à qui les directions générales ont confié le travail de fabrication des prescriptions et du contrôle sur un domaine précis, sont basés au siège, loin des restaurants et hôpitaux. Ils sont rattachés à un des services qualité, ressources humaines, formation, communication, marketing, finances, contrôle de gestion, informatique, juridique et logistique, organisation, ou audit, etc. À ces postes, nous trouvons des personnes spécialistes d'une fonction, qui ne sont généralement pas familières du secteur d'activité. Elles disent d'elles-mêmes qu'elles « ne sont pas du métier » et qu'elles sont dans ce secteur-là « par hasard ». Si elles peuvent être sincèrement intéressées par la restauration ou de la santé, elles ne sont cependant pas à ces postes pour travailler *dans* ces secteurs. Leur parcours professionnel suit une logique d'expertise fonctionnelle. Étrangers au secteur d'activité et à ses métiers, ils ne sont pas davantage recrutés pour leur connaissance du travail réel, dans la production du service de masse, qu'il soit de santé ou de restauration. Experts d'un domaine de gestion ou d'une technique, il ne leur est pas demandé de connaître ce que font leurs collègues fonctionnels d'à côté. Ainsi, un professionnel du marketing ne « comprend rien » à l'informatique, tandis qu'un informaticien n'y « connaît rien » en RH.

Le travail réalisé par les fonctionnels consiste tout d'abord à la demande de la direction générale, à transformer l'exigence abstraite – de « qualité totale », de « confort », de « charme », de « mobilité », ou d'« éthique », par exemple –, en prescription organisationnelle concrète. Celle-ci prend les formes d'organigramme, de démarche, projet, manuel, protocole, chartes, tableaux de bord, procédures, processus, logiciels de production ou de gestion. Ce faisant, ils construisent des prescriptions qui encadrent le travail de prestation de service dans les restaurants et hôpitaux. Elles sont liées à des moyens qu'ils peuvent fournir ou aider à acquérir, qu'il s'agisse de « ressources humaines » (création de poste, aide au recrutement et à la mobilité), d'informatique (fourniture de logiciels et progiciels de gestion ou de production), de communication (allocation de supports, de budgets), par exemple. Ensuite, ils construisent des dispositifs de contrôle de l'utilisation des moyens et de l'évolution de la production. Dans chacun de leur domaine de spécialité, ils définissent les indicateurs de mesure, les méthodes de surveillance et les outils permettant de connaître, disent-ils, ce qui se passe dans les services opérationnels, et adapter en conséquence les moyens. Chacun dans sa spécialité – qualité, communication, informatique, RH, finances, etc. – va développer de manière indépendante les outils dont il a besoin pour s'assurer que ses méthodes sont correctement déployées. La somme de tous ces dispositifs de contrôle constitue *in fine*, comme nous l'avons décrit précédemment, un tissu serré et non coordonné de prescriptions et contrôles. Les exposés abstraits des conseils d'administration et des directeurs sont ainsi traduits en exigences concrètes, mesurables et sectorisées. Enfin, les fonctionnels produisent des normes : normes comportementales, techniques, de gestion, d'hygiène, d'activité, de qualité, de communication, etc. Cette action normalisatrice s'exerce dans les organisations proprement dites, mais aussi au-delà, par leur participation au travail des organismes normalisateurs (associations professionnelles, administrations françaises et européennes). Ils participent visiblement à produire des normes et à les généraliser dans leur secteur d'activité, et plus largement dans la société.

Les fonctionnels insistent pour dire que ces « simples outils » sont « neutres », juste des « méthodes de bon sens ». En dépit de l'apparente diversité professionnelle liée à leur spécialisation technique, ils partagent une commune déclaration de neutralité idéologique. Ils se représentent et se considèrent comme des spécialistes de « processus », de « techniques » ou d'« outils ». Ce faisant, ils placent leur fierté professionnelle dans le bon déroulement des méthodes et l'application efficace d'outils. Pour eux, le travail bien fait, le travail réalisé idéal, consiste à faire des classeurs impeccables pour la certification ou l'accréditation qualité, des fiches bien remplies pour assurer la traçabilité des risques, des procédures exhaustives et précises, des tableaux de bord bien agencés, des plaquettes de communication colorées fabriquées selon un procédé sans surprise. Des choses « carrées », « propres », dans lesquelles on « trouve tout ». Ils soulignent le vif plaisir intellectuel qu'il y a à travailler dans la recherche de perfection et d'exhaustivité. Arriver à « penser à tout », à « tout maîtriser », « à tout combiner », à « négocier », ne fût-ce que sur le papier, est « comme un jeu ». Ainsi, ils vivent souvent leur travail sur un mode ludique. Cette manière d'aborder le travail peut aller jusqu'à un cynisme dont le locuteur ne semble pas s'apercevoir. Ainsi, une jeune femme juriste nous explique avec une pointe d'amusement qu'elle trouve « rigolo » de dérouler une procédure de licenciement. Ils insistent sur la « simplicité » de leur intervention et la transparence de leur démarche. Ils ne font « que » appliquer des méthodes, organiser des réunions, suivre des indicateurs, vérifier la conformité des procédures. Ils ne font « que » ça, disent-ils, comme s'ils avaient besoin de se rassurer sur le fait qu'ils ne sont ni « sorciers » ni « flics », ni « chefs ». Ils se défendent d'avoir une action de nature politique et de devoir prendre part aux conflits internes. Les objectifs que doit atteindre l'organisation sont prédéfinis (par la direction générale) et non discutables. Leur rôle est de « tout faire » pour les atteindre, en « mettant à disposition » des techniques, des outils, des compétences et des moyens à l'attention des opérationnels.

Ainsi, leur point de vue sur leur action oscille sans cesse entre l'humilité la plus grande (« on n'est que des techniciens ») et le sentiment de toute-puissance (« on voit tout, on contrôle tout, on maîtrise tout »). Le travail vécu est profondément ambivalent à cet égard, et se résume à ce commentaire d'un qualiticien : « On est responsable, mais c'est pas nous qui sommes les responsables en cas de problème. » Il faut noter l'écart important qui apparaît entre la « légèreté » affichée, et sans doute vécue, par les fonctionnels et l'importance sociale de leur travail réalisé. En fait, la déclaration de neutralité idéologique résiste mal à l'épreuve de l'interaction, qu'elle soit avec la direction ou les opérationnels. L'insistance à se dire neutres semble indiquer un questionnement à fleur d'action, ou plutôt d'interaction. Leur positionnement dans l'organisation n'est pas « confortable » puisqu'ils incarnent la prescription idéale face aux opérationnels sommés de la produire. De ce fait, ils entretiennent des rapports distants, d'évitement, de distance et parfois de mépris à l'égard de ce qu'ils appellent « le terrain ». Ils redoutent de se voir accusés en tant que représentants du siège, de voir leur travail mis à l'épreuve des faits et des jugements opérationnels, de prendre la mesure des écarts entre le prescrit et le réalisé. En même temps, ils disent qu'ils aimeraient y aller davantage. Ils n'y vont effectivement que peu et semblent plutôt contents de ne pas arriver à s'y rendre tant ils sont « débordés » au siège.

Certains fonctionnels vont davantage « sur le terrain ». Ils sont en relation fréquente avec les opérationnels tout en restant les représentants de la direction générale et du siège. Il s'agit essentiellement des qualiticiens, formateurs et informaticiens. Lorsqu'ils se trouvent dans les services hospitaliers ou dans les restaurants, lorsqu'ils parlent avec les opérationnels, ils constatent et comprennent les impasses concrètes auxquelles ils doivent faire face. Ce directeur informatique « peste » contre les visions utopiques de la direction générale lorsqu'il mesure le taux effectif de pannes du système : « Ils veulent une Rolls alors qu'on sait déjà pas faire marcher une 2cv dans les services ! » Ce formateur constate face à un groupe de 20 infirmiers qu'il ne peut continuer à parler de l'indispensable application des procédures et protocoles concoctés par les spécialistes : à l'épreuve de l'interaction, la prescription, qu'elle concerne des actes de soins (faire des prises de sang, changer un pansement, etc.) ou de nursing (être à l'écoute des malades, les porter toujours à deux au moins, être présent lors de tous leurs déplacements, etc.) « ne passe pas ». Face aux opérationnels, les cadres fonctionnels disent qu'ils « ne peuvent rien faire » pour résoudre les problèmes concrets auxquels ils assistent et qu'ils sont venus mesurer. « Simples techniciens », ils évitent les questions adressées à la direction. En même temps, ils assistent aux efforts et souvent aux bricolages déployés par les opérationnels pour tenter de produire, malgré les prescriptions impossibles et contradictoires, un service de masse. Ils travaillent « à la limite », c'est-à-dire le plus souvent « sous la limite » légale ou réglementaire. Les fonctionnels savent ce qui se fait dans les services et les restaurants. La question qui se pose alors pour eux est de savoir s'ils doivent dénoncer ces pratiques, ou contribuer à les cacher. Ils effectuent tout un travail invisible d'évaluation de la pertinence dans la « remontée d'information » sur les écarts entre le travail prescrit et le travail réel : Que dire ? Comment ? Pour faire quoi ? Ce travail solitaire est « épuisant », d'après eux. Les fonctionnels « qui vont sur le terrain » expriment une réelle difficulté à trouver leur place et leur légitimité dans l'organisation. Ils éprouvent alors un sentiment ambivalent à l'égard des opérationnels, allant de l'admiration presque béate au mépris à peine caché. Respectueux des personnes « de terrain », ils ne sont cependant pas envieux de leur situation. Ils « avouent » que le fait que ce soit à ce niveau-là que les contradictions doivent être résolues – plus qu'à leur niveau –, « ça les arrange bien ».

Néanmoins, leur attitude ne peut être qualifiée de cynique. Pour l'être, il faudrait que le cadre du siège qui commente la situation « impossible » du cadre d'exploitation établisse un lien entre sa propre action et celle de l'autre, ce qui n'est pas le cas. Ils ne voient que « leur partie » et déclarent ne pas avoir d'avis ni même d'intérêt pour le reste. L'activité globale n'est pas considérée : elle est toujours abordée avec un point de vue technique fin (mais très limité) à propos d'objets partiels. D'une certaine manière, cet impensé-là est plus fort que du cynisme. La suspension partielle de la pensée peut être appelée « état agentique-ludique » : la pensée est réduite à quelques aspects techniques, mais s'amuse à l'infini dans ce réduit-là. Ce constat rejoint ce que la psychodynamique du travail décrit comme des « stratégies de défense de la naïveté et de la candeur » chez les cadres (Torrente & Dessors, 1997). Elles sont définies comme « le refus de se positionner au sein de la multitude des contradictions qui traversent le travail au sein de l'institution et la tendance à faire comme si cela n'avait aucune importance ». C'est ainsi que les fonctionnels qui justifient leur action au nom du réalisme (technique, gestionnaire, social…) sont ceux qui fabriquent avec le plus de zèle des prescriptions irréalistes, tant pratiquement que moralement.

Les fonctionnels, héritiers directs des « bureaux d'étude » du taylorisme, et en ce sens véritable néobureaucratie, ont pour idéal la maîtrise rationnelle de l'action des autres. Leur travail est fondé sur des paradigmes gestionnaires dominants aujourd'hui (V. de Gaulejac, 2005) : objectivisme, fonctionnalisme, expérimentalisme, utilitarisme et économisme. L'approche ultrarationnelle opère une sorte d'assèchement politique dans l'organisation, ramenée à une somme de dispositifs et décisions optimaux et raisonnables. Idéal de maîtrise, et en même temps confiance silencieuse dans le fait que le travail réel des « gens du terrain » corrigera les insuffisances et maladresses de leur prescription.

LES DIRECTEURS OPÉRATIONNELS : « C'EST PAS POSSIBLE ! »

Les directeurs opérationnels, tels que le directeur d'hôpital (et de son équipe de direction) et le directeur de chaîne de restaurants, appartiennent formellement à la direction, y compris d'un point de vue des habitus sociaux, mais ils ne sont pas (encore) des dirigeants généraux. Ils sont chargés de l'encadrement de plusieurs restaurants et services hospitaliers. Leur travail prescrit est de faire atteindre, par et dans les centres opérationnels, les résultats de performance et de moyens prescrits par la direction *via* les directions fonctionnelles. Ce sont les représentants de la direction générale aux yeux des opérationnels et les représentants des opérationnels aux yeux de la direction.

Ces directeurs intermédiaires considèrent unanimement que les attentes de la DG sont « irréalistes » et paradoxales. Ils dénoncent avec fougue, amertume ou dépit l'impossibilité de réaliser les objectifs qui leur sont assignés avec les moyens dont ils disposent. Les contradictions irrésolues par le CA, la DG et les fonctionnels commencent à prendre, à ce niveau, des formes plus concrètes et sensibles : impossibilité de dresser des assiettes aussi grandes dans les espaces de travail réduits en cuisine, difficulté de recruter du personnel « compétent, motivé et disponible » aux conditions fixées par le siège, équation impossible pour assurer une continuité de soin sans effectifs infirmiers… « on sait que c'est impossible ». À ce niveau, la somme des injonctions ne forme pas une tache à taille humaine. Et ce, visiblement.

Alors que les personnels des restaurants et des services hospitaliers leur attribuent généralement beaucoup de pouvoir et de capacité d'influence, ces directeurs d'exploitation disent que leurs possibilités d'action sont très limitées. Dans une activité relationnelle de services, les « moyens humains », c'est-à-dire la maîtrise des recrutements et des compétences, sont un élément déterminant du déroulement opérationnel quotidien. Or, ces directeurs n'ont qu'un pouvoir d'action réduit sur l'évolution quantitative et qualitative des effectifs. Les critères d'embauche, les procédures de recrutement et les politiques de formation sont décidés aux sièges où les experts définissent les « référentiels » et les méthodes d'évaluation (concours, grilles d'évaluation pour une promotion ou une embauche, etc.) des postes et individus.

En outre, ces directeurs soulignent la faible marge d'autonomie réelle dont ils disposent sur les dépenses de fonctionnement : tout d'abord, la délégation de signature est restreinte. Ils ne peuvent, de manière autonome, faire réparer un sanitaire, faire face à un dégât des eaux, rénover une façade, acheter un outil de travail ou un équipement, doter un restaurant d'une nouvelle cafetière, de nouvelles chaises ou équiper un service de lits plus adaptés à la manipulation des personnes âgées. Ils ne peuvent que faire « remonter » les demandes aux directions générales *via* les services fonctionnels.

Ainsi sont-ils des intermédiaires qui endossent la responsabilité de faire atteindre aux exploitations des résultats toujours meilleurs, sans toutefois avoir la main libre sur les moyens, qu'il s'agisse des « ressources humaines », des moyens financiers de fonctionnement ou des investissements. Notons que, s'ils sont critiques à propos des objectifs à atteindre, ils ne les questionnent pas vraiment. Ils jugent que les objectifs sont inatteignables, voire « délirants », mais, dans l'inadéquation fins/moyens, c'est uniquement le manque de moyens qui va être incriminé. Ces directeurs se décrivent eux-mêmes comme des « transformateurs électriques », des « onduleurs » entre une direction générale et les exploitations.

La majeure partie du temps de ces directeurs est allouée à la « gestion » de leur hiérarchie sous des formes variées : réunions, comités de direction, convocations, évaluations, rapports d'évaluation, réclamations, contractualisation… C'est, pour eux, un véritable travail dont le but principal consiste à « calmer » la direction générale, à la « rassurer ». Un directeur d'hôpital décrit ainsi sa fonction : « Moi, je suis payé pour rassurer le siège : ce qui compte, c'est qu'il n'y ait pas de vague à l'hôpital. » En écho, le directeur de chaîne répond : « J'essaye de récupérer l'inquiétude du P-DG, pour qu'elle ne tombe pas dans les restaurants. » Ils se représentent leur fonction comme une sorte de pare-feu entre la direction générale et les exploitations, protégeant la première des problèmes quotidiens et les seconds d'une trop grande présence de la prescription. Ainsi, leur travail réel consiste en grande part à cacher ce qui a lieu dans les exploitations et qui pourrait être « mal vu » de la direction générale. À l'hôpital, il peut s'agir d'un mouvement social, de la maltraitance sur des patients, de la disparition de matériel, du contournement des règles de sécurité, de la plainte d'une famille, de mauvais résultats d'activité... Dans les restaurants, cela concerne une mise en place de la décoration qui s'écarte légèrement du « concept », une rupture de stock sur une boisson, un service simplifié pour « aller plus vite », un petit accident du travail, une erreur de caisse ou de facturation, un début d'incendie, la « disparition » de marchandises..., toutes ces choses banales qui ne sont pas prévues dans le fonctionnement « normal » d'une exploitation, et qui sont susceptibles d'être sanctionnées.

Parfois, ces directeurs sont obligés de signaler l'impossibilité de réaliser toutes les prescriptions et font « remonter » les problèmes à leur hiérarchie. Les interactions avec la direction générale sont alors vécues comme des épreuves, les affectant personnellement. Ils se rendent dans des comités de direction comme ils iraient dans un tribunal qui ne pourrait que les accuser de venir avec de « petits problèmes », c'est-à-dire des difficultés réelles. À l'AP-HP, la direction de l'hôpital – en tant qu'équipe – est sans espoir de faire entendre ses remarques au siège : d'ailleurs, « le pire », c'est que la direction générale « sait », mais dit « ne rien pouvoir faire ». Ici, il est jugé inutile d'aborder la question de la « faisabilité » des prescriptions avec les directeurs généraux : « À quoi bon ? Tout le monde sait que ce n'est pas possible, et personne ne veut rien faire. »

Dans les deux cas, donc, la prescription et son caractère idéal ne sont pas remis en cause. Comme le résume l'un d'eux, « la direction ne peut pas accepter que je ne puisse pas faire face à ma mission, même si elle est impossible », comme si la DG souhaitait que ce niveau hiérarchique soit capable de médier les contradictions qu'elle-même n'a pas su résoudre. Un « bon » directeur opérationnel est celui qui évite que les problèmes ne remontent. Ce qui compte, c'est d'arriver à faire « comme si » il était possible de satisfaire simultanément aux exigences idéales et aux limites concrètes de leur mise en œuvre dans les exploitations. Pour cela, il faut savoir afficher une grande sérénité, pour donner l'impression de maîtrise, quand bien même, dans leur for intérieur, ils seraient tenaillés par la peur d'être découverts comme insuffisants.

Ce premier travail, adressé à leur direction générale, est doublé par un second, adressé aux unités opérationnelles, les hôpitaux ou restaurants. Les directeurs affirment avec ardeur que leur rôle n'est pas de s'occuper du quotidien : les chefs de service, managers de proximité, eux, « sont là pour ça ». Ils leur délèguent, par « contrat interne », des objectifs, même irréalistes. Ils utilisent pour cela les mêmes moyens que ceux qu'utilisent les dirigeants avec eux : ils mettent en place une responsabilisation juridique (assortie d'un système de traçabilité), morale (« vous êtes autonomes et responsables de vos actes ») et opérationnelle (« je veux des résultats », mais « je ne veux pas le savoir ») sur les cadres de proximité. Ainsi, les directeurs d'hôpitaux déclarent unanimement que le volume d'activité dans un service, la qualité des soins, la sécurité des hommes et des biens, le climat social comme la performance économique dépendent du chef de service et de la CSI*, de même que chez C'BON, le directeur de chaîne affirme que ce sont les directeurs de restaurant qui sont responsables des résultats.

Les directeurs opérationnels doivent s'assurer néanmoins que les résultats soient « présentables » à leur direction. Pour cela, ils instaurent un contrôle serré des ratios activités – plus que de l'activité elle-même –, au moyen de tableaux de bord. Chaque objectif est mesuré, consigné, consolidé. Assortis de bilans réguliers, ces tableaux de bord de gestion permettent aux directeurs d'avoir une connaissance des indicateurs « pertinents » pour eux (mais pas nécessairement pour ceux qui font le travail) sur l'activité, la qualité, la satisfaction des destinataires du service, les performances économiques, le climat social et la sécurité. La consolidation de ces données permet de faire des comparaisons longitudinales entre unités d'exploitation et, éventuellement, d'en faire un outil de rétribution et de sanction.

Finalement, l'action des directeurs opérationnels vis-à-vis des managers de proximité consiste essentiellement à leur transmettre les prescriptions qu'ils savent idéales, à s'assurer qu'ils fournissent des signes de leur bonne exécution et, en cas d'écart, à les sanctionner. Lorsqu'un problème « remonte » de manière trop visible et menaçante – une plainte bruyante de client ou usager, un risque réel sur la sécurité, une dégradation durable des équilibres économiques –, ils tentent de trouver une solution « acceptable ». Elle est souvent provisoire et factice, tant que le travail de médiation des contradictions est là aussi évité. C'est ainsi que les toilettes d'un restaurant sont condamnées depuis des mois à cause d'un problème technique que seul le siège peut prendre en charge légalement et financièrement. Le directeur du restaurant s'est plaint, espérant que les services centraux règlent le problème. Après des mois d'attente, le directeur de la chaîne, excédé, a finalement résolu le problème de la manière suivante : « On a fait mettre de l'enduit blanc sur le mur humide. Et puis j'ai dit à la logistique qu'à l'occasion, ils mettent un coup de peinture par-dessus. » De même, et peut-être avec des incidences plus graves, la direction opérationnelle dans les hôpitaux trouve-t-elle des solutions de « replâtrage » face aux problèmes de sous-effectif infirmier, par exemple. Ils ont recours, souvent précipitamment, aux intérims, aux FFI* (« faisant fonction d'infirmier »), aux allocataires d'étude, même si ces solutions sont souvent insatisfaisantes en termes de qualité de service, de coût et de charge de travail. Ces solutions approximatives, insatisfaisantes pour eux comme pour les services, permettent néanmoins d'assurer la continuité du service : la face est sauve, même si de manière très fragile. Ces arrangements locaux provisoires s'avèrent être, *in fine*, ce qui permet à un hôpital ou à restaurant de fonctionner « malgré tout ». Ils se font à l'insu des directions générales, réalisant ainsi leur vœu de « ne pas savoir comment ».

Les directeurs opérationnels savent que la contractualisation des objectifs est un marché dans lequel le principal contrat consiste à demander aux exploitations de fournir de bons résultats sur des critères précis. En contrepartie, les responsables des services et des restaurants peuvent attendre ou du moins espérer être, si ce n'est « couverts » par leur hiérarchie en cas de défaillance, au moins défendus dans les batailles budgétaires notamment. Aussi les sanctions prises par ces directeurs intermédiaires sont-elles les plus compréhensives et symboliques possible : courriers d'avertissement, convocations officielles.

Dans cette relation dite contractuelle, les directeurs de branche ou d'hôpital éprouvent un grand sentiment de malaise. L'impression de « ne pas être à leur place » ou, en tous les cas, « à la bonne place » leur fait dire qu'ils « ne sont pas faits pour ça ». La délégation contractuelle se fait avec un sentiment de culpabilité d'autant plus vif qu'ils savent que la pression mise sur les opérationnels est un moyen pour eux de résoudre artificiellement les contradictions qu'ils n'ont pas travaillées eux-mêmes. Comme pour apaiser ce malaise, ils tentent d'aider les directeurs de restaurant ou cadres supérieurs de santé, en leur apportant leur « soutien », leur « coaching », leur « écoute », leur « disponibilité ». Simultanément, et bien qu'étant cadres supérieurs, ils entretiennent une critique acide à l'égard du « système ». Ils « ne sont pas dupes », disent-ils, et produisent des justifications sur leur situation qui les fait « souffrir ». La capacité réflexive et critique de ces directeurs les amène à construire une représentation de leur position sociale où ils ne sont ni tout à fait « puissants » ni tout à fait dominés. Moins cyniques que désenchantés, ils peuvent se décrire comme des « victimes » d'un système qui les met malgré eux en situation d'avoir à assumer des activités qu'ils réprouvent, ou pour lesquelles ils n'ont aucun pouvoir. Ils se savent cadres supérieurs, mais n'oublient pas que cette supériorité est conventionnelle et qu'elle ne dit rien de la capacité à agir sur le travail réel.

L'ENCADREMENT DE PROXIMITÉ : « COUPABLE MAIS PAS RESPONSABLE »

Les directeurs de restaurants et de leurs principaux adjoints (second maître d'hôtel et chef de cuisine) comme le chef de service, du cadre supérieur infirmier et des cadres infirmiers et les services hospitaliers, sont appelés par ceux du siège les « managers de terrain ». Leur fonction consiste à encadrer le travail opérationnel. Ils sont issus du métier et du rang, et sont donc formés aux métiers qu'ils encadrent. Leur position est généralement le résultat d'une ascension hiérarchique. Ils sont expérimentés dans le travail de service comme dans celui d'encadrement de premier niveau. Ils sont peu ou pas diplômés dans la restauration – ce qui donne lieu à de nombreuses expressions d'un sentiment d'illégitimité – ou récemment qualifiés par le succès à un concours, dans le cas des cadres infirmiers. Les premiers affichent avec ostentation les signes de leur réussite économique fulgurante. Les seconds ont réalisé une ascension universitaire, professionnelle et sociale plus discrète, mais tout aussi remarquable.

Un directeur de restaurant comme un chef de service ou un cadre supérieur infirmier ont en charge de « faire tourner » le restaurant ou le service en encadrant des équipes opérationnelles, dont la taille va de 30 à 100 personnes, aux statuts divers – permanentes, remplaçantes, intérimaires et en formation. Ils agissent sur l'organisation quotidienne du travail et du temps de travail – le planning étant l'activité la plus délicate –, passent des commandes, gèrent les stocks et inventaires, mettent en place les nouveautés managériales qui leur sont prescrites et, surtout, sont les garants de la production régulière et continue du service de masse. Interlocuteurs des directions, des opérationnels, des représentants syndicaux, des partenaires locaux et des représentants de consommateurs ou usagers pour leur restaurant ou leur service, ils se trouvent au point de convergence d'exigences multiples. Ils peuvent être amenés à intervenir dans la production du service, en tant qu'ultime recours hiérarchique, lorsqu'un client ou un patient veut parler à un « responsable » ou lorsqu'il y a un sous-effectif patent. Ces responsables d'encadrement, reprenant le thème hégélien du maître et de l'esclave, soulignent leur totale dépendance à l'égard du « bon vouloir » de leurs équipes, dans la réalisation des objectifs dont ils ont la responsabilité. Ils disent « n'être rien sans la base ».

Qu'ils soient en charge d'un service hospitalier ou d'un restaurant, ces cadres partagent des contraintes communes et notamment celle d'être en charge d'une activité qui se poursuit au-delà de leur présence, et qui « tourne » de manière quasi ininterrompue. Ils ont des contrats de travail classiques, limitant leurs heures légales de travail, mais leur responsabilité porte sur une activité qui, elle, n'a pas de limite horaire. Les directeurs de restaurants, majoritairement des hommes, jugent que la charge de travail rend la vie de famille « impossible ». Dans les faits, la grande majorité des cadres de terrain ont connu un divorce ou une séparation qu'ils attribuent directement, voire mécaniquement, à leur activité professionnelle. Les cadres supérieurs infirmiers sont majoritairement des femmes. Tous soulignent à quel point cette poursuite continue de l'activité dont ils ont la charge est une source de préoccupation permanente. Être cadre (supérieur) infirmier, c'est avoir le « bip » sur soi, et pouvoir, potentiellement, être appelé à n'importe quelle heure du jour et de la nuit. C'est savoir qu'en quittant le service on laisse des équipes fragiles face à des situations humaines difficiles ou même dramatiques. La charge horaire et le fait d'être responsable d'une activité qui ne s'arrête jamais reviennent, d'après ces cadres, à être mobilisé subjectivement en permanence, même lorsque l'on dit ne pas être en train de travailler. Quels que soient les efforts de désengagement, les cadres de terrain « avouent » être préoccupés sans répit par l'activité continue de leur service. Cette préoccupation est d'autant plus grande qu'ils « savent » : ils connaissent et visualisent précisément quels peuvent être les problèmes, difficultés et risques concrets, auxquels il faut faire face dans une journée ou une nuit de travail. Ils savent à quel point, au moment de rentrer chez eux, ils laissent à leur équipe une situation « délicate », voire « impossible », dont ils gardent néanmoins la responsabilité.

Leur travail est prescrit par les fonctionnels du siège, séparément : prescriptions de qualité, de gestion, de sécurité, de mode opératoire, de communication, etc. tombent en pluie fine sur eux. Ils jugent eux aussi la prescription « inatteignable », « irréaliste », « folle ». Pour eux, les prescripteurs ne sont « ni méchants ni bêtes », mais simplement « complètement à côté de la plaque » : ils ne savent plus évaluer ce qui est du domaine du possible. Ces cadres ont alors l'impression qu'on leur « refile » le travail de conciliation des contradictions entre ces différentes prescriptions. Eux, contrairement aux fonctionnels du siège, sont proches des clients et usagers. Alors, les attentes de « satisfaction » des personnes âgées, des familles ou encore celles de l'homme d'affaires pressé de manger ne sont plus des concepts, des chiffres ou des intentions : il s'agit d'interactions avec des consommateurs et usagers en chair et en os. Les « concepts », « chartes », « masses budgétaires », « taux de croissance », *« turn over* » ou « niveau de qualité » sont, dans un restaurant ou un service hospitalier, non plus des mots mais des individus, des corps, des paroles, des cris, des escaliers, des couloirs, des portes, des vestiaires, des familles, des brancards, des friteuses…

Or, comme le résume un directeur de restaurant : « Tout est noté. On est noté sur tout. » Sommés de rendre des comptes, ils sont soumis à des contrôles multiples, orchestrés par les fonctionnels du siège. Ils ont l'impression d'être sous le regard permanent des dirigeants, comme s'ils étaient « filmés » à longueur de journée. Ce sentiment perdure, soulignent-ils, même lorsqu'ils ne sont plus au travail. Ces contrôles sont vécus comme des « examens », de type scolaire. Les « notes » et « classements » qui leur sont attribués sur tous les aspects de leur activité ou de leur personnalité sont la trace visible d'une surveillance rapprochée sur « leurs résultats », c'est-à-dire sur une petite partie du travail réalisé. S'il leur arrive de se plaindre du stress lié au contrôle, les directeurs de restaurant (plus que les cadres infirmiers et les chefs de service) s'y intéressent et, même, les défendent, pour trois raisons principales. Tout d'abord, ces indicateurs synthétiques sont un moyen possible de mesure et de « reconnaissance de leurs efforts », quand bien même ils seraient construits sur des critères assez peu pertinents du point de vue du travail réel. Ensuite, ils utilisent les contrôles et évaluations comme outil de « management de proximité », pour « motiver les équipes » et « communiquer sur les résultats ». Enfin, certains cadres disent avoir l'intention d'utiliser ces mesures pour « négocier des moyens avec le siège ». Ce faisant, ils espèrent transformer, en la renversant, la contrainte du contrôle en ressource de négociation. Leur raisonnement est le suivant : si les résultats sont insuffisants, c'est par manque de moyens (de personnel, d'équipement, de locaux, de budget). Aussi, pour améliorer les résultats, le siège devrait entendre les besoins des exploitations et les satisfaire. Mais cet espoir est largement déçu. Tout d'abord, il est exceptionnel que ces résultats soient l'occasion d'un échange constructif avec le siège, bien que cela soit officiellement le but, dans le cadre de la contractualisation. Ensuite, lorsque ces discussions ont lieu, elles tournent rapidement au jeu de la justification de part et d'autre. En fait, il s'avère que la notation génère surtout des sanctions négatives, qu'elles soient symboliques (« si c'est pas bon, tu te fais tirer les oreilles ») ou concrètes (licenciements, mobilité réduite ou forcée, coupes budgétaires ou réduction de capacité). Quoique assez discrètement, les cadres de proximité interrogent parfois la validité technique des outils de contrôle. Est-ce que les bactéries trouvées dans le poisson d'un restaurant sont dues à une mauvaise hygiène en cuisine ou est-ce qu'elles viennent du transport jusqu'au laboratoire d'analyses ? Est-ce que le client mystère est tombé sur un commis « type » ? Est-ce que le point ISA* est le bon indicateur ? Est-ce que les procédures d'accréditation permettent réellement d'améliorer le soin ? Ces bonnes questions sont posées avec une véhémence à peine contenue, et ne sont pas débattues sérieusement. Car aucun lieu ne permet d'instaurer un dialogue à propos de la pertinence et de la fiabilité des outils de contrôle ou sur les critères de mesure de l'activité. Ils s'imposent sans discussion.

Au-delà des doutes sur la pertinence des dispositifs de contrôle, les responsables des exploitations contestent explicitement la possibilité, pour les gens du siège, d'avoir la compétence pour évaluer leur travail. En fait, les cadres opérationnels expriment du mépris pour les « gens du siège ». De leur point de vue, ils ont des conditions de travail luxueuses : des horaires fixes et compatibles avec une vie familiale et sociale, une position assise, dans tous les sens du terme. En outre, ils sont jugés « incompétents », « incapables » de résoudre les problèmes concrets que les services rencontrent. Le siège est critiqué pour sa lenteur à résoudre des problèmes concrets et « pourtant simples » des exploitations, tels que payer des heures supplémentaires, engager une petite dépense, résoudre un problème d'aménagement des locaux, prendre une décision sur un aménagement, etc. Il peut s'agir aussi d'arbitrages trop lents sur des questions importantes, touchant à la sécurité ou à la qualité du service. Les cadres opérationnels ont le sentiment d'être « abandonnés » à leurs difficultés concrètes au point où ils formulent une question commune : est-ce que les directions du siège sont au service des exploitations ou bien est-ce que les exploitations sont au service du siège ?

« Personne ne m'aide » peut aussi être compris comme « personne ne m'aime ». Les cadres de proximité, comme leurs équipes lient l'inefficacité de la direction à un « mépris » pour eux et leur travail. Ils formulent alors une seconde critique, plus amère que virulente : ils ont le sentiment que les directions du siège sont incapables de les écouter, de les prendre en considération, de connaître et donc de reconnaître leur travail. Ils ont le sentiment de « porter la maison sur leurs épaules » et simultanément de n'être pas reconnus pour cela. Un cadre infirmier l'exprime ainsi : « Le cadre a toutes les responsabilités sans avoir de moyens. Le cadre de terrain, c'est simple à comprendre : c'est “coupable mais pas responsable” ! »

Le cadre doit satisfaire à toutes les exigences des directions du siège, face au consommateur. Il doit être « à la hauteur » d'exigences multiples et souvent contradictoires avec le sentiment d'être un « tampon », « qui prend tout ». Au même moment, la direction générale le déclare « responsable et autonome ». Cette affirmation est à la fois impérative (« vous devez vous comporter ainsi ») et morale (« c'est bien de l'être »). Elle est présentée comme un avantage, une concession ou un privilège. Pourtant, le cadre de proximité a une autonomie réelle très faible. Il ne peut agir ni sur les « fins » ni sur les moyens, tous deux fabriqués au siège, dans un souci de cohésion et de rentabilité. Ils doivent alors concilier les apparences d'un comportement « responsable et autonome » avec des situations de travail caractérisées par une grande hétéronomie et de faibles marges d'action. La déclaration d'autonomie et de responsabilité leur prescrit donc surtout de se comporter « comme si » ils étaient autonomes et responsables. C'est sans doute ce que tente de dire sans l'avouer le mot d'ordre, qui leur est abondamment adressé, d'être de « vrais managers ». L'adjectif « vrai » n'apporte aucune indication utile à l'anglicisme, tout aussi vague. Pourtant, la question de la dénomination de la fonction n'a rien d'anecdotique. Le cadre supérieur infirmier, les médecins, les cuisiniers, les maîtres d'hôtel... sont invités par leurs directeurs et prescripteurs à abandonner ces identités de métier pour épouser, dans un mouvement enthousiaste, celle de « manager ». Un manager, c'est une personne sans métier fixe, qui peut travailler dans l'automobile, la grande distribution et la santé indifféremment. Être manager ne peut être défini par une liste d'activités – il y en aurait trop et un manager, par définition, n'a pas d'activité fixe et prévisible –, mais plutôt par une situation socio-organisationnelle. Il est une personne clé de l'organisation, celle dont on attend qu'elle résolve tous les problèmes de manière « autonome et responsable », bien qu'elle soit précisément au cœur de toutes les interactions, et donc dans une hétéronomie paroxystique. Ainsi, lorsque l'on tente de décrire concrètement ce que pourrait recouvrir l'appellation de manager, nous restons dans le plus grand flou, au point que l'on pourrait conclure qu'être manager, c'est être ce « flou »-là, cette femme ou cet homme à tout faire, à tout défaire et à tout refaire, dont les actions sont imprescriptibles et encore moins prévisibles.

Cette prescription d'autonomie et de responsabilité est généralement acceptée et même revendiquée. Les cadres opérationnels disent alors se sentir « responsables de tout ». Ce sentiment de responsabilité est éprouvé vivement. Il est vécu comme étant « énorme ». Ils en ont une représentation assez confuse et grimaçante. Le cadre de terrain se sent généralement responsable de réaliser des objectifs idéaux multiples et souvent contradictoires, bien que ses marges d'action soient faibles. « C'est pas possible, mais on le fait tout de même », peut-il dire entre rire et larmes. Puisqu'il est impossible d'atteindre simultanément les objectifs idéaux et contradictoires, ils vont déroger discrètement à une partie des prescriptions et tordre la présentation des résultats. Le plus souvent, ils trichent surtout avec la prescription de moyens, privilégiant ainsi les objectifs de résultats (coûts, délais, satisfaction du client, sécurité) à celui de conformité aux procédures et protocoles. Ils prennent alors le risque d'être sanctionnés pour le manque de conformité aux règles (les réunions, les démarches, les procédures d'achat, de budget, d'administration, etc.). Cette tricherie est connue de tous. Mais elle ne peut être socialement explicitée sans risque. Dire ce que l'on fait « vraiment » serait une forme de menace pour une organisation construite sur le « comme si » c'était possible. Nous pourrions même dire que cet implicite, ce silence sur les écarts entre la prescription idéale et le travail possible, est lui-même prescrit, contrôlé et sanctionné. Rompre le silence sur les contradictions est en soi une contradiction puisque l'une d'elles précise que l'on doit être « responsable et autonome » dans la gestion des contradictions. Ce qui signifie concrètement de savoir s'arranger des contradictions sans pouvoir communiquer sur les arrangements « illicites » que cela suppose. « Autonomie » devient synonyme de solitude dans le travail d'arbitrage des contradictions. Être « responsable », c'est ici (se) donner l'impression que l'on peut effectivement résoudre ces problèmes, seul. La prescription comportementale de responsabilisation et d'autonomie contribue à instaurer ce que certains nomment une véritable « loi du silence » sur les pratiques effectives du métier. Elles maintiennent l'illusion que le manager est un homme capable de tout faire, y compris ce qui est idéal. S'il est celui qui doit maintenir l'illusion de toute-puissance organisationnelle, on comprend alors que toute l'attention soit portée sur lui et sa fonction, apparemment innommable en langue française.

Si l'on demande à une personne de faire des choses impossibles, tout en la sanctionnant lorsqu'elle échoue (inévitablement), sans reconnaître ne serait-ce que ses efforts, nous pouvons supposer qu'elle cherche à se protéger par diverses stratégies et notamment celle du retrait (M. Crozier, E. Friedberg, 1977). Ce serait du moins ce qui, *a priori*, servirait au mieux son intérêt. Or, la majorité de ces cadres adopte au contraire une attitude de grand investissement dans le travail, voire d'hyperactivité. Comment comprendre ce phénomène d'adhésion à une fonction qu'ils disent eux-mêmes être « impossible » et sans espoir de reconnaissance ?

La majorité des directeurs de restaurant et des cadres infirmiers se sent « obligée » d'atteindre les objectifs et particulièrement ceux auxquels ils ont librement consenti dans le cadre de la contractualisation. Cette adhésion s'explique par une triple posture d'empathie. Ils se mettent « à la place » du client ou du patient et établissent des parallèles spontanés avec leur rôle de consommateur (« ma mère est en maison de retraite »/« quand je vais au restaurant... »). Ensuite, ils « se mettent à la place » de leur direction. Ils perçoivent assez clairement la situation de leur supérieur hiérarchique, sa relative impuissance et la légitimité de ses exigences. Aussi, ils trouvent « normal » d'être contrôlés et surveillés par eux, y compris et jusque dans leur intimité subjective au moyen de tests psychologiques. En même temps, ces cadres sont proches de leurs équipes et du « terrain ». Ils restent proches de leurs anciens collègues, dont ils connaissent les soucis, les errances, les difficultés concrètes. Très impliqués sur le lieu de fabrication du service, ils connaissent toutes les nuances et limites du travail réel et se « mettent à la place » de ceux qui ont à le faire. Alors, le cadre de terrain s'engage dans le travail avec une énergie colossale pour tenter de satisfaire ces trois interlocuteurs – client, hiérarchie, collègues –, dont les attentes sont si compréhensibles, bien qu'elles soient aussi contradictoires. Soucieux d'être à la hauteur de la responsabilité qu'on lui a confiée, il veut « tout voir », « tout contrôler », « être partout », « penser à tout », « être derrière chacun »,

« anticiper tous les problèmes ». Il a « peur » de « rater quelque chose », peur de perdre la maîtrise de la situation, et de n'être jamais au bon endroit, là « où ça se passe ». Happé par les réunions avec le siège, il regrette de n'être pas assez « sur le terrain ». Lorsqu'il y va, il constate qu'il perd son temps à « régler de petites choses ». Ces cadres de proximité répondent souvent sans distinction aux appels qui leur sont faits pour faire face à une panne d'imprimante, pour arbitrer des conflits sur le planning, ou remplacer quelqu'un à une réunion. Ils se plaignent de « passer leur temps à faire les pompiers », mais ne mettent aucune limite aux appels « au secours » qui leur sont adressés par leur équipe, leur hiérarchie, les consommateurs et usagers, les pairs, le siège. Ils courent en tous sens pour tenter de colmater les imperfections, ils se « sacrifient », notamment en écoutant avec une empathie un peu forcée la plainte des autres. Ils ne savent pas dire « non » et prennent en charge « tout » ce qui se présente à eux.

Ce « tout » dépasse la sphère professionnelle, puisqu'ils ont le souci de s'occuper aussi des « gens », de leurs « problèmes privés ». Ainsi, cette mobilisation et ce sens des responsabilités vont les amener à prendre en charge les tensions sociales importées sur le lieu de travail telles que des problèmes d'endettement, de crises familiales, de transports, de garde d'enfant ou de santé des salariés. Ils écoutent leurs problèmes et tentent de les résoudre eux-mêmes, en engageant leur personne et leurs biens parfois. Cette attention visible aux problèmes privés des collaborateurs peut être interprétée comme une attitude généreuse. Mais la régularité de cette préoccupation laisse penser qu'elle est aussi une manière d'encadrer le travail. Car ces « problèmes personnels » ne restent pas au seuil du restaurant ou du service hospitalier : ils pré-occupent le travail, s'immiscent dans les relations et les possibilités de coopération. Les réguler, c'est agir sur les conditions de réalisation du service. Ainsi, par exemple, lorsqu'un directeur de restaurant intervient dans une bagarre entre deux jeunes qui voulaient se garer à la même place, lorsqu'il défend le point de vue de l'égalité plus que celui de la force, il dit construire ainsi les règles de relation sociale dans la cuisine elle-même. Cette intervention a donc une fonction organisationnelle également. Pour la comprendre, il faut repartir de la situation paradoxale d'un responsable d'encadrement et de sa dépendance à l'égard du bon vouloir de chacun des membres de l'équipe à réaliser les actions attendues par lui, sachant que ce « bon vouloir » échappe assez largement à l'argument hiérarchique. Les cadres soulignent alors l'importance de créer « de la confiance » avec le personnel. Ainsi, ils peuvent « compter sur eux » et même « se reposer sur eux ». Pour la construire, ils la déclarent (« Je vous fais confiance », « je vous confie le restaurant », « je vous crois », etc.) puis en fournissent des preuves. L'exemplarité est alors convoquée : le cadre se doit d'être « irréprochable », « exemplaire », « parfait » : c'est, pour lui, la condition nécessaire pour obtenir la coopération des équipes. Il doit montrer qu'il « mouille sa chemise » et qu'il ne compte ni son énergie ni ses horaires. Mais cela reste encore insuffisant : il faut aussi construire des liens de confiance au-delà des rôles. Il faut « tenir ses engagements personnels, être équitable, mettre une bonne ambiance, donner un coup de main, dire un petit mot gentil, etc. ». Aussi ces managers sont-ils tentés de construire les bases d'une confiance dans le registre extraprofessionnel, pour obtenir de son équipe ce qu'un « chef » aurait eu par l'argument hiérarchique.

Ces cadres hyperactifs, en acceptant la prescription qui leur est faite, « prennent sur eux » et « prennent pour eux » l'écart entre travail prescrit et travail possible. Dans la manière dont ils parlent de leur travail, tout semble indiquer qu'ils sont comme collés à leur action. Que les registres du « faire » et de l'« être » ne sont que faiblement différenciés. Ils disent « rêver » d'accroître « leurs » résultats, ceux de « leur » service ou de « leur » restaurant, avec « leur » équipe. Très souvent, l'expression « chez moi » désigne le restaurant ou le service hospitalier, plus que leur habitat privé. Si les lieux, les équipements (« leur » lit, « leur » table, etc.), les équipes et les projets du service sont ainsi devenus les « leurs », il en est de même des soucis qui y sont attachés. Ensuite, nous assistons à une intériorisation et une individualisation des problèmes organisationnels, du fait de la prise en charge objective et subjective des situations dégradées : ils compensent souvent le manque de personnels en faisant eux-mêmes une partie du travail et « prennent sur eux » les sanctions adressées au service. Ils « encaissent » le courroux des clients et patients, font bouclier de leur personne pour protéger le service des colères injustes de la direction. Tous ces cadres hyperactifs ont des « petits problèmes de santé » récurrents, sans cause apparente : maux de dos, maux de ventre, troubles du sommeil chroniques et consommation importante, d'après les médecins du travail, d'anxiolytiques. La question du stress, de la fatigue, de l'épuisement affleure dans leur récit du travail vécu, mais semble ne pouvoir être nommée. Un trait frappant chez ces personnes est la minimisation de leurs difficultés et une banalisation de la question de leur « stress ». Pour eux, ces maux « n'ont pas beaucoup d'importance », en comparaison des problèmes multiples que connaît le service. De nombreux professionnels de la santé à l'AP-HP disent qu'ils « savent » que leurs métiers sont risqués sur le plan psychopathologique. Mais ils évitent d'en parler, car ils vivent comme « honteux » le fait d'être malade, faible ou incapable de faire face.

Ils abordent aussi avec plus de gravité les formes extrêmes de l'épuisement. Ils parlent alors « des autres ». Ils citent le cas du suicide d'un collègue. De celui qui s'est fait arrêter et qui n'est pas revenu. De celle qui a « craqué ». De celui qui, un jour, a « pété les plombs ». Cette expression est omniprésente dans les deux secteurs d'activité, comme si cette métaphore permettait de ne pas nommer ce qui se passe vraiment du point de vue subjectif. Le « on pète les plombs » connaît plusieurs niveaux. Il peut s'agir d'un coup de colère, de l'expression d'une douleur à devoir mal travailler ou de l'accumulation excessive des pressions.

Cadres infirmiers et médecins à l'hôpital, directeur ou second de restaurant semblent vivre une situation semblable : bien qu'immergés, si ce n'est submergés par des relations avec d'autres, ils sont toujours seuls. Ils vivent dans un isolement subjectif vécu comme vertigineux. Le cadre de proximité se trouve, et souvent pour la première fois dans sa vie professionnelle, le « seul à être tout seul », dans son service. Avant, il avait des pairs à portée de coup de main et de pause-café. Les relations avec eux ne sont plus données par la structure et ne sont pas favorisées par le siège. Elles ne peuvent provenir que d'une démarche volontaire ou de l'entretien de contacts avec d'anciens collègues passés eux aussi cadres : un « copain » ou une « amie » à qui « on passe un coup de fil lorsque, vraiment, on n'en peut plus », pour se soulager des « pétages de plomb réguliers ». Certes, ils croisent leurs pairs dans des réunions ou en formation, mais ces relations restent ponctuelles et superficielles. L'empêchement du dialogue sur leur travail réel est coûteux pour chacun et pour le collectif. L'un d'eux nous dit clairement ce sentiment de « gâchis », à se passer ainsi de l'expérience de tous ceux qui font le même travail que lui. Certains s'entraident ponctuellement. Ces « dépannages » ne passent pas par le siège : « On gère ça entre nous. » En fait, ces échanges n'ont lieu que de manière clandestine avec un ancien collègue avec qui on a pu construire une relation de confiance dans un autre contexte.

D'autres cadres ont pris de la distance avec le terrain et renoncent à s'impliquer dans la résolution concrète et quotidienne des contradictions. Ils s'arrangent pour n'avoir pas le temps d'être dans leur service, sont « noyés dans la gestion », passant leurs journées dans la production de tableaux de bord, la participation à maints comités et projets, la production de chartes et référentiels. Ils trouvent facilement des alliés du côté des fonctionnels – ravis de trouver enfin des opérationnels pour participer à leur travail de conception – pour charger leur agenda de ce type d'activités. Le passage à l'École des cadres, pour les infirmiers, comme le type d'enseignement généraliste au « management », encourage cette posture : « On fait l'école des cadres infirmiers pour ne plus faire de soins », dit-on entre soignants. Certaines femmes présentent des signes corporels montrant bien qu'elles ne sont plus au chevet des patients, qu'elles n'en manipulent plus : des ongles très longs ou un habillement résolument « de bureau » semblent signifier cette distance infranchissable maintenant dressée entre elles et l'activité de soin. Cette attitude est plus courante encore chez les médecins chefs de service qui, par évitement physique, distanciation sociale et distinction langagière, se déchargent de leurs activités managériales sur les cadres infirmiers et de leurs activités médicales sur les internes. Chez C'BON, les directeurs de restaurant ne peuvent « prendre de la hauteur » que dans les unités de grande taille, dotées d'une hiérarchie opérationnelle intermédiaire significative. Alors, ils délèguent aux cadres intermédiaires tous les sujets sensibles : l'hygiène et sécurité, la gestion des plannings, le suivi de la qualité de service, etc. D'une manière générale, ils demandent aux cadres de « se débrouiller », « d'être compétitifs », « de trouver les solutions ». Leur travail réalisé consiste essentiellement à dire « ce qu'il faut réussir à faire », en termes abstraits et souvent moraux : « Il faut rester zen, il faut être efficace, il faut être responsable, il faut être humain, il faut être éthique… » Ils n'abordent que rarement le « comment faire ». Ils veulent des « chiffres », des « rapports », des « preuves ». Ils « pilotent » l'activité avec des tableaux de bord et des ratios, dans une continuité totale avec les pratiques des salariés du siège.

Pourtant, ces cadres restent responsables du travail réalisé sur « le terrain » : il leur faut limiter les risques dont ils pourraient être jugés responsables. Pour cela, ils renvoient systématiquement au siège tous les problèmes qui peuvent l'être, et notamment les plaintes de familles, de patients ou de clients. Ici, plutôt que de prendre sur eux, ils transfèrent l'expression de la contradiction « plus haut », dès que cela est possible. Pour réduire les risques qui pourraient concerner leur propre responsabilité, y compris pénale, ils demandent aux équipes de « se couvrir au maximum », c'est-à-dire de les couvrir eux. Là où les cadres hyperactifs tentaient de tout maîtriser par eux-mêmes, ici, les cadres tentent de tout faire assumer, bureaucratiquement, par leurs équipes par des délégations formelles de responsabilité. Ils portent une grande attention à la constitution de « preuves » pouvant les dégager de toute responsabilité en cas de problème. Contrairement au cas précédent, la confiance entre ces cadres et leur équipe n'est plus une question centrale : la traçabilité bureaucratique prime sur le reste. Ces cadres échappent ainsi au vertige de la responsabilité impossible et au déchirement psychique que connaissent les précédents. En outre, ils sont très sollicités pour participer à des réunions, communications, colloques ou enquêtes, et ne sont donc jamais isolés comme les précédents. De ce fait, le travail est vécu bien plus légèrement que chez les précédents.

Enfin, certains cadres ne sont ni dans l'hyperactivité ni dans l'évitement, mais plutôt dans une attitude critique à l'égard de la prescription. Ils travaillent alors avec ceux qui l'acceptent, « sans illusions », à la résolution de tous les problèmes concrets qui surgissent quotidiennement dans la production du service dans une semi-clandestinité. Ils ne sont pas rejetés, mais ils ne comptent pas beaucoup : « on » ne les déteste ni ne les aime vraiment. « On les connaît mal. » Ces cadres ont le sentiment d'être un peu « à part » de leur communauté professionnelle, d'avoir « décroché ». Le retrait relatif de ces cadres dans l'organisation et de la vie sociale au travail, allié à leur faible investissement horaire, limite souvent la possibilité d'établir des dialogues collectifs sur le travail. Ils participent peu à la vie organisationnelle (réunions, projets, etc.) sur leur lieu de travail. Dans cette attitude, les cadres sont isolés. L'absence de collectif est vécue moins dramatiquement que dans le premier cas, mais reste une source de « malaise » et de « déception » vive. À l'AP-HP, ceux qui ont le statut de fonctionnaire peuvent travailler avec cette attitude en étant protégés par leur statut, sans être licenciés. Néanmoins, ils ne sont pas à l'abri d'autres formes de sanctions, telles que la marginalisation, la « placardisation », la mobilité fonctionnelle et géographique forcée, la stigmatisation professionnelle et personnelle. Chez C'BON, ils sont rapidement licenciés.

Tous ces cadres de proximité ont un point commun : aucun d'eux ne résoud les contradictions de la prescription et notamment la tension entre l'idéal et le possible. Ils reportent, volontairement ou non, sur les membres de leur équipe, le travail de médiation des contradictions. Que ce soit par le « harcèlement » (cadre de premier type), un retrait (cadre du deuxième type) ou la marginalisation (troisième type), la tension entre l'idéal et le possible demeure largement irrésolue. Elle glisse le long de la ligne hiérarchique jusqu'à « tomber » sur les personnes en charge de la réalisation concrète du service de masse, ceux que nous avons appelés les opérationnels.

COLLECTIFS : LE TRAVAIL D'ORGANISATION EMPÊCHÉ

Les opérationnels et les collectifs de travail opérationnels « sur le terrain » sont, *de facto*, supposés résoudre localement les difficultés et contradictions que les prescriptions politique, gestionnaire et managériale, dans leur dégringolade prescriptive, n'ont pas résolues. Or, le travail d'organisation collectif est très faible, voire moribond. Paradoxalement, il est rendu difficile, en même temps que les prescripteurs comptent explicitement dessus pour compléter, adapter et enrichir leurs prescriptions.

Les obstacles au déploiement d'un travail d'organisation local et collectif sont multiples. Les professionnels invoquent spontanément le manque de temps – surtout depuis que le passage aux trente-cinq heures a densifié le travail (M. Lallement, 2003) –, la précarisation des places et des postes. Ces conditions objectives de travail et d'emploi dégradent les conditions de déploiement du travail d'organisation local. La compétition sur les moyens, entre pairs, ne favorise pas la confiance nécessaire au travail de régulation collective. Car faire un travail d'organisation collectif suppose que l'on puisse parler « vraiment » du travail. Il faut pouvoir montrer que l'on « bricole », que l'on triche – avec la prescription, la loi, les règlements, les clients et même les collègues –, que l'on prend des risques et que l'on travaille parfois en deçà des limites. Cela suppose que l'interlocuteur à qui l'on s'adresse connaisse la situation et puisse la juger au regard des impossibilités qui la traversent. Or, la confiance nécessaire à la mise à nu de ses pratiques (Ch. Dejours, 1995 *b*) est difficile à construire dans des univers de travail où la « traçabilité » de l'action individuelle, la « responsabilité » et l'évaluation personnelles prennent un poids dominant dans la reconnaissance et les régulations sociales. Pour arriver à parler du travail réel, il faudrait faire un pas de côté pour s'affranchir de la prescription de toute-puissance et du discours de l'impuissance. La confiance suppose de se comporter au travail en connaissant et reconnaissant les limites de l'action. Faire cela, c'est s'opposer à la prescription d'autonomie. Ainsi, la confiance nécessaire à la réalisation du travail d'organisation ne peut se construire que difficilement, dans une clandestinité coupable. Nous reviendrons sur ce phénomène.

La faiblesse du travail d'organisation dans les restaurants et les hôpitaux signe le délitement des collectifs, avec des conséquences psychologiques et opérationnelles majeures (Y. Clot, 1999). Notamment, elle perpétue et même parfois amplifie les contradictions dans l'activité, au lieu de les réduire. Le collectif, lorsqu'il est empêché de réaliser un travail d'organisation locale, prive le sujet d'une ressource indispensable pour travailler, individualisant le travail productif mais aussi, et surtout, le travail d'organisation. Si les règles collectives d'action ne sont pas actualisées, partagées, discutées, les professionnels sont laissés seuls face à leur tâche. Ils vont devoir trancher individuellement, mais sous le regard aiguisé du client ou de l'usager, les dilemmes techniques, éthiques ou pratiques qui surgissent quotidiennement dans leur activité relationnelle (Hanique, 2002). C'est devant la nécessité de poser un geste ou de dire un mot au destinataire du service que le prestataire « tranche » finalement les contradictions qui lui ont été « refilées ».

LES PREMIÈRES LIGNES : « TOUT TOMBE SUR NOUS »

Les personnes de « première ligne » – infirmiers, aides-soignants, personnels paramédicaux, internes, brancardiers à l'AP-HP et, dans les restaurants, des « serveurs » (commis de salle, demi-chefs de rang et chefs de rang) – produisent les services de masse, en contact avec les usagers et clients.

Leurs activités sont très « physiques ». Cette expression, employée aussi bien par les personnes concernées que par les cadres et les médecins du travail, souligne que le corps est convoqué intensément. En cuisine, les commis travaillent dans un espace restreint, dans lequel ils zigzaguent entre le « très chaud » et le « très froid ». On y agit rapidement, en manipulant feu, eau froide, vapeur, huile bouillante, surgelés. Les commis et plongeurs sont debout pendant des heures, comme en salle, où il faut, à un rythme soutenu, faire le ménage, dresser des tables, ranger des nappes, courir entre cuisine et salle, porter et servir des plats, chercher une carafe d'eau, desservir des assiettes lourdes. À l'hôpital, il s'agit de faire la toilette de plusieurs personnes âgées dans la même demi-journée, distribuer des médicaments, changer les draps, donner à manger, aller d'une chambre à l'autre, d'une salle à l'autre, traverser l'établissement pour chercher des compresses. Éprouvant physiquement, ce travail est également, comme nous l'avons souligné à propos des services en général, aussi et surtout relationnel. Il s'agit de discuter de la carte, de présenter le cocktail du jour, de comprendre la commande, de s'excuser pour une erreur, de faire une blague à propos, d'avoir le sourire juste ou, en gériatrie, de parler à un patient de sa maladie, de la mort ou du dernier match de foot, de croiser ou recevoir les familles. Dans la restauration ou dans le soin, le travail se joue ici dans la confrontation à des objets concrets et des personnes présentes.

Dans cette rencontre, les premières lignes sont, plus que les autres, exposées à des risques professionnels importants. En cuisine, chacun sait qu'il est exposé aux risques de coupure, brûlure ou choc, de même qu'en salle, les chutes et entorses sont fréquentes. À l'hôpital, en plus des risques liés à la promiscuité avec la maladie, les personnels sont confrontés aux usures et accidents physiques (notamment les maux de dos, fréquents en gériatrie) liés à l'engagement corporel important dans l'activité.

Dans la restauration, les opérationnels travaillent évidemment aux heures des repas, avec des « coupures » horaires l'après-midi : quelques heures « libres », entre le service du midi et celui du soir, qui s'avèrent être aussi des moments d'errance et d'attente, parfois soulagés par l'alcool. Le soir, ils terminent très tard, après le service, alors que les enfants sont couchés depuis longtemps et que les transports en commun ne fonctionnent plus. À l'hôpital, il faut assurer la permanence de nuit, des jours fériés et des congés. Ces salariés – surtout dans la restauration – ont alors des rythmes de vie professionnelle en décalage avec les rythmes familiaux, sociaux et logistiques. Ce qui constitue au sens propre un décalage horaire avec le reste de la société engendre de multiples petits problèmes quotidiens redoublés par la distance souvent importante entre leur habitat et leur lieu de travail.

Notons que les cadres supérieurs disent d'eux qu'ils ont une qualité de vie « déplorable » et une rémunération minimale. Ils ont des conditions de travail dures – horaires, cadences, pénibilité physique, faible reconnaissance sociale, travail répétitif –, au point qu'un formateur de

C'BON va jusqu'à dire que le travail de commis est complètement « repoussant ». Dans les sièges, les cadres des « ressources humaines » constatent qu'ils ont beaucoup de mal à recruter des infirmiers et des serveurs. Ils embauchent alors aussi des personnes qui, disent-ils de concert, « n'ont pas la vocation ». Une part croissante des recrutements se fait maintenant auprès de personnes qui choisissent cet emploi sans nécessairement avoir choisi le métier. Dans les hôpitaux, les « anciens » regrettent que les « jeunes » aient embrassé cette carrière sans avoir, contrairement à eux, fait un choix, sans « avoir la foi ». Les jeunes confirment généralement ce constat. Avec la montée du chômage, depuis les années 1980, nombre d'infirmiers et d'aides-soignants se sont engagés dans ce cursus avec la préoccupation d'acquérir un statut. Ainsi, la différence générationnelle entre les « anciens » et les « jeunes » serait doublée d'une différence culturelle et sociale jugée sensible. Chez C'BON, on recrute « des jeunes de banlieue ». Cette catégorie pseudosociologique désigne des situations de vie objectives telles que des post-adolescents de première ou seconde génération de l'immigration – essentiellement africaine – vivant en lointaine banlieue parisienne, et dont le niveau d'études ne dépasse qu'exceptionnellement le bac technique. Les méthodes de service « à la française » leur sont souvent inconnues, obligeant les formateurs à faire un détour par des définitions culturelles pour les rendre communes : définir ce que sont des « chaussures de ville », des « assaisonnements » ou des « préséances », par exemple. C'est dans un éclat de rire général qu'un commis, à qui le formateur demande avec quel vinaigre – blanc ou rouge – il fait sa vinaigrette pour assaisonner ses plats, répond : « Ni l'un ni l'autre : je mets du piment. » Dans ces moments, nous voyons la fragilité du cadre de l'échange : les manières de s'habiller, de parler, de dire bonjour, de manger, de boire, de se déplacer, de (se) servir, de faire la cuisine, de faire un soin corporel, ne sont pas toujours partagées *a priori* entre les prescripteurs, ceux qui font le service et ceux qui en bénéficient.

Les premières lignes soulignent qu'une des grandes difficultés de leur fonction consiste à « faire face » au client ou à l'usager, à être capable de nouer une interaction avec une personne quand bien même les écarts culturels et sociaux seraient grands. Les différences d'appartenance sociale claquent à chaque détour de phrase, dans la maîtrise différenciée du langage notamment. Les premières lignes se disent souvent « intimidées », « impressionnées », « paralysées » pour parler avec « ces gens-là ». Ils « ne savent pas » toujours entrer en relation avec les bénéficiaires de leur travail. Point évidemment critique lorsque le travail consiste précisément à créer de la relation[1]. Mais cette domination sociale ou symbolique n'est pas ce qui est le « plus dur » dans la relation avec les clients et usagers. Le client est généralement considéré comme « gentil », mais « très exigeant ». La qualité de la relation avec le destinataire du service dépasse la question d'être agréable (poli, bien élevé, agressif) ou pas. Les composantes « personnelles » du client, son éducation, ne jouent que marginalement dans la crainte que les prestataires peuvent éprouver à l'égard de la rencontre avec lui. C'est plutôt le « client roi », légitime dans toutes ses demandes, même les plus impossibles, « qui met la pression ». Les premières lignes, du point de vue du client comme de celui de la hiérarchie, sont aussi les dernières : celles qui, bien que « petites », doivent satisfaire toutes les attentes des clients et usagers. Le dernier de la file, celui qui n'a pas « plus petit que soi », le « larbin » de tous. Les « premières lignes » se sentent traitées comme des « moins que rien », des « femmes ou hommes à tout faire ». Cette impression fait l'essentiel de leur travail vécu.

1. Ceux qui dépassent ces premiers moments de collision sociale voient dans leur métier l'opportunité, précisément, d'apprentissage des habitus dominants, puisque le service concerne des objets clés de la socialisation. Ainsi, les serveurs parlent presque tous avec enthousiasme de l'« ouverture » que l'exercice de ce métier leur a offerte. Ils se disent moins « timides », plus « capables de parler avec un directeur d'entreprise, par exemple », et « plus français », aussi.

Ces premières/dernières lignes sont les destinataires finaux des multiples prescriptions, si nombreuses qu'elles ne peuvent plus être appréhendées ensemble. D'un point de vue cognitif, les quatre gros classeurs de procédures de C'BON ne peuvent être connus ni même lus, faute de temps et parfois de maîtrise de la langue française. Les commis ne connaissent pas les prescriptions théoriques, telles qu'elles sont formulées dans les classeurs : s'ils savent servir la bonne quantité de whisky dans le bon verre, ce n'est pas parce qu'ils l'ont appris dans le classeur. Ils connaissent les gestes de leur métier pratiquement (ou, assez couramment aussi, ne le connaissent pas). Ils n'ont pas lu la « Bible » car « c'est trop » : trop gros, trop détaillé, trop théorique… En pleine activité, personne ne « plantera » un client pour aller consulter la Bible. S'ils ont vraiment besoin de se référer à une prescription sur un point difficile – par exemple une déclaration administrative –, ils demandent alentour ou appellent le siège directement plutôt que de consulter les classeurs. Ce faisant, ils obtiennent une réponse immédiate, adaptée à leur problème et surtout actualisée, ce qui n'est pas le cas des fiches. Pareillement, à l'AP-HP, un infirmier ou un aide-soignant est supposé connaître tous les documents qui encadrent sa profession, qu'ils soient stratégiques, techniques ou sociaux. Mais l'abondance de ces références crée une situation dans laquelle il est impossible de viser l'exhaustivité. Il y a « trop » de discours pour qu'ils puissent être entendus.

Ensuite, toutes les prescriptions « tombent » sur eux, indépendamment les unes des autres. La multiplication des directions fonctionnelles au siège (qualité, communication, marketing, formation, RH, finances, contrôle de gestion, etc.) génère une prolifération des ordres formulés à l'adresse des niveaux opérationnels. Ce que la direction des ressources humaines préconise, en même temps que ce que la direction de la qualité exige et que le supérieur hiérarchique direct demande, ne constitue pas une prescription cohérente. Les premières lignes reçoivent des ordres de tout le monde, y compris ceux que les prescripteurs ont fait porter par les clients et usagers. Face à eux, ils doivent répondre, en actes. S'il manque des chaises ou des lits, s'il y a trop peu de saumon ou de couches, si les friteuses ou les perfusions viennent à tomber en panne, c'est ici que la question de la continuité du service de masse se pose. À ce niveau, les contradictions sont concrètes, triviales et doivent être résolues le plus souvent dans l'urgence que crée l'interaction. La situation organisationnelle est donc la suivante : il revient aux dernières lignes la tâche d'interpréter les multiples prescriptions, de les confronter, de juger des écarts et contradictions, de les arbitrer, de les coordonner et, finalement, de les justifier.

Chaque prescription est assortie d'un contrôle et de « traçabilité » qui demande aux opérationnels de prouver et justifier leurs actes. Pour « se couvrir », ils doivent écrire. Ils ont le sentiment de passer un temps de plus en plus important à faire de la « paperasse », au lieu, disent-ils, de travailler. Certaines procédures de production de « preuves », si elles étaient appliquées, pourraient même produire l'inverse de ce qu'elles prouvent. Ainsi, la procédure de réception des surgelés dans les restaurants est tellement longue à mettre en œuvre qu'elle risquerait de rompre la chaîne du froid. « On a alors le choix entre prouver que l'on a fait de la qualité ou faire correctement son travail », commente avec amertume un cadre de restaurant. Les soignants comme les restaurateurs disent éprouver un sentiment d'absurdité dans le travail, lorsqu'il est orienté essentiellement vers la production de traces, aux dépens de sa finalité. Être contraint de mal travailler pour prouver que l'on travaille bien : tel est le paradoxe auquel mène parfois l'accumulation de procédures de gestion et de traçabilité. Ce système de justification formelle peut jouer violemment contre les premières lignes, lorsqu'il engage la responsabilité de personnes qui ne sont pas en mesure de produire les preuves requises. À l'AP-HP comme chez C'BON, « on sait » – même si « on » ne le mesure pas et si « on » n'en parle pas ouvertement – que de nombreux soignants et commis ne sont pas suffisamment à l'aise avec l'écrit en langue française pour être en mesure d'utiliser les outils de traçabilité. Dans les cuisines, les services du siège demandent à des illettrés de suivre « à la lettre » des recettes, ou de rédiger des étiquettes pour la traçabilité de la nourriture. À l'AP-HP, l'écrit prend une importance croissante dans l'organisation du travail, dans les transmissions, mais aussi dans les multiples procédés visant à maîtriser les aspects éthiques, qualitatifs, sécuritaires ou gestionnaires. Les agents illettrés, ou ceux qui sont mal à l'aise dans le maniement de l'écrit, cachent généralement leur difficulté plutôt que de l'« avouer ». Ici, ne pas maîtriser l'écrit est plus qu'un handicap : c'est le risque de devenir fautif sans avoir été coupable. Fautif d'être le seul à n'avoir pas produit de preuve.

Répondre à des obligations prescriptives « en apparence » occupe une part importante de l'activité des soignants. Pour eux, ce travail est « en plus », et le plus souvent déconnecté de leur travail de soin. Il permet de satisfaire aux demandes des directions et du siège, même si, dans les faits, il ne dit pas grand-chose de l'activité dans le service. On fait « comme si » suivre une procédure qualité permettait de mieux travailler, quand bien même ce ne serait pas le cas : ce qui compte, c'est de maintenir l'illusion que la procédure qualité « fonctionne ». La plupart font « comme si » ils avaient lu et « intégré » les multiples procédures et prescriptions – qualité, prévention, sécurité, contrôle de gestion, etc. « Comme si » il était possible de les lire, de les comprendre toutes et de les appliquer, quand bien même on serait illettré ou en grande difficulté dans le maniement de la langue française écrite. Les arrangements locaux – souvent par deux – sont possibles : un collègue qui remplit le dossier pour l'autre, un collègue qui signe à la place d'un troisième, « bidouillage » à peine caché sur les chiffres d'activité du service. Or, toute mobilité met en péril ces personnes. Les cadres opérationnels constatent alors avec un certain énervement que leurs personnels ne veulent pas changer de salle facilement. Ainsi les premières lignes ont-elles un rapport distant avec la prescription, et le vivent sur le mode de l'indiscipline amusée ou de l'angoisse d'être celui qui « prendra tout » en cas de problème.

Les salariés de première ligne doivent produire un service qui satisfasse des consommateurs ou usagers tout en fournissant les preuves formelles de conformité à la règle prescrite. Elles sont invitées à développer leurs compétences relationnelles et leur autonomie. La subjectivité est explicitement convoquée afin d'entretenir une interaction de qualité avec les destinataires de service d'une part, et de résoudre tous les imprévus dans le cours de l'interaction et notamment adapter l'offre à chaque cas singulier d'autre part. Nous pouvons comprendre cette injonction de subjectivité comme la reconnaissance du travail réel et, en conséquence, de l'obligation faite à chacun de réaliser un travail d'organisation dans l'interaction avec le destinataire du service. Le mouvement inverse, celui de la massification va dans le sens d'une standardisation des processus de fabrication du service dans un but d'efficacité et de rentabilité. Il incite les premières lignes à la plus grande objectivité : il leur faut répondre en utilisant une palette de solutions préconstruites par l'organisation, qu'il s'agisse de phrases, de gestes ou de méthodes. Il s'agit d'obéir strictement au travail prescrit.

Ici, contrairement à ce qui se passait aux autres niveaux de l'organisation, les stratégies d'évitement ou de délégation ne sont plus possibles, pour trois raisons principales. Le destinataire du service est « là », face au salarié. Il n'est pas possible d'utiliser l'abstraction ou des procédés rhétoriques pour échapper à la contradiction, sans risquer la montée de la violence. Il faut « répondre », c'est-à-dire, étymologiquement, être responsable de ses actes et de ses mots. De plus, le service se fait « ici et maintenant ». Reporter la résolution d'un problème dans le temps ou dans l'espace revient le plus souvent à dégrader la prestation de service, ce qui serait sanctionné soit par le destinataire du service « exigeant », soit par la hiérarchie. Enfin, il s'agit à ces niveaux de poser des gestes concrets, ou des mots adressés : nous sommes dans le registre de l'action et de l'interaction. Or, un geste est, contrairement à un discours, nécessairement univoque : on sert ou non un plat à temps, on change ou pas une couche. Les premières lignes ne peuvent esquiver, éviter, déléguer ou ignorer les contradictions : elles doivent donc réaliser le travail d'organisation qui n'aurait pas été fait précédemment.

Les premières lignes sont mises devant l'obligation de résoudre, dans l'immédiateté de la relation, des contradictions qui n'ont pas été reconnues, travaillées, mises en discussion ou arbitrées. La situation est souvent vécue comme « impossible ». Une difficulté tient à ce que l'arbitrage n'est pas seulement de nature technique : il porte aussi sur des problèmes éthiques et sociaux. Dans l'interaction avec le destinataire du service, se rejouent les questions relatives au traitement social de la vieillesse et de la nourriture. Le sentiment dominant est alors celui de l'échec. Nous retrouvons ici également, et avec une acuité supérieure, un travail vécu empreint de ce sentiment de « ne jamais être à la hauteur ». Celui-ci apparaît à chaque fois qu'ils sont empêchés de faire leur travail ou lorsqu'ils ont le sentiment d'être contraints à mal travailler. C'est ce que vit, par exemple, un soignant qui doit faire manger trois fois par jour, dans un temps limité, plusieurs personnes âgées dépendantes et démentes, qui ont le sens gustatif dégradé et qui n'a à leur proposer qu'une nourriture aseptisée, sans odeur, sans couleur. Certaines personnes âgées n'ont plus le « goût » à manger, dans tous les sens du terme. À ces difficultés bien identifiées en gériatrie vient s'ajouter le souci d'être à l'écoute des patients, pour qui le moment du repas est capital. Écouter, parler, instaurer une relation « humaine » de qualité est important non seulement pour le patient mais aussi pour le soignant. Si une personne âgée refuse de manger, elle risque de devoir être alimentée en intraveineuse, ce qui représente un travail supplémentaire et un risque de complication médicale. Dans ces conditions, arriver à faire manger dix ou quinze patients, si l'on est seul soignant, devient une activité impossible. Le soignant éprouve alors une tension vive entre la volonté de « bien faire » (éviter l'intraveineuse, « être humain » avec eux, etc.) et l'impossibilité effective de le faire correctement.

Dans cette tension entre une prescription idéale et des conditions de travail limitées, la plupart des soignants et commis « mettent une carapace » et « se routinisent ». L'encadrement, les formateurs et les cadres du siège semblent confirmer que les personnels de première ligne sont rigidifiés dans un mode de fonctionnement défensif, routinier et désimpliqué. Ils sont outrés par « l'immobilisme des salariés », leur « résistance systématique au changement ». Ils sont amers de constater que ces personnes – les « jeunes » surtout – ne montrent aucun enthousiasme à travailler et à en faire « plus ». La grande majorité des cadres de plus de 40 ans attribuent la cause de cette attitude à une tendance sociologique dans laquelle les jeunes ne seraient plus « comme avant ». Ils ne voudraient plus travailler, ni défendre un métier.

Pourtant, la routine est, pour ces premières lignes, une forme de retrait du travail qui permet, précisément, de faire le travail « impossible ». C'est d'abord et surtout d'arriver à « ne pas penser », car « si on pense, on ne peut plus rien faire ». La routine, de ce point de vue, protège l'action, fût-elle mécanique. Elle permet de contourner la formulation des dilemmes techniques, moraux, humains, professionnels qui traversent chacun des gestes. Car une mise en discussion subjective ou sociale des contradictions provoquerait un ralentissement considérable de l'action, ce qui, dans un métier de service signifie une dégradation immédiate de la nature ou de la qualité du service. Entrer dans la routine suppose d'arriver à suspendre la pensée, la réflexivité et en conséquence la parole dans le travail. La routine est protégée par un silence sur elle-même et ce qu'elle produit. Chacun fait des arbitrages solitaires, s'arrange au mieux avec les prescriptions contradictoires, pour tenter de faire face à la relation quotidienne avec des personnes démentes, isolées, surmédicalisées d'une part, ou face à des clients pressés, exigeants, paradoxaux, d'autre part.

Les personnels de première ligne se parlent, rigolent et s'entraident parfois. Mais ces relations excluent presque systématiquement le travail et les dilemmes qui le trament. L'entraide concerne essentiellement les à-côtés du travail (aide financière, garde d'enfant, prêt de véhicule, etc.). En ce qui concerne le travail lui-même, chacun constate la faiblesse de ce qu'il appelle « l'esprit d'équipe » et l'absence d'entraide au point qu'il est courant d'entendre des commentaires tels que : « Chacun fait son travail. On s'en fout de l'autre. » Souvent, les solutions trouvées sont jugées inavouables, car fort éloignées de l'idéal prescrit : elles ne peuvent pas être dites et débattues collectivement. Il en résulte un malaise et une solitude accrus au travail. La solitude rend l'arbitrage des contradictions plus angoissant. Fait solitairement, il ne peut être qu'insatisfaisant et ne peut être communiqué : comment partager sa honte de mal faire, voire, dans le cas de la gériatrie, de faire mal ? Où l'on observe que la délégation des contradictions va, parfois, jusqu'à les faire assumer par le client et l'usager.

LA MALTRAITANCE DU CLIENT ET DE L'USAGER

L'injonction « surhumaine » peut mener à des actions jugées « inhumaines ». La norme d'idéal, la délégation des contradictions jusqu'au plus bas niveau et la simulation de la toute-puissance organisationnelle produisent une externalisation des contradictions : le report, sur le destinataire du service, des coûts et des coups. La maltraitance organisationnelle peut résulter de l'hyperactivité ou bien de la routine (M.-A. Dujarier, 2002).

Les salariés de première ligne, mis dans une situation impossible d'arbitrage, en acte, de la tension entre l'idéal et le possible, ont le sentiment terrible de « ne pas y arriver, de ne pas être à la hauteur ». Ils éprouvent une impuissance coupable (puisque non conforme à la norme sociale) à n'être pas tout-puissants. La tension entre la volonté de bien faire et l'impossibilité de travailler « correctement » est parfois résolue dans un acte violent et impulsif, une décharge sans préméditation et suivie de remords. Des mots ou des gestes brutaux, voire violents échappent au salarié. Ainsi, en gériatrie, une femme raconte de quelle manière « on » (c'est-à-dire n'importe qui dans le métier, indépendamment de ses caractéristiques individuelles) peut être amené à maltraiter une personne âgée lors d'un repas : « Que voulez-vous ? On peut pas, on n'y arrive pas. Alors quand elle refuse d'ouvrir la bouche, on ne sait plus comment faire. On la force un peu. C'est à la limite de la maltraitance. Et puis un jour, c'était trop, elle s'est pris un coup de fourchette dans la main »... « Une nuit, un vieux hurlait et empêchait les autres de dormir. Au bout de plusieurs heures, le soignant n'en pouvait plus. Il lui a mis une claque. C'est parti, comme ça. » Ou : « Quand il faut faire la toilette de tous les patients en quelques heures, on peut pas. Alors parfois on les manipule un peu brutalement. Et c'est fragile, une personne âgée. On a vite fait de lui arracher la peau en serrant trop fort son bras. » Ainsi, le sentiment d'impuissance au travail accroît le risque d'apparition d'actes brutaux qualifiés de maltraitance.

Le travail effectué « dans la routine » peut générer une autre forme de maltraitance, par négligence cette fois. L'arrêt de la pensée, l'automatisation de l'action, ouvre la voie à une objectivation de soi, des collègues et des clients ou usagers. En gériatrie, lorsque les gestes sont routiniers, « on » en arrive à ne pas parler à la personne, à ne pas la regarder, à ne pas changer sa couche au bon moment, à ne pas mettre le verre d'eau à proximité de sa main, à ne pas répondre à ses appels, à ne pas lui accorder d'attention dans des moments de détresse. Ce sont « des petites choses dont on ne se rend pas compte ». Cette forme de maltraitance est moins spectaculaire que la précédente. Mais elle s'immisce sans bruit dans le lien social, jusqu'à, parfois, le rendre inhumain, c'est-à-dire dépouillé de la pensée qui résiste à l'automatisation du geste.

Dans la restauration, la violence peut surgir sur les consommateurs – non pas sous forme de maltraitance, le terme serait exagéré – mais sous forme de mépris, d'insulte, de quolibet et de service bâclé. Néanmoins, l'encadrement dit que « cela pourrait arriver » : certains s'étonnent même que de la violence sur le consommateur n'ait pas encore surgi, compte tenu de la tension dans le travail. Ainsi, un directeur de restaurant remarque que le personnel est de plus en plus agressif et ajoute : « Moi, j'ai peur qu'un jour y'en ait un qui ait une idée tordue par rapport aux clients, qu'il les intoxique. » Les commis disent effectivement leur envie de « tout envoyer balader » parfois avec une grande violence. Mais alors elle n'est pas projetée sur le client, mais plutôt sur les collègues. Ainsi, le climat social dans les restaurants est jugé « très très tendu » par l'encadrement. Dans ce contexte, les personnels racontent, en tentant de l'euphémiser, des irruptions de violence sur soi, sur les collègues et parfois sur un autrui anonyme. Cette tension permanente est semble-t-il visible pour le destinataire du service. En effet, les clients mystères se plaignent de ce que les personnels se parlent mal entre eux, voire de ce qu'ils s'agressent au cours de leur travail. Les tensions peuvent exploser dans la relation avec le destinataire du service comme avec le collègue, voire sur soi-même.

La maltraitance est une forme extrême de retournement de l'idéal et l'aboutissement de la délégation des contradictions. Elle apparaît dans des situations critiques, à des moments de tension exacerbée, et sur des clients /usagers en situation de domination objective, comme cela est le cas avec des personnes âgées dépendantes. La contradiction entre l'idéal prescrit et le service possible, pour être déléguée jusqu'au dernier niveau, trouve des modes de résolution précipités, approximatifs et parfois inavouables. Les deux protagonistes de la relation payent tous deux le coût de la contradiction. Ils « prennent sur eux ». La maltraitance ou, tout simplement, la mauvaise qualité de service est une externalisation du coût de la contradiction, sur le client et l'usager.

La description clinique des situations de travail, du travail prescrit, réel, réalisé et vécu des différents salariés, donne à voir un phénomène organisationnel majeur, commun à l'AP-HP et à la chaîne de restauration. Il s'agit de l'évitement du travail d'organisation, de sa délégation en cascade, jusqu'au dernier niveau, dessinant une nouvelle division sociale du travail d'organisation.

LA DÉLÉGATION DU TRAVAIL D'ORGANISATION

Dans ces deux organisations, la division du travail est conforme aux modèles historiques de la modernité. La logique de massification et de standardisation a favorisé l'importation des concepts tayloriens industriels. Aussi retrouvons-nous dans les services de masse certaines caractéristiques sociologiques de l'organisation scientifique du travail : séparation de la conception du travail et de son exécution, spécialisation des tâches, rationalisation du travail. Dans ces organisations, les activités sont socialement hiérarchisées, en fonction de leur nature, de leur ingratitude, de la valeur morale attribuée à la tâche et de sa rémunération. La division sociale du travail et des revenus est donc ici en continuité historique avec ce qui a été décrit comme une délégation du « sale boulot » (E. C. Hugues, 1956) aux niveaux les plus bas.

Ces deux organisations sont également prises dans le phénomène classique de bureaucratisation : les « bureaux » et les experts organisent le travail des autres..., sans le connaître. L'écart entre la prescription et le travail réel entraîne un conflit entre le siège et le « terrain » ainsi que l'impersonnalité et la lenteur des décisions, avec un fractionnement de la responsabilité. La rationalisation des activités collectives, le désir de mesure, de calcul, mènent à ce que toutes les prescriptions constituent une « domination légale », c'est-à-dire un « cosmos de règles abstraites » (Max Weber, 1922 *b*), de règles multiples, alliée à une division verticale du travail. La « paperasserie » prend une place croissante dans le travail jusqu'à donner le sentiment, parfois, d'être plus important que le travail lui-même. Enfin, à l'instar de ce que la sociologie du travail et des organisations a mis en lumière dans les industries manufacturières, nous constatons, dans ces services de masse, les symptômes du stress et de la fatigue pour les travailleurs et un retrait apparent du travail chez certains d'entre eux. Nous pourrions être tentés de conclure rapidement, en disant que ces deux organisations de service de masse contemporaines (dys-)fonctionnent de la même manière que des administrations ou industries des siècles passés. En soi, cette conclusion, bien qu'un peu décevante, est intéressante. Elle montre la remarquable continuité historique des phénomènes sociaux dans la société capitaliste moderne, qui s'accommodent des transformations sociales, technologiques et idéologiques du moment.

Le phénomène social remarquable réside en fait moins dans l'organisation du travail et sa division sociale que dans les évolutions du travail d'organisation. Dans une conception strictement taylorienne, le travail d'organisation est, en théorie, le domaine réservé des détenteurs de capitaux, des conseils d'administration, des concepteurs et bureaux d'études : ce sont eux qui doivent penser les contradictions et trouver les solutions organisationnelles concrètes qui permettront d'optimiser la production. Or, il apparaît que dans les services de masse, la situation est inversée. Loin d'être réalisé en amont, le travail de reconnaissance, de confrontation et d'arbitrage des contradictions est évité et « repoussé » vers les unités opérationnelles et jusque dans l'interaction avec le destinataire du service. Les prescripteurs centrent davantage leur travail sur la sophistication des facettes de la prescription et du contrôle que sur l'arbitrage des contradictions qui mettent en jeu la responsabilité juridique, technique et morale. L'organisation produite par les niveaux politiques et gestionnaires est détaillée, lourde et technologiquement poussée, mais elle confie implicitement aux opérationnels le travail d'organisation et en particulier celui qui consiste à savoir ce qu'il faut faire « vraiment », pour atteindre l'idéal qu'ils ont promis.

Les prescripteurs savent que le travail d'organisation qu'ils font, bien qu'inscrit dans un projet de maîtrise totale, est bien insuffisant pour réaliser le service, surtout s'il doit être idéal. D'une manière discrète et confidentielle, ils disent compter sur le travail d'organisation des autres acteurs, collectifs ou individus, pour que « ça marche ». Ils comptent sur lui pour résoudre, en actes, des contradictions qu'eux-mêmes ont renoncé à nommer et à traiter. Les prescripteurs sont alors pris par un « cercle vicieux psychologique » (K. Weick, 2003) : souhaitant répondre à des buts idéaux et croyant devoir être eux-mêmes parfaits, ils produisent des prescriptions irréalisables que les niveaux inférieurs devront pourtant assumer. Le travail de médiation et d'arbitrage des contradictions est évité puis délégué à chaque niveau. Ainsi, par « dégringolade », ce travail est-il confié au plus bas niveau de la hiérarchie, à ceux qui ont le moins de pouvoir et de légitimité pour le réaliser. Le « syndrome de déplacement », qui consiste à considérer qu'un problème a trouvé sa solution lorsqu'on le fait prendre en charge ailleurs » (Aubert et V. de Gaulejac, 1991, p. 51), montre que les caractéristiques du taylorisme sont à la fois maintenues (rationalisation, séparation, spécialisation...) et inversées, dans la mesure où le pouvoir ne consiste plus à centraliser et contrôler les décisions chez les concepteurs mais plutôt à les déléguer aux niveaux opérationnels[1].

1. Soulignons que ce phénomène est accéléré dans les modes de fonctionnement par projet ou en réseau, où il est possible de « refiler » un problème sans le traiter, non seulement à ses collaborateurs hiérarchiques, mais aussi de manière latérale (au sein de l'organisation ou entre organisations).

Pourtant, dans ces organisations, contrairement aux traditionnelles bureaucraties taylorisées, les espaces de discussion formels sont nombreux et motivés par le souci d'associer le « terrain » aux préoccupations du siège (et non l'inverse). L'importance prise par ces réunions pourrait laisser croire qu'elles permettent de réaliser le travail d'organisation et de construire des règles d'action et de coordination communes entre prescripteurs et opérationnels. Or, de ce point de vue, elles sont jugées fort décevantes. Ces réunions rassemblent prioritairement des directeurs et fonctionnels qui associent des représentants « du terrain ». Ces derniers, lorsqu'ils participent, le font dans une logique d'évitement des contraintes du service et se laissent volontiers aspirer par le siège. Ces cadres opérationnels représentent alors plutôt mal leurs pairs.

Ces réunions, entretiens ou formations sont convoqués et organisés par les prescripteurs qui souhaitent réduire l'écart entre travail prescrit et travail réel par des méthodes « participatives » visant à ce que les opérationnels « s'approprient » leur prescription. Ces rencontres ont quatre objets principaux : les « processus » (qualité, budgétaire, certification, etc.), les résultats, les manières de réduire les problèmes et, enfin, les conditions de travail. Aussi, paradoxalement, le travail réel et son organisation ne sont-ils pas à l'ordre du jour de ces rencontres. De ce fait, elles n'offrent pas le cadre propice pour penser, nommer et arbitrer les contradictions et encore moins questionner l'idéal prescrit. Tout au plus peut-on y « râler » à propos de l'insuffisance de moyens. Alors ces réunions sont assez rapidement vécues par les opérationnels comme un encombrement dans leur travail, plus que comme une ressource. Elles scandent les journées, au point qu'elles prennent parfois le pas sur le travail productif lui-même. Elles sont vécues comme excessives, voire relevant d'un fonctionnement maladif ou compulsif – on parle alors de « réunionite ».

À la multiplicité des réunions correspond, en fait, une absence de discussion sur le travail et son organisation. La parole « officielle » (Daguet *et al.*, 2002, p. 134) peut contribuer à une forme de simulacre de discussion, qui encombre la controverse professionnelle. Il simule la participation des professionnels aux réformes multiples, tout en gênant la régulation collective réelle. Notons qu'en retour la faiblesse du travail d'organisation dans ces collectifs laisse plus de place à l'imposition de normes et de règles fabriquées en dehors des situations de travail. L'actualisation d'un idéal de métier est alors plus difficile à réaliser collectivement, renvoyant chacun à des images anciennes et parfois anachroniques de la profession. La loi du silence dégrade la possibilité d'élaboration d'une éthique locale. Elle est accrue par la fragilité morale qui oblige à cacher ce que l'on fait et à le taire. De ce fait, la compétence collective et la régulation organisationnelle sont vacillantes, incertaines et parfois moribondes, quand bien même elles seraient prescrites et considérées comme indispensables.

Finalement, ces réunions participatives servent alors davantage à socialiser le contrôle qu'à faire du travail d'organisation. Elles permettent surtout un renforcement du caractère idéal et exigible de la prescription, dans un mouvement de sophistication des dispositifs de gestion.

LES OUTILS DE DÉLÉGATION DU TRAVAIL D'ORGANISATION

La délégation du travail d'organisation et son individualisation s'appuient sur trois dispositifs de management principaux que nous avons souvent croisés dans le chapitre précédent : la contractualisation, l'injonction à l'autonomie et le plaidoyer pour la compétence individuelle.

Tout d'abord, la *contractualisation* lie les équipes ou les individus, juridiquement ou moralement, sur un transfert de responsabilité. La logique contractuelle s'est développée dans les organisations avec les démarches qualité et les lois de modernisation de la fonction publique. Elle a maintenant une place centrale dans la régulation des relations entre tutelles et établissements publics, entre centre et périphérie, entre *holding* et exploitations, entre directeurs et cadres. Cette pratique participe au processus d'individualisation et de « traitement localisé des problèmes » (R. Castel, 1995). Les délégations de signature et de pouvoir, la contractualisation budgétaire, sociale, des objectifs et des moyens, les contrats de service règlent de manière croissante les rapports au travail au sein de l'organisation, mais aussi avec les prestataires externes (sous-traitants, fournisseurs, auditeurs, intérimaires, etc.), de plus en plus nombreux à intervenir dans la production quotidienne. Elle crée un engagement sur l'obtention d'un résultat et laisse toute « autonomie » sur le travail permettant de l'atteindre – mais pas sur les moyens alloués. La manière dont ce résultat est obtenu n'est généralement pas précisée dans le contrat, ouvrant la possibilité de faire l'économie de l'analyse de sa faisabilité. La contractualisation favorise un assentiment des contractants sur des objectifs. Le fait qu'il y ait eu simulacre de négociation permet d'obtenir la déclaration de liberté qui accroît l'engagement des individus dans l'atteinte des objectifs (N. Dubois & F. Pultier, 1993).

En même temps, la délégation du travail d'organisation se fait au moyen d'incitations morales, avec comme maîtres mots *« l'autonomie et la responsabilité »*. Contrairement à son ancêtre le cadre, le manager est moins défini par son statut et son appartenance à un groupe social que par son attitude individuelle face à des objectifs. Mais l'autonomie et la responsabilisation ne leur sont pas réservées : avec la mode managériale anglo-saxonne de l'*« empowerment »*, la responsabilisation devient l'affaire de chacun et de tous, quels que soient le niveau hiérarchique et la fonction dans l'organisation. Ces prescriptions ne visent évidemment pas à ce que les salariés soient réellement autonomes. L'injonction d'autonomie, si elle était appliquée, serait une forme de débandade organisationnelle et de démission professionnelle du salarié, dont l'activité principale consiste précisément à reconnaître les dépendances mutuelles entre les acteurs et à œuvrer à leur coordination. L'injonction d'autonomie et de responsabilité vise plutôt à provoquer une mobilisation subjective, une sorte d'obligation à penser et de s'affranchir des prescriptions qui s'avèrent contre-productives. Elle incite à être plus intelligent que la règle bureaucratique et, ce faisant, à rendre le salarié plus prévisible dans un contexte imprévisible, y compris dans le détournement des règles. Ici, l'organisation se distingue des bureaucraties de type wébérien, dans lesquelles dominent l'impersonnalité ou le souhait de l'arrêt de la pensée. La pensée au travail n'est plus l'objet d'une vaine tentative d'annulation, mais est au contraire maintenant considérée comme une ressource (Y. Clot, 1993). La tentative de « rationalisation et d'instrumentation de la mobilisation subjective » (F. Hubault & F. Bourgeois, 2002, p. 7) crée une logique paradoxale d'« implication contrainte » d'autant plus forte qu'elle est masquée. L'injonction d'autonomie et de responsabilité fait appel au caractère « charismatique » du sujet. Implicitement, elle vise à le mobiliser sur la résolution des contradictions que les gestionnaires et les collectifs opérationnels n'ont pu régler.

Contractualisation et autonomie se conjuguent dans la délégation du travail d'organisation avec la valorisation de la *compétence individuelle*. Le nouveau « modèle de la compétence », induit par les systèmes de gestion par la qualité (Ph. Zarifian, 1988), est fondé sur la responsabilisation individuelle dans des situations de travail évolutives. Il valorise, aux dépens des qualifications collectives négociées, les compétences individuelles mesurées. Celles-ci sont moins techniques que sociales, transférables d'une activité à une autre, s'écartant radicalement du modèle reliant la compétence et le métier (E. Dugué, 1999). En même temps que les compétences techniques de métier sont ainsi mises au second plan, elles sont requises pour arriver à travailler avec le moins de risque possible pour le destinataire du service et soi-même. La compétence est comprise ici comme ce qui permet de concilier la prescription idéale et les limites concrètes de l'action. Elle « combine alors le travail prescrit et le travail incité, maîtrise des normes procédurales et résolution de problèmes, capacités cognitives et qualités relationnelles » (A. Dietrich, 1999, p. 24).

Là où, selon Weber, la bureaucratie demande des « personnalités » moins fortes que dans un système charismatique, nous assistons, dans les bureaucraties contemporaines, à l'injonction d'exercer simultanément un pouvoir charismatique et un pouvoir légal bureaucratique : une prescription de subjectivité « légale-charismatique ». Le déni des limites autorise un déploiement de la rationalisation à l'infini, sur des critères de plus en plus nombreux. Le caractère « légal » de la prescription atteint des niveaux d'exigence si élevés et contradictoires que le « charisme » serait convoqué à nouveau, pour tenter de sortir de la difficulté ainsi créée. Le déni des limites dans la bureaucratie échoue et retombe dans l'univers irrationnel et charismatique, pour subsumer les contradictions multiples. Ainsi, l'appel à une subjectivité « charismatique » peut se comprendre comme le moyen de résoudre les paradoxes qu'un excès de légalité entraîne. Nous assisterions, dans l'organisation du service de masse, à ce que Weber a appelé la « guerre des Dieux », c'est-à-dire au retour de l'irrationalité comme conséquence d'un excès de rationalité. La prescription de subjectivité « légale-charismatique » se présente comme le résultat du déni des limites d'une part, et comme le déni des limites de ce déni lui-même, d'autre part. Le sujet légal-charismatique doit être compétent pour réaliser seul et sans bruit le travail d'organisation collectif qui n'a pas été réalisé pour dimensionner une tâche à sa mesure.

La prescription de toute-puissance au moyen de la contractualisation, de la moralisation du management et de l'appel à des compétences légales charismatiques, induit une délégation du travail d'organisation sur les individus. Dans ce mouvement, les contradictions sociales sont transformées en problèmes psychiques.

LA PSYCHOLOGISATION DES CONTRADICTIONS SOCIALES

Dans ces organisations, des problèmes récurrents irritent notoirement l'humeur des dirigeants : qu'ils concernent les salariés (*turn over* élevé dans la restauration, sous-effectif infirmier, croissance des décompensations psychiques chez les soignants), le service lui-même (qualité en baisse, récurrence des accidents de service, maltraitance) ou, enfin, l'économie de l'activité (croissance inexpliquée des coûts, disparition de matériel, dégradation rapide des équipements). Pour tenter de supprimer ces problèmes ou du moins de les adoucir, ils mettent en place des dispositifs très largement orientés vers la régulation de la subjectivité ou de l'intersubjectivité : consultations psychologiques pour les soignants, formations à la « relation client » pour les serveurs, des stages de *« team building »* pour muscler les collectifs moribonds, tests psychologiques pour mesurer l'état psychique des directeurs de restaurants, *coaching* des cadres supérieurs, par exemple.

Les formations comportementales et instrumentales sur la gestion de soi, du stress, de la relation prennent une place prépondérante. Elles sont utilisées pour traiter et supprimer un problème relationnel et renforcer les capacités adaptatives des individus aux situations de travail. Elles sont centrées sur des processus relationnels ou psychiques, mais n'abordent pas le travail, ni son organisation. Assez sûrement, donc, elles évitent de rentrer dans le vif du sujet. Dans ce cas, elles renforcent le poids de la responsabilité individuelle en qualifiant des problèmes sociaux de problèmes psychologiques : plutôt que d'envisager qu'il existe un problème socio-organisationnel qui a des conséquences psychiques pour l'individu, ces formations laissent penser que certaines personnes dans l'organisation ont des problèmes psychiques (anxiété, stress, décompensations...) qui posent un problème à l'organisation. Ce mouvement de « psychologisation » au travail s'inscrit dans le droit-fil des processus d'individualisation managériale. Il est doublement injuste : du point de vue de l'analyse, il est inexact de dire que les problèmes sont de nature individuelle et psychique lorsqu'ils sont, en fait, largement liés à l'organisation sociale du travail. Ensuite, du point de vue de la justice, pourrions-nous dire, il fait porter la responsabilité et donc la faute des problèmes sur les individus, alors qu'ils en sont le plus souvent les simples agents ou victimes.

La psychologisation des contradictions sociales est particulièrement nette à l'AP-HP. Face aux personnes qui critiquent l'insuffisance des moyens, la direction, la médecine du travail et les fonctionnels (formateurs, qualiticiens) disent qu'elles se plaignent. Ils transforment, par cette interprétation, l'expression des contradictions organisationnelles en problème individuel et de nature psychique : il n'est alors plus question de modifier les rapports collectifs, mais le symptôme individuel. En traitant ce discours de plainte (et non de discours sur le réel du travail), la direction est alors légitime dans ses actions visant non pas à traiter les contradictions et revendications, mais plutôt le symptôme, par divers moyens : embauche de « psy » ou de coachs, mise en place de formations contre le stress ou groupes de parole.

Dans les services de gériatrie en particulier, le constat a été fait que les personnels « craquent ». Pour traiter ce symptôme, nombreux sont ceux qui ont mis en place des groupes de parole. Lorsqu'ils traitent des situations de travail concrètes (manipulation d'un patient, etc.), ils sont utiles. Des liens se tissent, l'échange et le débat professionnels retrouvent un objet et un lieu pour se déployer. Il est alors un lieu de formation de règles d'action communes et de possible élaboration de sens. Cela se fait discrètement, lors de réunions d'équipe tramées avec la vie quotidienne du service. Mais plus fréquemment, ces groupes de parole sont installés à côté du travail : dans des espaces et des temporalités différentes, ils réunissent des professionnels pour écouter leurs « problèmes » et leurs « malaises ». Séparés du travail, ces symptômes deviennent de la souffrance pure. Elle devient une difficulté subjective à laquelle le sujet ne peut donner ni sens ni issue puisqu'il n'a plus d'objet. La majorité des personnes ressortent « écœurées » de ces groupes de travail lorsqu'ils consistent, *in fine*, à psychologiser des problèmes qui trouvent leur source dans l'organisation sociale du travail.

Les dilemmes éthiques dans les métiers de soins ne sont pas niés par l'AP-HP. Au contraire : ils sont mêmes institutionnalisés, gravés dans des chartes, des comités, des commissions. Mais lorsque les dispositifs « éthiques » sont posés à côté du travail, lorsque l'éthique devient une affaire d'experts diplômés (et éloignés des patients), ils ne sont d'aucune aide pour le soignant qui, dix, vingt fois par jour, doit arbitrer des contradictions de cette nature. Ces comités tendent à renforcer la prescription idéale, celle qui fait croire que ces tensions peuvent être résolues et dissoutes par des résolutions abstraites et généreuses. Ces dispositifs partent d'une réelle volonté de « faire de l'éthique ». Mais ils évitent le plus souvent de nommer les contradictions organisationnelles et de prendre le temps de les travailler. Ces dispositifs posent l'éthique, les référentiels de métiers, la parole, la convivialité, la vie collective, à côté du travail, dans des lieux, des temps et des réseaux spécifiques. Alors, le travail réel, en plus d'être nié, se trouve vidé de l'essentiel, et assiégé de prescriptions idéales supplémentaires.

Chez C'BON, lorsque des personnes parlent de leurs échecs ou de leurs difficultés, l'interprétation qu'elles proposent est majoritairement « interne ». Un échec n'est que très rarement analysé au vu du contexte organisationnel ou social : les problèmes sont expliqués spontanément par l'insuffisance des individus, leur fragilité, leur manque de résistance au stress. La communication interne comme les formations ne viennent pas démentir cette interprétation psychologisante.

Aide psychologique, formations comportementales et psychologiques, promotion du « développement personnel », coaching..., la multiplication et le succès de ces dispositifs donnent des pseudoréponses psychologiques aux problèmes organisationnels ou sociaux. Ils portent une conception de la psyché et du lien social qui « élude la question du pouvoir dans l'entreprise en faisant un monde potentiellement harmonieux, où ce qui est psychologiquement souhaitable, ce qui est organisationnellement utile et ce qui est moralement bon se rejoignent » (V. Brunel, 2004, p. 172). En même temps, ils réduisent la possibilité de développement subjectif en portant peu ou pas d'attention au travail et à son organisation : ils isolent le sujet dans un face-à-face avec lui-même, un monologue narcissique culpabilisant ou « dopant », plutôt que de favoriser, dans le cours de l'action ou à son immédiate proximité, la pensée individuelle et collective sur le traitement des contradictions sociales dans l'activité. Les techniques de développement personnel et l'arsenal « psy » dans les organisations sont le symptôme (plus que la solution) d'un phénomène social au travail : celui de l'injonction paradoxale à la toute-puissance individuelle.

DE LA TOUTE-PUISSANCE ORGANISATIONNELLE À LA TOUTE-PUISSANCE INDIVIDUELLE

Dirigeants, formateurs, prescripteurs et communicateurs vantent les vertus de l'autonomie et de la responsabilité individuelle ; en même temps, ils rappellent l'impérieuse nécessité de se conformer aux multiples prescriptions qui encadrent de manière pointilleuse chaque acte de travail. De ce paradoxe apparent, il est possible de conclure que ce qui est vraiment demandé, c'est que chacun sache « gérer » silencieusement les contradictions organisationnelles qui traversent, voire entravent, son travail. Qu'il sache décider quotidiennement, et sans en faire toute une histoire, à quelles injonctions il faudra désobéir pour pouvoir travailler. Le travail d'organisation, qui consiste à identifier, nommer, débattre et arbitrer les contradictions, est ainsi confié aux individus. Le processus de psychologisation permet de transmuter la prescription de toute-puissance organisationnelle en prescription de toute-puissance individuelle. Pour atteindre l'idéal, chacun doit dépasser les limites du possible et arbitrer, sans en avoir nécessairement les moyens et la légitimité, des contradictions multiples. Il s'agit d'une exaltation de la « responsabilité individuelle » (A. Eraly, 1994, p. 11), qui promeut l'image d'un être humain aux pouvoirs « vertigineux ».

Le fait que des organisations affichent des ambitions élevées et idéalisent leur mission n'est pas spécifique à notre époque ou à notre civilisation. Construire des normes inapplicables, ou espérer des résultats économiques continûment croissants, a été largement interprété comme un phénomène propre au capitalisme. Récemment, le phénomène de déni des limites a été souligné dans diverses organisations qualifiées de « technocratiques » (E. Enriquez, 1997), caractérisées par une « idéologie de l'excellence » (N. Aubert & V. de Gaulejac, 1991), une « barbarie douce » (J. Le Goff, 1999) ou, encore, par un « culte de la performance » (A. Ehrenberg, 1991). La montée de l'exigence n'est pas nouvelle. Le fait qu'elle prenne la forme, aujourd'hui, d'une prescription de toute-puissance individuelle est déjà plus problématique. Ce qui est ici remarquable, c'est que ce déni des limites, cette injonction à l'idéal n'est pas une simple mode ou idéologie localisée dans les entreprises. Il fait dorénavant l'objet d'une normalisation sociale. L'idéal n'est plus un espace libre et inatteignable. Il est ce qui doit advenir sous peine de sanction sociale, c'est-à-dire une véritable norme sociale.

CHAPITRE V

Norme d'idéal et perte d'idéal

Dans les organisations de service de masse, la prescription et le contrôle du travail formulent une injonction surhumaine, une prescription de toute-puissance. Nous pourrions imaginer que, compte tenu de sa démesure, elle soit rejetée, raillée, méprisée. Ou au moins mise en discussion. Or, nous observons qu'elle est acceptée sans bruit. Elle semble être considérée comme « normale ». Elle est même souvent défendue par ceux qui ont à l'appliquer, bien qu'ils soient dans l'incapacité de la réaliser. La normalisation de l'idéal est un phénomène social remarquable dans ces organisations.

Une norme sociale est constituée par les mœurs *(mores)*, codes de morale collective qui spécifient la conduite à tenir dans telle ou telle circonstance. Il s'agit de ce qui, dans une société et à une époque données, est jugé « normal » par et pour les membres de cette société, non pas au sens statistique mais du point de vue des convenances. Elle dit ce « qui se fait ou pas ». Dans la tradition holiste, la norme est essentiellement définie comme une contrainte pour l'individu. Elle est une « force extérieure » qui vient limiter et réguler les désirs infinis de l'homme. Émile Durkheim (1897) considère que cette contrainte est utile pour l'individu, en ce qu'elle lui donne des repères vitaux et constitue la base de l'intégration sociale. Les normes contribuent à guider l'action individuelle et collective. Elles définissent des buts et des repères d'action. Dans un contexte professionnel, elles peuvent devenir des déontologies. En double de cette facette impérative, la norme a aussi une facette appréciative (A. Lalande, 1926) qui donne un repère d'ordre moral sur ce qui est bien ou mal, sur ce qu'il faut penser. Ainsi comprise, la norme est un repère pour le jugement, qu'il soit porté par celui qui travaille, par ses pairs, par sa hiérarchie, par ses collègues, par le destinataire du service ou par toute autre personne susceptible d'avoir à le formuler (médias, juristes, etc.). Une norme se reconnaît aussi à ce qu'elle est assortie de dispositifs sociaux de contrôle et de sanction – positive ou négative – qui lui donnent forme et force. Une norme sociale peut alors être identifiée en creux, lorsque apparaît une « déviance », c'est-à-dire un non-respect des modèles idéologiques et comportementaux dominants. Les dispositifs de surveillance, de contrôle et de sanction de la déviance permettent alors d'identifier la formation d'une norme sociale. Avec cette définition de la norme, il apparaît qu'effectivement l'idéal est en voie de normalisation. Elle est entrée dans les mœurs, sert de référence à l'action et au jugement, et est un point de repère à la déviance. Comment comprendre ce phénomène ?

L'ABSENCE DE CRITIQUE DE LA PRESCRIPTION DE TOUTE-PUISSANCE

Pour comprendre le phénomène de normalisation de l'idéal, il est utile de s'arrêter un instant sur les formulations langagières au travail. La prescription de toute-puissance est, de prime abord, difficile à contester, car le langage qu'il emprunte est abstrait, moral et étranger à l'action. De ce fait, il ne donne pas de prise possible pour une mise en discussion critique.

Dans les organisations, chaque niveau a son langage, créant, à première vue, un mille-feuille sémantique. Au lieu de la réalisation du service, au chevet d'un patient ou auprès d'un client attablé, le langage est celui qui se construit avec les référentiels langagiers de chaque interlocuteur – dans l'interaction entre le salarié et le consommateur. De cette rencontre, parfois de la confrontation, résulte un dialogue chaque fois unique qui permet de coconstruire, plus ou moins aisément, le service. Les équipes opérationnelles mobilisent, elles, un langage de métier (D. Cru, 1985). Il est une sédimentation lente, dans une activité, de ce qui se dit, de la manière de nommer les choses et les gens pour arriver à travailler. Il peut servir à qualifier les situations de travail et même à les éprouver. Il permet de parler et donc de penser son travail réel. Ce langage n'est pas adressé au client, à l'usager, ni à la hiérarchie. Au contraire : c'est un langage de professionnels qui dessine un « entre nous » fait de pairs. Au-dessus, dans le registre de la prescription et du contrôle se déploie le langage « managérial ». Dans les procédures, chartes, indicateurs de gestion ou tableaux de bord, les référents sémantiques empruntent essentiellement au langage de l'action (« faire ceci ») et de la mesure (« pour obtenir tel résultat »). Les mots-clés sont « coût », « qualité », « délais » : le langage est générique et plus conceptuel. Il est différent de celui du travail réel et se réfère au travail prescrit et réalisé. Au-dessus du langage managérial se trouve celui qui sert à traiter des méthodes et processus. C'est le niveau des théories implicites et explicites du « changement ». Ce langage est essentiellement celui des experts, qu'ils soient des fonctionnels internes à l'organisation ou des consultants externes. Ici, il s'agit d'un langage théorique, souvent perlé d'anglicismes et de concepts vagues parfois qualifiés de philosophiques. C'est un discours sur le management et donc un discours sur le discours. À partir de ce niveau, le langage ne traite plus du travail. Il est possible d'y parler de stratégie, qualité, performance, organisation, responsabilisation, engagement, contractualisation…, sans faire référence à la restauration ou au soin, aux clients et aux patients, aux serveurs et aux soignants. Au-dessus des méthodes, le discours politique concerne l'évaluation des résultats et des méthodes. Il s'agit de l'évaluation des chartes de qualité (en tant que document et non en tant qu'elles parlent du service concret), de la contractualisation, des procédures de gestion. Il s'agit d'un discours sur le discours.

L'abstraction croissante du langage permet aux derniers niveaux de déployer des prescriptions sans faire référence au travail et à la singularité de l'activité. D'ailleurs, les fonctionnels et experts revendiquent cette universalité puisque leur métier n'est aucunement lié à un métier mais à des méthodes « applicables » dans tous les milieux de travail. Sur le plan cognitif, la pensée, dans les derniers niveaux, est intelligente, capable de synthèse et d'analyse, de rapidité et d'agilité, en même temps que d'une assez grande créativité. Pourtant, elle est désincarnée et désensibilisée. Les discours écrits ou oraux porteurs de prescriptions utilisent un vocabulaire abstrait. Les actions à mener, qu'elles soient présentées sur un mode impératif (« il faut ») ou incitatif (« il est recommandé »), n'ont pas d'équivalents sensibles. Les plans stratégiques égrènent des termes tels que « modernisation », « structures », « progrès », « optimisation », « transversalité », « réactivité », « flexibilité » « ambition »... Les missions de l'organisation (leurs diversité et contradiction), l'objet du travail (le soin ou la restauration), les bénéficiaires du service (patients et familles, ou clients), les moyens du travail (établissements, lits, seringues, tables, frigidaires, logiciels...) sont à peine cités. Dans ce langage, nous trouvons enfin une série de lieux communs tels que l'importance et l'inéluctabilité du changement (« c'est l'ensemble de notre institution qui doit bouger »), de l'opportunité d'avoir un contrat social (celui qui arriverait à « assigner à chacun toute sa responsabilité dans un cadre clair et reconnu »). Le niveau de généralité et d'abstraction est tel que les discours semblent pouvoir concerner n'importe quels organisation, métier et activité. Ces objectifs génériques sont généralement suivis de solutions elles aussi abstraites : il faut faire du *« reingeniering »*, du *« benchmarking »*, de la « participation » ou, encore, « mettre en réseau », « décloisonner », « dynamiser ». Les prescriptions normatives et opératoires, pour être élaborées par des experts, sont jargonneuses au point que, d'après les opérationnels, elles en deviennent incompréhensibles. Elles sont vides de sens pour eux. La pensée est brillante mais elle reste comme suspendue, car elle ne se réfère à « rien » qui relèverait du travail réel ou vécu.

La montée en abstraction du langage prescriptif est fonctionnelle. Tout d'abord, elle facilite la formulation de prescriptions idéales et donc impossibles : il est plus facile de prescrire un comportement « éthique », par exemple, que de dire de quelle manière il faut travailler pour arriver à prendre en charge une personne âgée démente. Tant qu'il reste abstrait, le discours ne semble pas prescrire la toute-puissance organisationnelle. Aussi n'y a-t-il pas de raison de s'y opposer. La juxtaposition d'abstractions ne génère pas de contresens, de paradoxes ou de contradictions évidents. Elle autorise l'accumulation de termes sans que cela pose un problème logique apparent. Mais si l'on traduit ces termes abstraits en actes, les contradictions surgissent en même temps que l'on réalise – dans les deux sens du terme – le caractère idéal de la prescription. Il est ardu de construire une opposition face à un parler éthéré, constitué de mots sans résistance car sans consistance ni contraire (F. Dupuy, 2005). Comment contester ou s'opposer à la « modernisation » ? à la « qualité » ? à la « transparence » ? à la « transversalité » ? à la « satisfaction » ? … et à tous les anglicismes intraduisibles ou acronymes dont le sens est perdu ? Comment attaquer l'HACCP ou le PMSI… lorsqu'on ne sait même pas ce qu'ils désignent exactement ?

Ensuite, il est socialement périlleux de s'opposer à des prescriptions morales, d'autant qu'il s'agit d'un travail relationnel sur autrui. Celui qui questionnerait l'obligation de se référer aux « Droits de l'homme », au « respect de la personne âgée », à sa « dignité » ou à son « autonomie » prendrait le risque de passer pour un monstre, surtout dans les métiers de soin. Peut-on imaginer contester à voix haute la prescription de « garantir la vie privée des patients » – quand bien même l'organisation spatiale et technique du travail empêche quotidiennement la réalisation de ce précepte ? Dans la restauration, mettre en débat la nécessité de « respecter le client », de tout faire pour le « servir », en se référant aux « règles de l'art », relève de la provocation sociale. De même, railler l'appel à la « responsabilité de chacun », avoir une pensée critique sur ce que signifie l'appel à l'« amour du métier », questionner la notion de « progrès continu » supposent de sortir d'un unanimisme moral confortable. Remettre en cause des valeurs socialement partagées, c'est prendre le risque de passer pour un déviant, quand bien même il serait raisonnable de mettre en discussion les implications pratiques de ces prescriptions morales.

Enfin, le langage prescriptif entretient une étrangeté certaine avec les situations de travail concrètes, ce qui rend sa mise en discussion problématique. Les personnels constatent un hiatus croissant entre le discours managérial et leurs situations concrètes de travail. Le sentiment dominant est qu'« on ne parle pas la même langue » entre prescripteurs et opérationnels. La représentation langagière des artefacts, des relations et des actes de travail, de ce que sont la nourriture et les conventions alimentaires, le soin, la vieillesse et la mort, ne coïncide pas avec le parler du métier, au point que le dialogue en est empêché. L'impossibilité de parler le même langage réduit considérablement le pouvoir de comprendre et de se représenter concrètement ce que « dit » cette prescription dans ses détails, c'est-à-dire dans son applicabilité. Ces écarts de langage rendent la discussion sur la prescription problématique. Elle en devient difficilement contestable.

Cet écart est vécu, par les hommes et femmes du métier, comme une violence. Pour eux, il s'agit d'une non-reconnaissance de leurs savoir-faire et des situations réelles auxquelles ils font quotidiennement face. Ensuite, il génère un travail supplémentaire : celui d'avoir à traduire, sans mode d'emploi ni dictionnaire, un langage étranger à leur action. Il doit être mené dans le thème et la version : il faut « décrypter » les prescriptions – en y repérant ce qui est vraiment important du point de vue de l'action, du risque et du contrôle, puis, il faut rendre des comptes et justifier de son action dans ce langage-là. Enfin, ce langage crée un réel embarras pour penser et agir. Le double langage produit une mobilisation subjective – l'obligation de résultat qu'elle crée – et une immobilisation de l'action – du fait de sa radicale étrangeté opérationnelle. S'opposer à la prescription de toute-puissance supposerait donc d'opérer une traduction simultanée des niveaux de langage et une explicitation des correspondances entre eux. Il faudrait redéfinir la signification des termes employés par chacun, c'est-à-dire, au fond, redonner un sens commun au travail.

Contester la prescription de toute-puissance supposerait, en outre, la possibilité de discuter du travail. Or, il est un trait frappant de la prescription, et de tous les dispositifs d'échange qui l'accompagnent (comités, formations...), qu'elle traite moins du travail que des processus. Comme le dit un cadre à propos de l'accréditation dans les hôpitaux : « C'est plus la dynamique que le résultat qui compte. » Les processus et projets managériaux, qui concernent la qualité, la traçabilité, la responsabilisation, la sécurité, la maîtrise des coûts, etc., deviennent progressivement des finalités. Il faut remplir des classeurs de procédures, écrire, faire des tableaux de bord, prouver, tracer, etc. Rapidement, c'est le bon déroulement des processus qui va devenir l'enjeu principal de l'évaluation du travail. C'est même l'évaluation des processus, plus que celle du travail, qui peut devenir centrale.

La prédominance des processus sur les finalités est au cœur du débat sur l'évolution des métiers d'encadrement de soin et de restauration. Un cadre de terrain doit-il être un professionnel issu du métier, ou être un « manager », c'est-à-dire un spécialiste des processus ? Cette question est posée par les dirigeants, qui tendent à adopter progressivement la seconde option. Les professionnels constatent ce grignotage de leur métier par le management. « Manager » ne suppose aucune appartenance et légitimité à un métier, c'est-à-dire une habileté particulière, construite et validée par un ensemble de pairs. Au contraire : il est affaire de labilité, d'universalité, de « mobilité », de « flexibilité », d'« adaptabilité », et ce à l'inverse des métiers, ancrés et enracinés dans des histoires, des groupes sociaux et des lieux concrets, donc relativement fixes. Le discours managérial rend sa contestation problématique, alors même que chacun, dans cette attention portée sur les processus, ressent une perte de sens dans le métier.

Ces différentes caractéristiques de la prescription freinent la possibilité de la contester, quand bien même elle serait vécue comme « folle ». Pour la mettre en doute, il faudrait préalablement pouvoir contester sa formulation, c'est-à-dire adopter un métadiscours – un discours sur la forme du discours de l'autre. Cette position est difficile et constituerait une (contre-)violence symbolique relevant de la contestation du pouvoir lui-même. Enfin, l'opposition à la prescription de toute-puissance est rendue encore plus difficile du fait de l'absence de lieux de discussion communs, à son propos.

Les lieux ou moments de rencontre entre les prescripteurs et les opérationnels sont rares. La prescription est élaborée dans des lieux vagues et dépersonnalisés, par « des gens », loin – jusque dans des pays étrangers. Les opérationnels ont du mal à se représenter les prescripteurs. Ils font l'hypothèse assez raisonnable qu'il s'agit de personnes diplômées (« des gens qui parlent bien ») qui n'ont pas ou plus d'expérience du travail de service dont il est question. La dépersonnalisation du pouvoir, son « abstraction » (V. de Gaulejac, 2001 *a*) font qu'il n'y a plus d'interlocuteur identifiable avec qui entrer en discussion ou en conflit à propos de la prescription. La difficulté de contester les fins du travail et son caractère illimité provoque alors un déplacement de la contestation, qui va se fixer sur les moyens, jugés toujours insuffisants.

La prescription de toute-puissance, pour absurde qu'elle soit, non seulement ne génère pas de contestation visible, mais en plus est défendue par ceux qui en font les frais, dans la relation avec le client ou l'usager.

LA NORME, C'EST LA PROMESSE FAITE AU CONSOMMATEUR

Les exigences du client et de l'usager sont perçues par l'ensemble des professionnels comme étant « de plus en plus élevées ». Le phénomène est présenté comme irrépressible et quasiment naturel. L'usager et le client réclameraient chaque jour plus de rapidité, d'authenticité, de sécurité, de convivialité, de reconnaissance de leur singularité, d'attentions particulières, d'avantages. Ils sont devenus, dans l'imaginaire des salariés, un « roi ». Cette métaphore est abondamment mobilisée, sans ironie. Pourtant, il est surprenant – surtout dans la France républicaine – de voir la figure du roi faire ainsi irruption positivement dans les relations de travail. Le roi est une figure politique qui se réfère à la souveraineté absolue. Il échappe au droit commun et n'est pas tenu à la réciprocité. Faits rois, le client et l'usager « ont toujours raison », quand bien même ils seraient injustes. Les demandes, fussent-elles idéales, sont alors légitimées. Cette représentation crée un rapport de force symbolique, dans lequel les salariés sont en position d'infériorité (F. Mispelblom Beyer, 2002).

Les promesses faites aux clients et usagers par la communication qui leur est adressée sont connues et répétées assez fidèlement par les salariés. Pour eux, la communication publicitaire est « vraiment » ce qu'il faut produire, quand bien même ces promesses de satisfaction et de jouissance, nous l'avons vu, sont illimitées et irréalisables. Ils se comportent au travail comme s'ils croyaient que les personnes qu'ils servent croient aux promesses qui leur sont faites, d'une part, et qu'il était indispensable de les satisfaire, d'autre part. Dans ce mouvement, l'idéal promis au consommateur devient la norme de ce qu'il faut produire. Cette participation au processus de normalisation peut être comprise comme le résultat d'une attitude compréhensive au travail. Les salariés disent souvent « qu'eux-mêmes seraient encore plus exigeants » que ceux qu'ils servent. Ils ajoutent qu'« à leur place », ils seraient plus durs, plus râleurs encore. « S'ils étaient eux », ils « gueuleraient » davantage, « ils porteraient plainte »... Cette attitude plus que compréhensive indique que l'exigence d'idéal est considérée comme normale par les salariés, au point que la déviance résiderait désormais dans le fait de ne pas exiger l'idéal, en tant que client ou usager. S'il accepte, sans rien dire, l'imperfection des choses et des gens, l'approximation du service, l'incertitude de son résultat, il n'est pas « normal ». Certains salariés vont jusqu'à s'offusquer de ce que les destinataires du service ne sanctionnent pas davantage l'imperfection organisationnelle.

Dans les services, la qualité, la productivité et l'éthique sont étroitement dépendantes de la capacité à considérer l'autre comme pouvant être soi-même, à adopter une attitude « compréhensive ». Pour faire la toilette d'une personne très âgée, il faut savoir se mettre à sa place et se demander : est-ce que l'eau est à bonne température ? Est-ce que je risque de lui faire mal en la manipulant ainsi ? Suis-je trop intrusif (ou pas assez « hygiéniste ») ? Un soignant qui cesserait de « se mettre à la place » de la personne qu'il manipule risquerait rapidement de ne plus évaluer ce qu'il fait à l'autre et, finalement, de l'objectiver. De même, un bon serveur est celui qui sait se mettre à la place de ses clients. Celui qui comprendra l'impatience d'une personne pressée de commander, aussi bien que le besoin d'intimité d'un couple venu dîner en amoureux.

N'importe quel serveur « sait ce que c'est ». Il peut assez facilement – encore plus légèrement que dans le cas de la gériatrie – se mettre à la place de ses clients. Ph. Corcuff (1996) montre que le client peut même exiger cette « compassion », qui accroît le sentiment de responsabilité à son égard, notamment lorsqu'il est dans la détresse. La relation de service induit donc une grande porosité entre la sphère de la consommation et celle du travail, avec d'autant plus d'impact que ces métiers concernent des domaines de l'intime. Alors, ce que demande le consommateur devient littéralement compréhensible, voire légitime puisque c'est ce que l'on aurait soi-même demandé si on était à sa place. De cette manière, l'idéal devient progressivement exigible dans l'interaction avec le salarié, au point d'être érigé en norme qui guide l'action et fonde le jugement social sur la prestation. En outre, le client ou l'usager est équipé d'outils lui permettant d'exprimer son mécontentement à la hiérarchie.

La mesure croissante de la satisfaction des clients et usagers, la prise en compte systématique de leurs avis, de leurs supposées attentes et désirs, signent la montée d'un nouveau type de contrôle et de sanction sociale dans les organisations. En leur demandant de participer à l'évaluation constante du service rendu, par les enquêtes de satisfaction, sondages, « client mystère », incitations à réclamer ou porter plainte, les prescripteurs créent une surveillance des salariés par ceux qu'ils servent. Le destinataire du service est encouragé formellement à réclamer sur place ou à avoir recours à une plainte différée – lettres de réclamation ou de dénonciation envoyées à la hiérarchie, lobbying médiatique, attaque en justice. Il peut et il est poussé à demander à « voir un responsable ». Ces dispositifs opèrent un contrôle bien plus fort que le contrôle hiérarchique direct par le fait même que chacun, dans les restaurants et les services hospitaliers, sait être sous le regard des clients ou des usagers. Alors chaque salarié de première ligne peut avoir peur d'être mal noté par le client, d'être dénoncé par lui, d'être pris dans un scandale, un conflit, d'être convoqué par sa hiérarchie suite à un courrier. Cette inquiétude est aiguisée par le caractère aléatoire et imprévisible de la plainte : tel client ne dira rien alors qu'il a été mal servi, alors qu'un autre écrira à la direction générale pour une broutille. Le client ou l'usager est convoqué pour juger le travail réalisé (le service fourni), mais pas le travail réel. S'il est mécontent, il « ne veut pas le savoir ». Il est invité à adopter une posture naïve, dans laquelle les services pourraient être produits par enchantement, sans travail, sans imprévu, sans incertitude. Positif ou négatif, l'avis du client ou de l'usager est transmis à la hiérarchie qui, elle, applique des sanctions en cas d'écart à la norme prescrite, fût-elle celle, infiniment exigeante, de « satisfaire » leurs désirs labiles et contradictoires.

La fameuse « exigence croissante » des clients est donc une construction sociale permettant d'encadrer le travail des premières lignes. La hiérarchie ne peut surveiller et contrôler « le petit détail qui compte » dans l'interaction de service, juger la singularité de toutes les interactions. En revanche, le destinataire du service est en situation de le faire, de juger de manière directe et immédiate le travail. Tant que ce jugement reste le sien, il n'a que peu d'effet organisationnel. En revanche, s'il est utilisé par la hiérarchie, il devient un instrument de contrôle. Or, précisément, la mise en place de dispositifs qui visent à connaître et valoriser de manière systématique les « avis », « attentes » et la « satisfaction » des clients et usagers, crée ce lien fonctionnel entre l'opinion du destinataire du service et le contrôle hiérarchique. Nous pouvons reprendre ici l'analyse de A. O. Hirschman (1970) lorsqu'il fait l'hypothèse que la qualité d'une organisation se développe ou se maintient si elle est soumise à des défections de consommateurs *(exit)* ou à une prise de parole *(voice)*. Ici, l'*exit* et surtout la *voice* sont utilisées pour prescrire, déléguer et contrôler le travail. Comme le souligne Dubuisson-Quellier (1999), cette *voice* est maintenant « soigneusement élaborée par le prestataire ».

Le client est invité à exiger d'être satisfait et incité à utiliser la menace de la *voice* et de l'*exit* par la hiérarchie elle-même. La *« voice »* du destinataire du service est non seulement légitimée, mais favorisée et instrumentée par les dispositifs de gestion. Le destinataire du service est ainsi poussé à déborder de son rôle d'acteur économique pour prendre en charge des régulations d'ordre organisationnel et par conséquent social et politique (L. Pinto, 1990).

Prendre la satisfaction du client ou de l'usager du service comme critère d'appréciation du travail – si ce n'est *le* critère – signifie que le travail est soumis à un jugement subjectif, celui de la satisfaction de désirs singuliers. Ce faisant, la subjectivité des usagers est instituée comme élément pertinent du contrôle dans les organisations. Il reste hiérarchique, mais avec une médiation externe. La force de ce dispositif tient de ce qu'il est vécu comme légitime par ceux qu'il contrôle. En effet, les premières lignes trouvent « normal » que les destinataires du service exercent ainsi une pression prescriptive et un contrôle de leur travail.

Le client ou l'usager du service est incité à exiger une satisfaction illimitée. Lorsqu'elle est prise au sérieux, cette invitation peut donner lieu à des comportements consuméristes zélés. La relation entre lui et le salarié peut alors prendre des formes d'agressivité ou de violence notoire, voire de « harcèlement ». Ce dispositif de contrôle, *via* le client, le dresse comme un « pitbull » lancé sur les salariés « comme on lâche les fauves » (F. Hubault & F. Bourgeois, 2002). La violence dans les relations entre prestataires, clients ou usagers connaît une augmentation nette[1]. Celle-ci pourrait être comprise comme le résultat de l'écart croissant entre l'attente du client ou usager, et les limites de l'action du prestataire supposé le satisfaire pleinement. Ici, la communication externe, celle qui

1. Voir notamment : « Travail, violences et environnement », Rapport du Conseil économique et social, 1999.

s'adresse à « la masse » – aux destinataires du service, prescripteurs, juges et faiseurs d'opinions –, est maintenant au cœur des questions organisationnelles. Nous pouvons même dire, avec Dominique Dessors (2002, p. 249), qu'« il s'agit de faire exiger, par le public, ce que l'on attend des prestataires ». Dans cette perspective, le marketing, les services qualité et communication, ne sont pas des techniques fonctionnelles idéologiquement neutres – ce que les professionnels de ces métiers revendiquent néanmoins fortement –, mais des déterminants organisationnels qui règlent les relations entre les agents de l'organisation et les membres de la « masse » et, par contrecoup, entre les agents eux-mêmes.

Le client ou l'usager n'est cependant pas totalement soumis au rôle qu'on aimerait le voir jouer. Ainsi la tentative d'influencer ses comportements peut-elle échouer, voire se retourner en son contraire s'ils pactisent de manière silencieuse ou au contraire dans un éclat de rire commun avec les premières lignes, pour faire échouer la prescription qui leur est adressée conjointement. De la même manière, il faut souligner que les salariés ont des moyens de résister à la pression du dispositif. Individuellement, cette résistance est toujours marginale, cachée et finalement assez faible. En revanche, lorsqu'elle est collective, elle peut permettre des évitements, détournements et renversements significatifs (F. Hanique, 2004). Un travail d'organisation opérationnel, lorsqu'il peut se déployer, relativise et adoucit ce type de pression consumériste. Il peut permettre de prendre en charge collectivement tout ou partie des contradictions de l'interaction, affaiblissant le poids relatif donné à l'avis du client.

Lorsque le travail d'organisation local est faible, la contestation de la norme d'idéal reste timide et officieuse : c'est « derrière » que l'on dit son doute ou son énervement à l'égard du contrôle exercé par le client et l'usager. Ainsi critique-t-on vertement l'accréditation, les enquêtes de satisfaction, le « management par l'audimat » ou la validité des mesures de satisfaction. Mais les dispositifs de contrôle eux-mêmes ne sont pas remis en cause socialement. Chacun y concourt, collabore à son bon fonctionnement, d'autant que la contribution à la vitalité de ce dispositif est sanctionnée positivement.

Dans la production des services de masse, les clients et usagers sont donc des coproducteurs du service, et sont, de surcroît, mis au travail d'organisation. Le client ou l'usager « normal » est celui qui inscrit, lors de l'interaction avec le salarié qui le sert, son comportement au regard de la norme d'idéal. Il adopte les comportements attendus et rentables pour les organisations : il fait « comme si » il croyait à l'enchantement promis, l'exige dans sa relation avec le salarié, participe au contrôle de son travail et à la dénonciation des écarts à l'idéal. Les dispositifs visant à « assigner une place », pour rendre le comportement du client capable d'améliorer l'efficacité et la rentabilité du service, le transforme en retour. Cette normativité sociale définit en négatif les comportements socialement encombrants. L'indésirabilité du comportement du client ou usager peut être requalifiée en indésirabilité morale et sociale. Ainsi, les patients « dérangeants » dans un service hospitalier sont souvent requalifiés de patients « dérangés » (A. Vega, 2000, p. 112). Progressivement se compose une segmentation entre les « bons » et les « mauvais » usagers ou clients. Les « bons » seraient ceux qui collaborent à l'organisation du travail, en se conformant à la norme d'idéal.

La question se pose alors de savoir si le client et l'usager peuvent refuser cette norme. Imaginons qu'un client se présente dans un restaurant et se mette à rire des noms pompeux donnés à des plats cuisinés de manière industrielle, qu'il dise que le lapin empaillé dans le jardin minuscule, derrière une fausse fenêtre provençale, est plus pathétique que charmant. Un tel consommateur s'appelle, dans un restaurant, « un emmerdeur ». S'il a le droit de rester et de terminer son repas, il est clair que c'est, pour un maître d'hôtel, « typiquement le genre de client qu'on souhaite ne jamais revoir ». Il génère davantage de travail et moins de reconnaissance. Imaginons maintenant qu'une personne âgée dans un hôpital public demande à manger des produits qui n'aient pas été aseptisés, à sortir au risque de chuter, à cesser de prendre des médicaments refusant en cela l'idéal médical et sécuritaire de la prescription. Ces requêtes ne seront pas acceptées sous prétexte qu'elles mettraient en péril sa santé et en conséquence les salariés qui s'en occupent. Dans toutes ces demandes, le client râleur comme la personne âgée seraient « mal vus » des membres de l'organisation et seront en conséquence moins bien traités que les autres. D'une certaine manière, ils sont sanctionnés socialement pour ne pas respecter la norme d'idéal.

Le contrôle et les sanctions hiérarchiques porteuses de la norme d'idéal s'exercent donc *via* le client (ou l'usager), mais aussi par les directions fonctionnelles.

LE CONTRÔLE HIÉRARCHICO-FONCTIONNEL

Vue du siège, l'action quotidienne des soignants et des médecins comme celle des personnels de cuisine et de salle restent largement méconnues. Chaque service, chaque restaurant reste une « boîte noire ». Le contrôle hiérarchique sur les exploitations s'exerce surtout au moyen de grands indicateurs, de notes et classements généraux auxquels sont rattachées des sanctions. Il s'exerce *via* les dispositifs de contrôle et de traçabilité institués par les différents spécialistes fonctionnels – de la qualité, du contrôle de gestion, de la formation, de l'hygiène, de la sécurité, etc. Ces experts mesurent ou font automesurer de multiples aspects de l'activité. Ils passent dans les services pour relever et annoter ce qui s'y fait ou ce qui ne s'y fait pas, visiblement. Ils en font des rapports aux dirigeants. Ces informations sont consolidées et permettent de disposer de tableaux de bord synthétiques sur l'activité (nombre de repas, de rotations, prix moyen par repas/nombre de lits, taux d'occupation des lits, point ISA, etc.), la qualité, la conformité, la satisfaction, la performance, etc.

À ce contrôle très macro s'ajoute une appréciation plus discrète mais puissante des comportements des salariés au travail, pour s'assurer qu'ils « respectent » les prescriptions. Les cadres de proximité exercent un contrôle et une évaluation visuelle directs des comportements de leurs collaborateurs. Celui-ci est à la fois faible (on ne peut être partout) et permanent (il peut surgir à chaque instant, y compris dans le « feu de l'action »). À tout moment, la hiérarchie peut « descendre » dans le service ou dans le restaurant. Les prestataires de service se savent sous le regard de la hiérarchie opérationnelle et ils adaptent leur comportement pour le rendre conforme aux prescriptions globales ou locales.

Les formations sont aussi des moments d'épreuves comportementales, auxquelles peut être subordonnée une promotion-sanction. Elles sont largement orientées vers la mise sous contrôle et la traçabilité des comportements porteurs de normalisation de l'idéal. Des grilles d'évaluation et d'autoévaluation, inspirées des paradigmes de la psychologie du « moi », formalisent régulièrement l'état des compétences de chacun. Ce contrôle est assorti de sanctions. Toute déviance est sanctionnée par un retrait de la reconnaissance du travail, si souvent confondue avec la reconnaissance de la personne elle-même. Entre « elle ne fait pas le service assez vite » (par rapport au travail prescrit) et « elle est lente », la langue fourche souvent. Aussi les salariés cherchent-ils à se conformer aux prescriptions comportementales qui leur sont faites de toutes parts, quand bien même ces injonctions seraient contradictoires et idéalisées. S'ils échouent, le regard du supérieur viendra sanctionner cette insuffisance par un mot qui « tue ». Ces sanctions sont justifiées par le fait que le comportement est une composante importante du service. Il doit être à la fois conforme à la prescription normative (assurer l'homogénéité de la prestation) et adapté à la situation singulière de l'interaction. La sanction peut être négative mais aussi positive. Ainsi, la hiérarchie peut valoriser une personne qui contribue activement à consolider la norme d'idéal au travail.

Le contrôle hiérarchique, sous ces différentes formes, est en fait bien accepté. Et ce d'autant plus que le contrôle est presque toujours aussi un autocontrôle. Celui-ci joue un rôle clé dans l'acceptation et la normalisation de l'idéal au travail.

LA FORCE DE L'AUTOCONTRÔLE

Chez C'BON comme à l'AP-HP, la grande majorité des dispositifs de contrôle sont aussi et surtout des dispositifs d'autocontrôle. Chaque jour, chaque semaine, chaque mois, chaque année, dans les restaurants comme dans les services hospitaliers, les personnels notent tout et se notent sur tout : les performances (contrats d'objectifs/moyens), la qualité (auto-évaluation dans les démarches d'accréditation, autocontrôle dans le manuel des procédures d'hygiène), les comportements (entretiens d'évaluation, évaluation hiérarchique des comportements), la satisfaction du client (clients mystères, questionnaires, plaintes). Le développement de l'autocontrôle est soutenu par des outils de gestion (tels que des feuilles de notation, des entretiens d'évaluations, des relevés d'activité...) et par des formations. L'autocontrôle est généralement bien accepté.

Si le « client mystère » dans les restaurants est un contrôle « angoissant » pour les personnels qui y sont soumis, il ne donne pas lieu à une critique, au contraire. Cette même serveuse, qui se dit si « terrorisée », ajoute : « C'est important pour nous. Ça nous montre comment le client perçoit le travail. » À l'AP-HP, la mise en place du PMSI et du calcul du point ISA peut apparaître comme un outil de contrôle de gestion à l'usage des tutelles. Mais par effet de comparaison entre établissements et d'analyse historique, il incite aussi les services et hôpitaux à « s'auto-analyser » afin de mieux interpréter et maîtriser les performances ainsi dévoilées. Aussi voit-on des professionnels de la santé manifestement préoccupés par « leur » point ISA et sa valeur relative. Il en est de même de l'accréditation, qui prévoit que les services s'auto-évaluent avant que les contrôleurs externes de l'ANAES ne viennent le faire.

Toute (auto)-notation donne lieu, théoriquement, à un débat relevant de la pratique de l'autocritique. Mais la sanction contenue dans l'autocontrôle est vécue avant tout comme un déficit de reconnaissance de soi à soi. Être « déçu » par ses résultats, c'est souvent être déçu par soi-même. Pour nous donner à imaginer ce que représente ce système de contrôle, un second maître d'hôtel nous dit, le sourire crispé : « Faut prendre ça au second degré [il rit jaune]. C'est dur. Quand on s'investit énormément, on voit pas le jour, on est fatigué. Alors quand la note est mauvaise, on a envie de se mettre une balle. Mais ces notes sont utiles. Si elles sont mauvaises deux ou trois fois de suite, ça indique un danger. Mais c'est plus un outil pour nous que pour la direction. Ça montre où est-ce qu'il faut faire des efforts. Ça nous permet d'analyser nos points faibles. Faut le prendre au second degré. Sinon, on le prend dans les tripes et alors on se demande pourquoi on fait tout ça, pourquoi on en fait tant. » L'autocontrôle est justifié par cet argument : disposer de l'évaluation de son action doit permettre de l'améliorer sans fin et à tout instant.

Mais il est surtout utilisé pour tenter de maîtriser sa peur. Car face au « client roi » et dans une activité de flux, que l'on soit serveur ou infirmier, « on n'a pas le droit à l'erreur ». Alors, dans un paradoxe apparent, l'autocontrôle peut être pris comme un pare-feu face aux risques contenus dans les autres contrôles. Il précède le contrôle hiérarchique et le contrôle externe, et en prévient les menaces de sanction. Il permet aux deux secondes de « bien se passer » et de n'être que des formalités. De ce fait, il est non seulement accepté, mais aussi recherché. Entre dégoût et acceptation, entre pression et soumission, l'autocontrôle est vécu comme un moyen de progrès et, en conséquence, une « bonne chose ».

La prescription idéalisée est intériorisée et défendue, tandis que le contrôle est essentiellement un autocontrôle.

Cette « tenaille » semble acceptée par ceux qui s'y trouvent pris. Elle participe à la normalisation de la prescription idéale, au même titre que le contrôle social exercé par l'évolution juridique.

TRAÇABILITÉ ET JURIDICIARISATION : L'IDÉAL DEVIENT EXIGIBLE

Les relations entre clients et prestataires font l'objet d'une emprise juridique croissante. La « responsabilité » et « l'obligation de résultat » trouvent progressivement place dans les textes de loi. Nous assistons, dans ces deux milieux de travail comme dans la société occidentale en général, à un phénomène de juridiciarisation des rapports sociaux, avec, notamment, la montée du « contentieux de masse »[1].

Chez C'BON comme à l'AP-HP, les prescriptions de toute nature sont assorties de procédures de gestion visant à tracer l'action afin de constituer des preuves formelles mobilisables à tout instant, en cas de mise en cause (judiciaire ou non) de l'organisation ou de ses membres. La montée de la traçabilité répond à la juridiciarisation des rapports sociaux au travail au point de devenir des outils de régulation et de gestion (Chazel & Commaille, 1991) pour contrôler et maintenant justifier l'action. L'activité d'écriture des « preuves » vient en plus de l'activité opérationnelle. Elle transforme le rapport social et subjectif que le sujet entretient avec elle, dans la mesure où le travail adressé au client ou usager se double presque systématiquement d'un travail adressé aux juges.

1. Voir : Rapport, n° 49 au Sénat (1996/1997), rédigé par Charles Jolibois et Pierre Fauchon, *Quels moyens pour quelle justice ?*, Chiffres 2001, ministère de la Justice. Ce rapport montre l'augmentation statistique très importante des recours en justice depuis une vingtaine d'années, dans tous les domaines de la vie sociale.

L'inscription législative de la norme en signe la totale banalisation – la norme est acceptée socialement, elle devient indiscutable – en même temps que la fragilité dans les usages, si l'on considère que le phénomène de juridiciarisation intervient lorsque l'application de la norme n'est plus « évidente » socialement et qu'il est nécessaire de lui donner une forme judiciaire. Inscrire dans la loi l'obligation de préserver l'hygiène alimentaire dans les restaurants, ou de respecter les êtres humains dans les hôpitaux relève de cette même ambivalence : c'est à la fois une évidence sociale indiscutable et simultanément la reconnaissance qu'elle ne s'impose pas d'elle-même puisqu'il faut en faire une obligation assortie de sanctions. La norme d'idéal telle que nous la voyons se dessiner ici dans son inscription juridique serait à la fois considérée comme « normale » socialement et difficile à faire respecter concrètement. Entre les deux se repose, entêtante, la question de l'action possible.

La contrainte hiérarchique s'exerce donc de manière indirecte, par des dispositifs de contrôle et de sanctions portés par les clients et usagers, les fonctionnels et les normalisateurs externes. La contrainte n'est apparemment plus imposée par les dirigeants, mais par « le client qui nous fait vivre », par les experts qui « savent » et enfin par les « contraintes externes ». L'obligation d'être parfait sur tous les critères viendrait d'une demande sociale… c'est-à-dire, aussi, de soi-même.

IL FAUT Y CROIRE OU, AU MOINS, FAIRE SEMBLANT

Dire que l'idéal devient une norme sociale ne dit rien de la croyance en cette norme. Ce qui est important, sociologiquement, c'est « l'obligation d'y croire », ou du moins de faire « comme si » l'on y croyait, si l'on veut être intégré socialement, comme consommateur et comme travailleur. Or, dans ces organisations, la critique ou la remise en cause de la prescription idéale est sanctionnée.

Lorsqu'un salarié « ose » contester un objectif parce qu'il est impossible à atteindre, ou lorsqu'il souligne l'impossibilité d'atteindre simultanément deux objectifs contradictoires, il est « mal vu ». Dans un service gériatrique, celui qui déclare ne pas pouvoir respecter les chartes déontologiques et éthiques compte tenu des moyens qui lui sont alloués, ou qui dit simplement qu'il n'a pas assez de lits pour exercer pleinement ses missions de service public, est traité de « râleur ». Ses pairs, sa hiérarchie, les usagers et les juges peuvent lui donner raison d'un hochement de tête, mais cette prise de position ne modifie aucunement la prescription. Dès qu'un décalage entre fins et moyens est constaté – ce qui est le cas quotidiennement –, la tendance consiste à dénoncer le manque de moyens. Celui qui oserait dire que les fins sont trop ambitieuses passe pour un marginal, un désespéré, un fou, un raté.

Ce qui est considéré « normal » dans notre société se déplace sensiblement du côté de la perfection. Ainsi, par exemple, le handicap physique peut aujourd'hui être considéré comme anormal, voire hors la loi[1]. De même est-il normal d'exiger aujourd'hui de mourir tard[2], en bonne

1. Didier Sicard (2001), chef du service de médecine interne à l'hôpital Cochin (Paris) et président du Comité national consultatif d'éthique, remarque le phénomène de normalisation de l'idéal dans le rapport des usagers de soins à la médecine à l'occasion de « l'affaire Perruche ». Citons-le : « Si la médecine n'a pas été assez vigilante pour empêcher la venue au monde d'un être non conforme à une normalité décrétée, cette situation considérée comme un préjudice est indemnisable pour celui ou celle qui est ainsi né(e). La personne handicapée physique et/ou mentale est devenue un préjudice vivant, une faute, qui mérite réparation en tant que telle. [...] On ne "livre" pas à la vie un tel "produit" défectueux. Un tel "produit" de base, simplement "anormal", n'est désormais plus acceptable dans notre modernité. »

2. La norme sociale d'une mort « normale » est elle-même en évolution constante et semble-t-il illimitée. Que l'on se rappelle Montaigne lorsqu'il écrivait qu'il avait atteint « un âge auquel peu de gens arrivent », âge auquel il affirme que « mourir de vieillesse est une mort rare, singulière et extraordinaire ». Montaigne avait alors 47 ans. Cette norme sociale est fondée sur un accroissement réel de l'espérance de vie, dont la tendance s'est affirmée au XVIIIe siècle et s'est accélérée depuis la fin de la Seconde Guerre mondiale : depuis 1950, la probabilité de survie au-delà de 60 ans a plus que doublé (Sources : INSEE).

santé, et d'être pris en charge socialement lorsqu'on devient dépendant. Pareillement, est-il devenu normal de manger « authentique » mais de façon totalement sécurisée et normalisée. Dans cette perspective, la moindre déconvenue dans un restaurant – une table mal placée, un serveur qui ne sourit pas, un plat un peu froid, un temps d'attente plus long – ou toute insatisfaction sont jugées inacceptables.

Les normes exigibles de maîtrise du risque, dans le travail, sont d'autant plus exigeantes que la sécurité s'accroît objectivement. C'est ainsi que « le constat essentiel » porté par des spécialistes du risque[1] est que « notre société a tendance à se mentir. Elle a tacitement adopté un modèle de sécurité tiré par un référentiel idéal (zéro défaut, qualité totale) dont le simple affichage sous forme de croyance ou de slogan est simple à comprendre (réduction des défauts), motivant pour tous, sécurisant pour le grand public et – parfois – pour ses dirigeants ». Le philosophe Yves Michaud (2002) souligne ce paradoxe également : plus la sécurité effective s'accroît, plus la société est prévisible et sûre, plus l'insécurité et la violence sont jugées inacceptables. Ceci crée un déplacement de ce qui, dans une société donnée, est considéré comme normal.

Dans ce mouvement, la conception sociale du risque est mise en débat : le risque est-il acceptable, c'est-à-dire indissociablement lié à l'existence et à l'action, ou doit-on sanctionner tout aléa en le considérant comme une « faute » et relevant d'une responsabilité individuelle ? Pour Chateaureynaud (1996), il s'agit d'une « querelle juridique extrêmement importante, puisqu'il s'y joue ni plus ni moins que la représentation du monde social et du monde du travail ». Or, l'évolution normative à cet égard démontre que l'écart par rapport à la prescription ou à

1. Document-support pour le séminaire d'« Action concertée incitative cognitique », du ministère de la Recherche et le programme « Risques collectifs et situations de crise », du CNRS, « Le risque de défaillance et son contrôle par les individus et les organisations dans les activités à haut risque », vendredi 8 mars 2002, LAAS-Toulouse.

l'idéal tend à être sanctionné en tant que tel et de manière de plus en plus individualisée.

L'idéal est prescrit, contrôlé et sanctionné. De plus, la croyance en la « normalité » de cet idéal est elle-même prescrite, contrôlée et sanctionnée. Il est donc recommandé de faire « comme si » la prescription était possible et « comme si » les individus étaient tout-puissants. Les systèmes de contrôle font que la contestation à propos de la faisabilité du travail constitue un problème pour les autres. Ce faisant, la déviance se situe du côté du conflit. La non-adhésion manifeste à la prescription de toute-puissance et à l'idéal au travail est (auto)-contrôlée et sanctionnée.

Tous ces éléments finissent par indiquer que l'idéal prescrit est non seulement accepté, mais en plus défendu, banalisé et finalement exigé : il est devenu « normal » au sens où il sert de référence commune à l'action et au jugement, et qu'il rejette du côté de la déviance ceux qui ne s'y reconnaissent pas.

MOINS L'ANOMIE QUE LA NORME D'IDÉAL

Pour Émile Durkheim (1897) alors qu'« il n'y a rien dans les individus qui puisse leur fixer une limite », la norme est ce qui en fixe une. De ce point de vue, elle est contraignante mais « désirable » en tant qu'elle permet de relier l'individu à des « fins qui le dépassent » tout en assurant son intégration sociale. Elle définit les buts et évite l'écartèlement devant de possibles infinis. Elle met des freins moraux à la logique de « la satisfaction des besoins ». Les normes permettent d'éviter ce « mal de l'infini », la « dépréciation du réel », la « perte du sentiment du juste et de l'injuste », caractéristiques de l'anomie. L'illimitation est bien une caractéristique commune entre le phénomène de normalisation de l'idéal, et le concept d'anomie. Cependant, elles diffèrent sur un point très important : aujourd'hui, l'absence de limite est la norme, ce qui est différent que de dire qu'il n'y a plus de norme. Ceci a deux incidences notoires.

Si l'idéal est une norme, alors la transgression de la limite devient la norme. La déviance (qui est par définition une transgression des limites) devient alors la norme. Cela signifierait qu'il faut, du point de vue de la normalité sociale, se comporter en dépassant les limites, que l'on soit salarié, dirigeant, actionnaire, client ou usager. Vivre « hors bords », au-delà des frontières et des limites humaines, est alors la norme. Inversement, celui qui vit et travaille dans la connaissance et la reconnaissance des limites serait devenu le déviant.

Ensuite, nous ne serions pas dans un système social d'autodétermination et d'individualisation des critères normatifs qui caractérise selon Durkheim le phénomène d'anomie. La normalisation de l'idéal crée au contraire une référence commune et obligatoire à une norme. Les individus ne « flottent » pas dans une société sans norme mais sont attachés à la norme d'idéal. De ce point de vue, ils disposent d'un repère commun pour l'action individuelle et collective. La norme d'idéal participe à la régulation des échanges de services, entre professionnels et avec les autres instances sociales gravitant autour de l'organisation – experts, législateurs, médias. En même temps, cette norme est uniformisante : elle incite à adopter un comportement standardisé, consistant à « exiger » l'idéal ou à faire semblant de le produire.

Aussi, l'ascension sociale dans les organisations passe aujourd'hui par la participation au déni des limites. Dans les organisations où l'idéal est normalisé, la promotion professionnelle et sociale est indexée sur l'évitement du « terrain ». Plus une personne est éloignée des lieux de réalisation de la prestation de service, plus sa fonction est technocratique, plus elle bénéficie de considération sociale et salariale. Quitter le « terrain » pour prendre une position fonctionnelle, administrative, de gestion ou de direction au siège, est une promotion. Inversement, demander à une personne du siège de prendre une fonction dans une unité opérationnelle est généralement vécu sur le mode de la rétrogradation professionnelle ou de la sanction. La reconnaissance sociale valorise moins le travail de service que le discours qui l'encadre, moins le fait d'agir sur le réel, que le pouvoir de ne pas avoir à le faire. La situation de travail qui permet de ne pas être confronté quotidiennement au flux des destinataires du service, à ses tensions et crissements, constitue indubitablement un confort au point que l'on pourrait dire qu'il existe une forme de position sociale privilégiée : celle qui permet d'éviter d'avoir à se confronter au réel, et continuer à croire à l'avènement d'un idéal que l'on a dessiné. Paradoxalement, c'est cette possibilité d'évitement de l'action qui définit les positions de ceux qui ont le pouvoir formel dans les organisations.

Le phénomène d'illimitation et de normalisation de l'idéal est en conséquence différent de celui d'anomie. Il en serait plutôt la prolongation. Proposer une norme d'idéal à des individus en quête de repère peut être compris comme une réponse aux difficultés existentielles, organisationnelles et sociales que crée l'anomie. Elle pose, en revanche, une autre difficulté subjective, dans le rapport que l'individu entretient avec les limites, qu'elles soient les siennes (limite de sa puissance), celles des autres, ou celles du monde objectif : celle d'avoir à faire face à son impuissance à être tout-puissant.

LA NORME D'IDÉAL COMME DÉNI DU TRAVAIL

Le terme « idéal » désigne, en première approche[1], ce qui donnerait une parfaite satisfaction aux aspirations multiples de l'homme. Il peut avoir deux usages, montrant ainsi une ambivalence dans son rapport à l'action.

1. Soulignons que le terme « idéal » n'est pas un concept sociologique en dehors de l'usage strictement méthodologique qu'en fait Weber (1922 *a*), avec les « idéaux types ». Il est principalement conceptualisé dans les champs philosophique et psychanalytique.

Une première acception de l'idéal lui donne un statut d'idée. Elle désigne, depuis le XVIIIe siècle avec Buffon, la perfection que l'humain est capable de concevoir en idée, mais qu'il sait ne pouvoir réaliser en acte. Le terme est proche de ceux d'absolu et de merveilleux. Il est anhistorique : il s'agit d'une idée que nous pourrions dire « fixe », c'est-à-dire indifférente au temps. C'est une perfection inaltérable, antidialectique, sans réalisation possible. L'idéal est défini alors par son opposition au possible. L'idéal « implique presque toujours qu'il s'agit d'une limite, empiriquement inaccessible » (Lalande, 1926, p. 432). Si l'idéal est l'opposé du possible sur le plan objectif, il n'est pas, en tant qu'idée, opposé à l'action. Dans cette définition, qui rejoint la conception kantienne[1], l'idéal défini comme « impératif de la raison » sert de guide à l'action et au jugement, quand bien même il ne serait pas possible à réaliser. L'idéal peut être un support à l'action concrète, en proposant un modèle de l'action réalisée. Il est alors une direction, un sens, un horizon, conforme à la raison et moralement transcendant (M. Belissa & F. Gauthier, 1999). Il permet de se représenter l'objet à atteindre, affranchi des contraintes de sa réalisation. Ainsi, l'idéal comme modèle de perfection peut présider au départ de l'action, tout en acceptant que celle-ci réalisera autre chose que lui. Alors, l'idéal, s'il est l'inverse du possible, en est aussi son complice, en tant qu'il donne un référent pour diriger l'action. Cette première définition de l'idéal postule l'existence de deux mondes – le plus classiquement, il s'agit du monde des humains par opposition à celui du divin –, séparés par une limite infranchissable par l'homme. Il existe alors une véritable « étanchéité » entre l'idéal et la condition humaine.

Une seconde conception de l'idéal se distingue de la précédente par son rapport au possible et à l'action.

1. Kant (1795), dans son *Projet de paix perpétuelle*, définit comme « idéal » ce qui doit être visé (la paix, en l'occurrence), tout en sachant que cette visée est impossible à réaliser de manière universelle.

La littérature politique utopiste française et anglaise, depuis le fondateur du terme, Thomas More, et jusqu'au XVIIIe siècle, consiste en une critique de l'ordre existant. Elle invite le lecteur à envisager un monde meilleur et tente de le convaincre de repousser les limites du possible. Alors, l'idéal n'est plus cette image fixe dans le lieu abstrait de la perfection, mais plutôt un projet de réforme pour ce monde-ci. Il est ici indissociablement lié à la notion de progrès et d'histoire. Ainsi, certaines grandes utopies, antiques, chrétiennes, de la Renaissance, des Lumières ou communistes ont parfois été comprises comme des projets à réaliser, des idéaux comme projet d'action. Ici, la vision idéale cherche une voie pour devenir réalité et prend alors le visage de la confrontation et du combat, qu'il soit religieux, politique ou social. Cette définition de l'idéal comme moteur trouve son équivalent dans la théorie psychanalytique où il est un concept central. « L'idéal du moi » désigne dans la seconde topique un élément du surmoi, « auquel le sujet cherche à se conformer » (J. Laplanche & J.-B. Pontalis, 1967, p. 184). Il est, à cet égard, un déterminant de l'action individuelle et de la vie subjective. Il est la reconnaissance d'un écart entre ce que l'on est et l'image de soi, que l'on aimerait atteindre. L'idéal subjectif comme l'idéal politique, lorsqu'ils sont considérés comme des modèles à atteindre, n'excluent pas la difficulté, le conflit et la hardiesse. Au contraire : faire de l'idéal un projet d'action et non plus une idée inatteignable crée l'expérience souvent considérée comme malheureuse, de la confrontation avec les limites et les contradictions. En termes hégéliens, le destin de l'homme est fait de l'expérience tragique de désirer l'absolu et de ne pouvoir l'atteindre. L'expérience de la finitude et de la limite coexiste avec sa capacité à concevoir l'illimitation, la satisfaction, la béatitude. Entre l'idéal et le possible s'établit de ce fait une dialectique, au sens de va-et-vient entre deux extrêmes irréconciliables, laissant l'homme déchiré dans cette tension entre l'infini et le fini, tant qu'une médiation ne vient pas soulager cette « conscience malheureuse ». Dans cette acception, l'idéal peut être, à la manière romantique, la cause d'un sentiment d'impuissance et de drame existentiel.

L'idéal défini comme un projet pousse l'homme à action. Il le met en situation d'affronter les limites du monde, des autres et de lui-même. Dans cette tension, il peut rêver d'avoir assez de puissance pour briser ces contraintes et atteindre enfin son idéal. Philosophes et psychanalystes rapprochent alors l'idéal du concept de toute-puissance, terme d'origine théologique, qui désigne le pouvoir illimité reconnu à Dieu, son omnipotence. Elle est ce qui permettrait de casser les limites, de surplomber les contradictions, de mépriser le conflit et de réaliser des projets idéaux. Nous rejoignons ici le concept freudien de « Moi idéal », qui désigne l'idéal de toute-puissance narcissique, référé au modèle infantile préœdipien. Alors, suivant en cela l'analyse de Janine Chasseguet-Smirgel (2000), les concepts d'Idéal du moi et de Moi idéal sont indissociables. Ils sont deux voies qui visent un même projet, celui de se fondre à son idéal : « l'idéal du Moi y apparaît comme le substitut de la perfection narcissique primaire, mais un substitut séparé du moi par un écart, une déchirure que l'homme cherchera toujours à abolir » (*op. cit.*, p. 12).

L'idéal comme projet a ainsi partie liée avec le fantasme de toute-puissance. Mais l'homme n'est que « moyennement puissant ». C'est-ce qui, précisément, l'oblige à se mettre au travail, à affronter ce qui lui résiste. Ceci nous amène à proposer une nouvelle définition du travail, au regard de l'idéal. Le travail, qu'il soit action dans le monde concret ou élaboration subjective, consiste à tenter de se rapprocher de l'idéal, en mettant à l'épreuve ses limites, sans tomber dans les écueils de la toute-puissance ou de l'impuissance. Le travail est la reconnaissance et la mise en action de la puissance moyenne de l'homme. Ainsi, l'idéal et le travail sont liés par leur commune référence à la limite. Alors, lorsque l'idéal devient « normal », c'est le travail lui-même qui est dénié.

Les professionnels soulignent l'importance d'avoir un idéal dans le travail. Il donne une direction et une force à l'action, en la référant à un modèle. Il est une représentation élevée du métier vers laquelle tendre. Mais cet idéal-là, après discussion, s'avère être bien différent de celui qui caractérise la prescription.

Apparaît alors une distinction importante entre deux types d'idéaux au travail. L'idéal construit dans le cours de l'action a pour caractéristique d'être fondé sur la connaissance corporelle, cognitive et émotionnelle des limites. C'est précisément dans cette épreuve qu'entrent en discussion subjective et sociale les moyens de les dépasser, de les supporter, de les contourner ou de les retourner en ressources. L'idéal est alors avant tout issu d'une pratique et se niche au cœur du métier. Il est construit collectivement dans le temps (avec ses « pères ») et dans l'espace (avec ses « pairs »). La tension entre le « modèle idéal » qui fait la « dignité de la profession » et le « modèle pratique » crée un espace de débat et de tensions entre les professionnels dans la répartition du travail. Cet idéal de métier est radicalement différent de l'idéal organisationnel des prescripteurs, que nous avons décrit précédemment. L'idéal organisationnel est descendant plus qu'ascendant : il s'impose dans le travail sans avoir été construit dans l'acte. Le déni des limites dans les différents éléments du faisceau prescriptif ne procède pas d'une construction axiologique et déontique à propos du travail réel, mais plutôt d'une idéalisation du travail prescrit. Cet idéal-là n'est pas une médiation des contradictions, mais sa négation. Il ne résulte pas d'un travail d'organisation mais de son évitement.

Surtout, sa normalisation transforme son statut : l'idéal devient un projet à atteindre et non plus un modèle inatteignable. Dans le prolongement des travaux d'E. Enriquez (1997), nous pourrions dire que l'idéal prescrit est un idéal « leurrant », dans ce sens qu'il induit chez l'individu un imaginaire de toute-puissance, une instrumentalisation de soi et de l'autre dans la quête purement fonctionnelle d'un idéal d'excellence. En devenant exigible, l'idéal cesse d'être un horizon, un modèle inaccessible. Ce ne serait alors pas l'absence d'idéal qui caractériserait notre société. Mais au contraire un idéal terriblement présent, mais qui a perdu son caractère nécessairement inatteignable et qui en résulte trahi.

La normalisation de l'idéal, en tant qu'elle érige l'absence de limite en norme pour l'action, laisse l'homme dans une triple incertitude. Tout d'abord, il ne sait pas ce qu'il doit et peut faire : le « tout doit être possible » surprime le cadre et le but de l'action. Ensuite, il ne sait pas ce qu'il faut faire pour savoir ce qu'il faut faire. Le processus même de fabrication de buts limités devient problématique. Enfin, les critères pour juger l'action, qu'elle soit la sienne propre ou celle d'autrui, deviennent infinis et d'une relativité telle qu'ils ne sont plus pertinents. Tout est faisable, tout est possible, rien n'est limité.

LA MONTÉE DES ÉTATS LIMITES

Par l'analyse sociohistorique des psychopathologies et de leur traitement, Alain Ehrenberg (1998) montre que nous assistons à une transformation normative importante. Au conflit névrotique né de la confrontation avec l'interdit aurait succédé une société dans laquelle le conflit a laissé place à un vertige face à l'absence de limite. Au conflit entre le permis et le défendu (générateur de culpabilité) succède la tension entre le possible et l'impossible. Dans cette nouvelle normativité sociale, « commettre une faute à l'égard de la norme consiste désormais moins à être désobéissant qu'à être incapable d'agir ». L'individu « trajectoire » est indéterminé et sommé de « devenir lui-même », face à l'infini des possibles. Cette évolution donne lieu à des « pathologies de l'insuffisance », pathologies narcissiques caractérisées par « le fait d'être prisonnier d'une image tellement idéale de soi qu'elle rend impuissant ».

Cette hypothèse recoupe celle que des psychanalystes dressent à partir de leur expérience clinique. Un psychanalyste lacanien formule ainsi le diagnostic qu'il porte sur ses sujets contemporains : « Ce qui fondait la réalité, c'est qu'elle était insatisfaisante et donc toujours représentative du défaut qui la fondait comme réalité. Ce défaut est désormais relégué à un pur accident, à une insuffisance momentanée, circonstancielle et c'est l'image parfaite, autrefois idéale, qui est devenue réalité » (C. Melman, 2002, p. 46). Quelle que soit leur école, les psychanalystes se rejoignent pour rendre compte d'une évolution nette des problématiques subjectives avec l'apparition d'un symptôme nouveau depuis les années 1970, appelé « états limites ». Ce terme regroupe une grande diversité de cas et continue de poser une difficulté nosographique. Son plus petit dénominateur commun est la difficulté rencontrée par le sujet contemporain dans son rapport avec les limites.

Le sujet en « état limite » est caractérisé par des symptômes de clivage et de dépression, d'addiction (boulimie, toxicomanie, alcoolisme, refuge dans le sommeil), de compulsion à la répétition. Somatisation et action se déploient sans conflit apparent. Il vit dans un grand sentiment d'insécurité, semble ne jamais être assuré de sa propre existence et de sa survie de son identité. Il a du mal à mettre des limites avec les objets extérieurs et est alors très sensible à l'intrusion (A. Green, 1999). Les limites dedans/dehors sont friables. La réalité extérieure vient souvent suppléer au vide intérieur. Le sujet a recours à des « metteurs en scène » pour se sentir exister (C. Chabert, 1999). Son « moi » est désorganisé et souvent « faux » (faux *self*, *as if*, *blank self*). Ce sujet fait des efforts considérables pour s'interdire de penser. Il passe facilement à l'action, dans un processus évacuateur, comme une « décharge dans le réel » : la motion pulsionnelle qui remplace la représentation. Il a une « attitude étrangement adaptative » (P. Fédida, 1999). Ces analyses nous invitent à jeter un pont entre norme sociale et subjectivité.

La normalisation de l'idéal est une construction sociale, une technique de pouvoir qui individualise effectivement les tensions et dénie les limites et contradictions. Les incidences subjectives au travail sont multiples, et résonnent avec ces constats cliniques.

CHAPITRE VI

Le sujet face à la norme d'idéal

Les milieux de travail sont caractérisés par une normalisation de l'idéal et une individualisation du travail de résolution des contradictions organisationnelles. Les salariés sont sommés d'être tout-puissants, ce qui est évidemment impossible. Que faire alors ?

Le sujet face à l'idéal normalisé peut opter entre quatre attitudes. Dans un premier cas, il tente de faire coïncider la prescription idéale avec son action effective. Il s'agit de ceux que nous appellerons les « héroïques ». Soit, dans cette tension, le sujet « lâche » l'idéal (plus que sa normalisation) et maintient son action de manière routinière, le retenant au bord du gouffre de l'impuissance. C'est une attitude que l'on peut qualifier de « pratique ». Troisième option : le sujet s'éloigne des conditions concrètes et reste dans l'exigence abstraite de l'idéal à l'instar des « enchanteurs ». Une quatrième solution, en rupture, consiste à contester la norme d'idéal.

Les situations individuelles ne se résument jamais à l'un de ces idéaux types, mais ils peuvent servir de repères pour comprendre des trajectoires professionnelles. Surtout, ils permettent de comprendre de quelle manière la norme d'idéal est produite par les membres de l'organisation et constitue, en retour, un contexte d'action pour eux.

LES HÉROÏQUES : RÉALISER L'IDÉAL, C'EST NORMAL

La première attitude face au déni social des limites dans le travail est un comportement de type héroïque. Nous avons rencontré cette attitude essentiellement chez les cadres, plutôt ceux de proximité (les « managers ») ainsi que chez les premières lignes. Il s'agit de personnes en contact avec les clients et usagers, par obligation ou par souci de s'en rapprocher. Ici, la personne accepte la prescription idéale *et* cherche à la réaliser concrètement. Elle considère que l'idéal est vraiment ce qu'elle doit réaliser. Elle tente quotidiennement et « de toutes ses forces » de faire coïncider l'organisation concrète avec les promesses de satisfaction illimitées et contradictoires faites aux différentes parties prenantes. Les personnes héroïques semblent prendre au sérieux la prescription de toute-puissance et d'ubiquité, au point que l'on peut dire, en paraphrasant La Boétie, qu'elles s'y soumettent volontairement, quand bien même elle serait asservissante.

Adhérer à cette exigence infinie et contradictoire, quotidiennement, est jugé, par ceux-là mêmes qui le font, « surhumain ». Il faut, disent-ils, un « dévouement », ou un engagement de nature « religieuse ». Pour « tenir », il faut « avoir la foi ». Ces expressions, qui semblent être un commentaire formulé par le sujet à l'acteur, indiquent que nous nous situons dans le domaine de l'irrationnel. D'ailleurs, les héroïques disent d'eux-mêmes que leur comportement n'est pas logique, qu'ils sont « fous » de travailler ainsi. Pourquoi le font-ils alors ?

La prescription de toute-puissance est d'autant mieux acceptée et intériorisée qu'elle résonne avec un désir de croire à sa propre toute-puissance, soif ancrée dans une histoire personnelle. Celle-ci comporte l'idée qu'ils doivent et peuvent sauver les autres, réparer une situation douloureuse ou se sacrifier pour lutter contre la souffrance et la mort. La grande majorité des professionnels ainsi engagés dans leur métier font souvent référence à la notion « faute à réparer », tels qu'un échec scolaire, un accident, un décès, ou une trahison au projet parental. Dans tous les cas, ils laissent entendre, à fleur de discours, qu'ils ont la conviction de devoir « sauver » ou raccommoder une situation ancienne, de leur biographie, grâce à leur travail. La normalisation de l'idéal ne dément pas leur désir de toute-puissance, au contraire : elle la prescrit à l'acteur organisationnel. L'acteur et le sujet partagent alors une épopée commune, pour des raisons et des déraisons fort différentes. Dans une perspective sociopsychique, ce phénomène a été interprété comme celui de la rencontre entre un idéal du moi et un système organisationnel qui l'utilise (N. Aubert & V. de Gaulejac, 1991). Il peut être compris également par le fait que la personne joue un scénario où il est celui qui « comble » l'organisation (H. Weber, 2005) et qui entend ne pas décevoir dans ce projet.

D'autres explications, formées sur l'hypothèse de la normalisation de l'idéal, complètent ces hypothèses psychanalytiques. Tout d'abord, se comporter conformément à la norme d'idéal et répondre à la prescription de toute-puissance peuvent être interprétés comme le résultat d'un désir de reconnaissance et d'intégration sociales, dans la mesure où l'idéal est une norme sociale. Nous remarquons que dans la lutte pour l'intégration sociale et la « lutte des places » (V. de Gaulejac & I. Taboada Leonetti, 1994), sur le marché par le travail, les moins dotés en « capitaux » symboliques et sociaux (P. Bourdieu & J.-C. Passeron, 1964) montrent des signes d'adhésion particulièrement forts à cette norme. S'y conformer, par définition, c'est se socialiser ou, du moins, montrer son désir de conformité aux normes dominantes. À cet égard, les employeurs disent assez explicitement rechercher des personnes ayant un fort désir – ou besoin – d'intégration sociale :

des « jeunes de banlieue » ou des adultes en difficulté d'intégration qui s'engagent alors avec ferveur dans la défense des idéaux organisationnels, non pas pour être exceptionnels mais, au contraire, pour être enfin reconnus comme « normaux ».

Ensuite, certaines personnes adhèrent aux prescriptions de toute-puissance moins par engagement volontaire que par la nécessité de « faire face » à des obligations et des risques concrets dans leur environnement de travail. Leur responsabilité morale et parfois pénale sur ce qui se fait – ou ne se fait pas – dans leur unité est engagée. Face à des usagers et clients en situations délicates, face à des risques pour les autres (accident du travail, risque social…), face à des « masses » qui attendent de l'organisation, des services parfaits, il faut répondre. Elles se mobilisent pour faire face à l'exigence, même surhumaine, de « tout maîtriser », quand bien même elles analyseraient qu'elles n'en sont pas capables. Tant qu'elles sont à ces postes, elles « assument » la norme d'idéal, pour n'être pas celles par qui l'erreur ou la faute arrive. Aussi, les sujets « héroïques » éprouvent un sentiment de responsabilité infinie. Lorsqu'ils emploient ce mot, il ne s'agit pas d'une décoration rhétorique sur des pratiques managériales. Ils se « sentent » infiniment responsables de ce qui se fait, se défait et ne se fait pas dans leur environnement proche et séquent. Les « héroïques » peuvent de la sorte dire qu'« on » (ordre anonyme et omniprésent) leur demande l'impossible et que leur poste est impossible. Ce discours à double face, sur la toute-puissance et l'impuissance, peut être exprimé dans le même souffle. Ainsi leur propos oscille-t-il entre des affirmations de maîtrise totale, en même temps qu'affleurent et parfois explosent les sentiments de peur et de honte de « ne pas être à la hauteur ». Ces personnes disent « prendre sur elles » l'écart entre le prescrit et le possible. De ce fait, elles participent, à leur insu, au phénomène social d'intériorisation des contradictions et de psychologisation des conflits.

À ce sentiment subjectif d'infinie responsabilité répond une mobilisation objective, en action, dans le travail. La tentative de réconcilier l'idéal normalisé avec le possible impulse tout entier leur engagement corporel dans l'activité et sert de repère à leur jugement. Ces personnes développent une hyperactivité remarquable et remarquée par leur entourage, professionnel comme privé. Cette agitation impliquée peut être qualifiée de « harcelante » lorsqu'elle somme les autres d'être eux aussi « à la hauteur »... de l'idéal. L'adhésion à la prescription de toute-puissance s'avère être souvent tyrannique dans les relations avec les collègues et les destinataires du service.

Les « héroïques » sont isolés subjectivement et ce pour au moins quatre raisons. Tout d'abord, en dépit d'un engagement sans limites dans leur travail, ces personnes constatent l'insuffisance de leur action relativement à l'idéal prescrit. Elles ont l'impression de « mal faire ». De ce fait, elles cachent une part importante de leur travail réel, réalisé et vécu. Ensuite, le jeu de miroir qui peut s'instaurer entre personnes héroïques ne crée aucunement de la solidarité ou du collectif. Au contraire : l'autre peut devenir une menace au désir de croire en sa toute-puissance, lorsqu'il montre son épuisement et son échec. Toute interaction risquerait de démentir la toute-puissance en dévoilant ses « dessous » (les tricheries, l'épuisement, la fragilité). Le partage, dans ce cas, est envisagé comme un risque : la confrontation à l'autre peut faire surgir au grand jour l'imposture, c'est-à-dire le fait que la toute-puissance n'est que rêvée, quand bien même elle guiderait tout entière l'action du sujet. Ensuite, la peur de ne pas être, individuellement et collectivement, « à la hauteur » génère un discours abondant, visant à accuser ou décrédibiliser ceux qui menaceraient leur idéal et sa normalisation. Il dessine une frontière entre le « moi héroïque » et le « eux » désenchanté. Une frontière morale entre ceux qui font « tout » et ceux qui n'essayent même pas. Le rapport à l'idéal apparaît ici comme un critère de distinction professionnelle et sociale, une ligne de combat virtuelle, où se joue le rapport pratique et existentiel à son idéal au travail. Les diatribes des héroïques à propos de ceux qui ne le sont pas (ou plus) n'ont rien d'un échange sur le travail. Il est un point de vue individuel, un monologue, qui stigmatise et salit ceux qui ne se conforment pas à la norme d'idéal. Simultanément, il isole, par sa démesure, celui qui le tient. Enfin, reconnaître que l'on a besoin des autres pour travailler, demander de l'aide pour soi, est l'aveu d'une faille de la toute-puissance. Alors, les héroïques préfèrent défier la difficulté seuls. Pour ces raisons au moins, maintenir l'illusion de sa toute-puissance s'accompagne d'un isolement objectif et subjectif aigu, quand bien même les individus sont frénétiquement immergés dans les multiples et parfois débordantes relations de travail.

Les « héroïques » affichent un déni de leurs propres limites – physiques, psychiques, cognitives, sociales –, par l'affirmation mille fois répétée de leur « implication », de leur « dévouement » et de leur « sens des responsabilités », comme si leur « foi » et leur « bonne foi » les élevaient au-dessus des contingences humaines. En même temps, ils expriment des signes explicites d'épuisement. L'abattement physique est décrit assez froidement et sans pathos. Il peut même être un objet de fierté en ce qu'il constitue une preuve de leur loyauté à la norme sociale d'idéal. Il est parfois exhibé comme démonstration de leur désir de « bien faire », surtout s'ils sont en situation d'échec visible. Leur investissement physique dans le travail viendrait presque comme un dédommagement de leur insuffisance à atteindre les fins.

Les héroïques éprouvent un « stress professionnel » et une fatigue psychique intenses. Ils donnent de nombreux indices de cet épuisement, sans jamais, toutefois, le nommer explicitement, sans doute par peur d'avoir à le penser. Ils proviennent de toutes les tensions physiques, sociales, corporelles et cognitives qu'une surcharge de travail engendre : trop de choses à faire, trop de sollicitations diverses, trop d'imprévus, trop de responsabilités, trop de mails, trop de réunions… Elles sont « débordées ». Ensuite, leur stress provient d'une mobilisation subjective contrariée. Non point que ces personnes seraient empêchées d'agir, mais elles seraient plutôt empêchées d'agir selon leur idéal. Le stress, ici, provient de l'impossibilité de réaliser l'action idéale pourtant vécue comme requise. Cette forme de tension est fréquemment citée chez les cadres qui « aimeraient en faire plus » et, surtout, le « faire mieux », mais qui s'en sentent empêchés par les conditions concrètes d'exercice de leur activité, c'est-à-dire par les limites objectives qu'impose – justement ou non – leur milieu de travail. Une troisième cause de leur « stress » provient de la conscience des risques dans l'activité. Ils savent l'impossibilité de les maîtriser tous, bien qu'ils les connaissent intimement. Ils ne peuvent dénoncer cet écart puisqu'ils croient devoir et pouvoir les maîtriser totalement. Alors, ils enfouissent la peur dans des insomnies ou des maux de ventre. Finalement, ce que ces personnes appellent leur stress est une façon socialement dédramatisée de nommer ce qui serait plutôt un profond sentiment subjectif d'insuffisance à tout maîtriser alors que l'organisation du travail prescrit à ces acteurs d'en être capables. À considérer que l'idéal est normal et possible, le travail réalisé est constamment insuffisant. Le fait de ne pas arriver à faire ce qui est prescrit se traduit immédiatement – c'est-à-dire, littéralement, sans autres étapes médiates de la pensée – par un jugement négatif sur leur travail et sur eux-mêmes. L'expression banale « je n'y arrive pas, je suis nul(le) » trahit ce collage entre l'action et l'être, entre un référentiel organisationnel idéal et la possibilité concrète de réalisation du travail et de soi. Les sentiments dominants sont alors la culpabilité puis la honte (V. de Gaulejac, 1996) : la culpabilité de ne pas arriver à faire ce qui est demandé se transforme en honte de ne pas être à la hauteur de cette prescription de toute-puissance. Les médecins du travail constatent que les sujets qui adoptent cette attitude montrent des symptômes d'épuisement professionnel (H. J. Freudenberger, 1985) ou des retournements de l'agressivité sur soi-même, plus ou moins brutaux. Chez ces sujets, comme pour ce qui caractérise les états limites, nous retrouvons l'hypothèse que « si le narcissisme occupe le devant de la scène, c'est moins comme amour que comme douleur de soi » (J. André, 1999).

L'hyperactivité, si elle a des conséquences directes sur l'épuisement professionnel, a aussi une triple fonction managériale, amenant à souligner, avec Ch. Dejours (1995 *b*), l'importance de « l'utilisation organisationnelle des défenses ». Tout d'abord, elle crée un engagement « corps et âme » dans le travail, sans même qu'il soit nécessaire de l'exiger – ce qui n'aurait probablement qu'un effet contre-productif. Elle remplit et même déborde la prescription de mobilisation subjective propre au travail de service de masse et à ses contradictions. Et elle la mobilise sur des questions opératoires et organisationnelles, laissant toujours derrière elle, dans un mouvement d'impatience, les questions sociales ou subjectives plus épaisses. L'hyperactivité bloque la pensée et, bien qu'elle fasse appel à la subjectivité, en empêche le travail par l'action frénétique. De la sorte, la prescription faite à l'acteur n'est pas critiquée par le sujet. Ensuite, le sentiment de responsabilité chez ces opérationnels crée une obligation morale qui est, d'après eux, beaucoup plus importante que celles juridique ou réglementaire. Elle permet, par l'intériorisation du contrôle social et pénal, de renforcer la sécurité des systèmes à risques en développant une forme d'hypervigilance chez des personnes clés, qu'aucune bureaucratie classique ne pourrait obtenir sans cette norme d'idéal. Enfin, les héroïques, lorsqu'ils sont encadrants, exercent eux-mêmes une pression importante sur le travail de leurs collaborateurs, élevant le niveau d'exigence et contrôlant les performances avec un zèle exceptionnel. L'engagement héroïque dans le travail fait de ces sujets des promoteurs de la normalisation de l'idéal dans leur activité. Ils contribuent à la produire, à la renforcer et à la diffuser dans les relations multiples qu'ils déploient, qu'elles soient avec leurs collaborateurs, leurs pairs, leur hiérarchie ou les clients ou usagers du service. Les héroïques font, en résumé, preuve d'un zèle exceptionnel. De ce point de vue, ils sont hyperperformants, ce qui, disent les dirigeants, les « arrange bien, finalement ».

Nous avons appelé ces personnes les « héroïques », dans la mesure où leur combat est caractérisé par une adhésion en actes à une prescription de toute-puissance. Sur le modèle antique, ils seraient des demi-dieux, missionnés pour rejoindre l'idéal et le faire advenir dans ce monde. Ils supportent des épreuves douloureuses, mais leur épopée, bien que glorieuse subjectivement, finit souvent mal. Ils sont héroïques, mais ce ne sont pas des héros, puisqu'ils ne sont pas reconnus comme tels par la société. Au contraire. Ces personnes ne peuvent espérer obtenir de reconnaissance pour leur travail et pour leur engagement. Ce qu'elles font est perpétuellement insuffisant, d'une part, et leur hyperactivité, voire leur sens du sacrifice sont jugés dérangeants, un peu ridicules, ou « inhumains », d'autre part. Ainsi, paradoxalement, l'hyperactivité qui vise à « être à la hauteur » d'un acteur tout-puissant, donne simultanément la preuve que cette tentative a échoué. Elle ne peut en aucun cas donner lieu à une reconnaissance positive du sujet. En fait, les héroïques sont perçus avant tout comme « des gens qui réclament », « critiquent » et demandent, plus que comme des héros.

Ils participent de manière active à la normalisation de l'idéal dans l'organisation, quand bien même, ce qui est le cas, celle-ci se retourne contre eux. Leur position est « intenable », disent-ils, et notre analyse confirme qu'ils ont de bonnes raisons de l'éprouver, faute de pouvoir le penser. Lorsqu'ils ne « tiennent » plus, ils peuvent se tourner vers une autre manière de résoudre la tension entre la prescription d'idéal et les conditions concrètes de travail : lâcher l'un des deux termes. Deux cas se présentent alors : lâcher la norme d'idéal ou lâcher la confrontation au réel. La première est, d'un point de vue social, une sortie de l'héroïsme « par le bas », l'autre serait la sortie « par le haut ».

LES PRATIQUES : ARRÊTER D'Y METTRE DU SIEN

Certaines personnes ont « renoncé à être à la hauteur ». Elles ne dénoncent pas explicitement l'exigence d'idéal, ce qui les placerait dans une situation de déviants par rapport à cette norme sociale dominante, mais renoncent à s'y conformer. Ici, la tension entre la prescription de toute-puissance et le travail possible est arbitrée en abandonnant, sans bruit ni contestation, l'obligation d'atteindre l'idéal. Ces personnes ont une bonne expérience de leur fonction. Il s'agit parfois d'anciens héroïques hyperactifs qui ont connu, disent-ils, une « fatigue immense », « l'impression de sombrer dans l'épuisement » et un moment de « rupture », de « prise de conscience », qui sonne comme une scansion dans leur vie professionnelle. Sous ce terme de « prise de conscience », nous trouvons la reconnaissance des limites à l'investissement démesuré au travail : « effondrement », « maladie », « blocage ». Le corps, un matin, semble dire que « ça ne peut plus durer comme ça ». Cette immobilisation est vécue comme forcée. Ils sont empêchés d'agir, contraints par leurs limites corporelles, jugées alors inacceptables. L'inactivité physique permet et même favorise une activité réflexive nouvelle, et notamment la dissociation du sujet d'avec l'acteur : l'empêchement du travail de l'acteur permet soudainement celui du sujet. Elle invite à « prendre du recul », à réaliser que « le monde » (social et subjectif) ne s'arrête pas en l'absence de l'acteur. Dans ce moment, il y a un mélange de déception (« j'ai réalisé que je n'étais pas si important que ça ») et de soulagement un peu honteux vis-à-vis de leurs collègues notamment.

Cette attitude se retrouve majoritairement parmi les agents de première ligne, ceux qui sont en contact direct avec les clients et usagers et qui font le travail de service lui-même : les serveurs, soignants, médecins, essentiellement. La situation organisationnelle et même topographique de ces salariés fait qu'ils doivent « répondre », en acte, à des personnes qui expriment une exigence infinie. Devant l'impossibilité à faire face (c'est-à-dire, aussi à garder la face) aux paradoxes de la prescription de toute-puissance, ils cessent de penser la situation. Pour tenir, ils ont recours, disent-ils, à la « routine ». Elle est une manière de travailler en cessant d'y mettre du sien, pour préserver, justement, cette part de soi froissée par l'activité impossible. Elle tente de contraindre le sujet à ne pas se mêler de ce que fait l'acteur, pour protéger le premier des paradoxes dans lesquels se trouve le second. La routine permet de ne pas penser une situation littéralement impossible, une situation dans laquelle l'action est continuellement prise en défaut. Dans un premier temps, nous pourrions rapprocher cette attitude de celles qui ont été observées dans d'autres milieux de travail – et à d'autres époques – et qui ont été appelées « neutralité affective » (T. Parsons, 1952), « stratégie de retrait » (M. Crozier & Friedberg, 1977), « détachement moral » (École de Chicago), « routine et impersonnalité » (R. Merton, 1949), comme refus d'engagement personnel dans les collectifs de travail. Ces observations sociologiques, des attitudes visibles au travail, peuvent être complétées avec ce que l'ergonomie et la psychologie du travail ont permis de comprendre du recours à des routines professionnelles dans les replis invisibles du travail réel.

Les routines consistent en une sorte d'incorporation ou d'automatisation des gestes et des paroles, permettant de réaliser le travail en réduisant l'utilisation de ressources cognitives ou corporelles : catégorisation des cas, mise en mouvement programmée du corps et de la parole selon des schémas personnels, « réflexes » professionnels, « représentation minimale de la situation, qui fournisse un maximum de capacités de compréhension, d'anticipation et de guidage » (R. Amalberti, 2001,

p. 184-185). Cette routine est donc une « compétence incorporée à l'action » (J. Leplat, 1985), une « automatisation des compétences » (N. Norman & N. Bobrow, 1975). Elle permet de développer d'autres habiletés, en libérant une partie des ressources. Au niveau collectif, les routines organisationnelles et la cognition distribuée[1] permettent une forme d'automatisation de la décision et de l'action coopérative dans le travail. La « routine » est pragmatique et efficiente, mais, et c'est cela sa spécificité relativement à la norme d'idéal au travail, elle se double d'un rétrécissement de la pensée. En fait, ici, elle est utilisée *pour* ne pas penser[2] cette situation impossible. Immobiliser la pensée à propos de l'acte – même si une part importante du travail consiste précisément à commenter la coproduction – permet d'arriver à travailler, malgré tout, *a minima* et plutôt que rien. La routine permet l'action, tout en immobilisant la pensée sur l'action et le jugement à propos de l'action. Elle est un effort pour ligoter le sujet, le laissant être un témoin impuissant, mais pas insensible, de ce que fait, seul, l'acteur.

Être attaché à un idéal au travail, mais devoir se conformer à celui, plus gestionnaire, exigible quoique irréalisable, rend le travail doublement repoussant. D'une part, le travail prescrit est décalé par rapport aux idéaux de métier. D'autre part, il met chacun en échec permanent dans son activité. Renoncer à y « mettre du sien », retenir son intelligence sur la rive de l'activité, est particulièrement difficile à faire et à vivre dans un travail relationnel. Face à des situations jugées « impossibles » (car idéales), les agents renoncent à « y mettre du leur », pour protéger, précisément, ce qui vient d'eux. Mais cette tentative de préservation a pour revers de figer le développement

1. B. Conein, 1998 ; S. Dubuisson, 1998 ; J. Girin, 1995.

2. À propos de l'arrêt de la pensée : nous retrouvons également ici des hypothèses formulées par les psychodynamiciens du travail à propos de professionnels soumis à des travaux répétitifs sous contrainte de temps, ou chez certains cadres. Voir : Carpentier Roy, 1991 ; Dejours, 1995 *b* ; Estryn-Behar, 1997 ; Llory et Llory, 1996.

subjectif et social, dans le travail productif comme dans le travail d'organisation.

Ce mode de défense est individuel, mais il est commun à de nombreuses personnes. Nous pourrions dire que dans la routine les sujets sont seuls tous ensemble. Car la routine isole. Tout d'abord, pour la tenir, il faut fuir toute situation qui risquerait d'introduire l'obligation ou la tentation de se remettre à penser. Aussi ces personnes fuient-elles les occasions d'interaction et d'échange. Se mettre à parler, ce serait prendre le risque de faire craquer cette routine, car il faudrait mobiliser à nouveau la pensée sur le travail. Ensuite, travailler dans la routine n'est jamais vécu sur le mode de la fierté. « C'est pas glorieux » et c'est même parfois « honteux » puisqu'il s'agit d'un rétrécissement forcé de l'intelligence au travail. Aussi, les personnes dont l'action est routinisée tentent de « cacher » ce qu'elles font. Elles érigent un mur de silence sur leur activité, pour protéger du regard social le fait qu'elles sont fort éloignées de la norme d'idéal… et de leur idéal de métier. Ce silence sur le travail procède de la difficulté de dire le travail réel et même le travail réalisé, tant le premier est étranger aux normes comportementales d'autonomie, de responsabilité et d'initiative et le second éloigné des prescriptions de résultat. Nous voyons ici un lien indissociable entre la désubjectivation de l'action et la faiblesse du collectif de travail. En même temps, ce recours à la routine et au silence lie tous ceux qui s'y cachent. Lorsque cette posture est mise en péril ou attaquée – par l'encadrement, les clients ou usagers, les fonctionnels et consultants –, une défense collective sourde et en définitive solidaire se dresse. La résistance collective aux « changements » – changement de planning, de service, de méthodes, de prescriptions, de modes de transmission, introduction de la traçabilité, de la flexibilité, de l'informatique – consiste en la défense de la défense. La routine, en tant que défense, protège celui qui est mis en situation « impossible » du pire, mais l'immobilise en même temps dans une répétition qui le dessert objectivement et dont il souffre subjectivement.

Cesser d'y mettre du sien emporte également avec lui la possibilité de participer à une activité de renormalisation du travail et donc de participer au travail d'organisation. Les personnes routinisées semblent accepter la prééminence des idéaux imposés sur leurs idéaux professionnels : elles ne vont plus « se battre » pour défendre, face à un patient ou client, face à un administratif ou un expert, leurs propres normes de travail contre celles qui leur sont proposées et finalement imposées. Sans doute est-ce là le plus grand renoncement : cesser de défendre son idéal de métier. Ceci fragilise le genre professionnel de manière radicale, c'est-à-dire à sa racine. L'idéal prescrit s'impose sur l'idéal construit collectivement dans le travail réel, sans remplacer les fonctions qu'il exerçait. L'absence d'idéal est d'autant plus dure à supporter qu'il faut « donner le change ». Travailler seul et sans idéal constitue une difficulté subjective immense, d'autant que l'on est confronté à la vieillesse, à la démence et à la mort, mais également lorsque l'on doit, huit heures par jour, porter des plateaux tout en ayant l'air convivial et enjoué.

Les « pratiques » se montrent soucieux de « mettre des limites », et ce d'autant que le travail n'en a pas. Ils bornent leur attitude compréhensive à l'égard des clients et usagers, s'attachant à résoudre avant tout des « cas ». Ils tentent de réduire tout ce qui pourrait faire appel au doute ou à l'émotion dans leurs interactions, afin de laisser le sujet loin d'elles. Ils travaillent à ce que cette relation de service soit une rencontre d'acteurs et non de sujets, sans toutefois verser dans la relation purement légale-bureaucratique. Ils érigent de ce fait une sorte de barrière entre leur subjectivité et celle de l'usager ou du client, laissant, si possible, à côté du travail, les questions existentielles qui pourraient surgir. Ils sont très préoccupés à protéger la frontière vie privée/vie professionnelle, même si, dans les services, elle est encore plus difficile à maintenir (Ph. Davezies, 1992). Si nombre d'entre eux font des heures supplémentaires sans même les déclarer systématiquement, c'est en connaissance de cause. Ils tiennent à rappeler alors qu'ils sont de l'autre côté de la limite horaire. Ainsi, la prise en compte et le rappel des limites concernent l'activité de travail, mais aussi ses conditions. C'est une manière de fixer quelques repères auxquels se référer, là où l'idéal normalisé les avait abrasés.

L'appellation de « pratique » exprime le caractère désenchanté et utilitaire de l'attitude. La routine permet de « faire tourner » les services opérationnels. Si les hiérarchiques de ces agents routinisés se désolent de cette attitude conservatrice, ils constatent aussi qu'elle leur apporte une grande stabilité dans les unités de production. Elle assure non pas l'atteinte de l'idéal, mais au moins le fonctionnement régulier de la production de service. Ils reconnaissent alors, non sans grimacer, que l'attitude routinière a ses avantages. En même temps, cette routinisation donne lieu à des ratés. Un acte posé sans être pensé est souvent maladroit par rapport à la situation singulière et à la personne qui s'y trouve, pouvant aller, dans le cas de la gériatrie, jusqu'à donner lieu à une forme de maltraitance « par négligence ». Dans tous les cas, la routinisation de soi est d'abord une maltraitance de soi en tant que sujet pris dans la contradiction de la norme d'idéal.

Une seconde manière de résoudre la tension entre la norme d'idéal et l'action consiste à « lâcher », cette fois, non pas l'idéal, mais la collusion avec les limites concrètes dans le travail. Nous abordons alors l'attitude des « enchanteurs ».

LES ENCHANTEURS : L'ÉVITEMENT DU RÉEL

Pour sortir de la tension entre l'idéal exigé et le travail possible, une autre solution consiste à garder la référence à la norme d'idéal, mais à éviter de se confronter aux limites concrètes de sa réalisation. Les personnes dans ce cas ont supprimé la tension en ne fréquentant plus les lieux où se fait le travail, évitant ainsi de se confronter aux limites et contradictions ontologiques, sociales, organisationnelles, éthiques et techniques de l'activité. Cette posture n'est donc possible que pour ceux qui peuvent être durablement salariés sans avoir à s'approcher du lieu de fabrication des services. Il s'agit majoritairement des personnels du siège, directeurs, fonctionnels et « experts » (bureaux d'étude, qualiticiens, responsables des ressources humaines, de la communication, du contrôle de gestion, internes ou externes à l'organisation elle-même), tous localisés à bonne distance des restaurants et hôpitaux, c'est-à-dire des clients et patients. Il peut s'agir également, nous l'avons vu, de cadres opérationnels qui ont réussi à s'extraire de l'activité du service en se réfugiant dans leur bureau ou dans les réunions organisées par le siège.

Les dirigeants et fonctionnels sont à des positions qui leur permettent d'agir significativement dans le travail d'organisation, mais se disent impuissants à maîtriser « ce qui compte » dans le travail productif. Ils sont soucieux « de faire quelque chose » pour améliorer la prestation fournie aux clients et usagers, mais ne peuvent pas le faire eux-mêmes. Ils éprouvent alors un sentiment double, de pouvoir et d'impuissance. Une manière de sortir de cette tension peut être de fabriquer de l'idéal et de le normaliser. Plus les dirigeants souhaitent agir sur le service, plus ils tendent à produire des référentiels idéaux. La production de normes idéales permet de sortir de l'impuissance vécue.

Fabriquer des prescriptions de toute-puissance est une solution fonctionnelle à plusieurs titres. C'est une solution économique du point de vue du travail d'organisation : elle évite d'avoir à médier des contradictions complexes. Prescrire de l'idéal en surplomb des situations concrètes est une manière d'esquiver le travail de médiation des tensions. Cette posture permet de réduire considérablement le travail de confrontation aux détails de l'activité, quand bien même il serait connu et reconnu que ce sont eux « qui comptent ». Les enchanteurs « poussent les détails vers le bas » tout en gardant le bénéfice pour eux

(R. Jackall, 1988, p. 20-21). Ils se protègent de la remontée des pressions du « terrain ». L'évitement du détail par le recours à des discours généralistes, abstraits et idéaux permet donc des économies importantes dans l'activité. Prescrire de l'idéal présente un avantage moral également. Cette posture permet de prouver que l'on travaille. Les « enchanteurs » évitent ainsi l'accusation, qui pourrait leur être faite, d'indifférence aux situations concrètes (spécialement dans le cas des services publics lorsqu'ils traitent de situations sociales et sanitaires dégradées). Ils démontrent leur souci de traiter les problèmes et d'améliorer les situations. Ils veulent même qu'elles deviennent idéales ! Prescrire l'idéal est un acte de travail moralement satisfaisant dans la mesure où il permet d'exprimer un souhait (dont rien ne nous permet de douter qu'il ne soit sincère) d'améliorer la vie de chacun – destinataire du service, salarié, administrateurs – dans les organisations. En outre, la délégation des détails permet de rester en position de pouvoir dénoncer les erreurs et insuffisances de l'organisation et d'éviter ainsi le sentiment de culpabilité qu'une connaissance plus poussée des problèmes concrets pourrait générer. Cette attitude autorise ceux qui sont objectivement des « dominants » à se (re)présenter ici comme des victimes du système. L'évitement du « terrain », c'est aussi l'évitement de l'altérité et de la différence sociale. Il permet, tout en travaillant, d'éviter la confrontation physique, sensitive, aux personnes à qui s'adressent ces prescriptions et à leurs situations de travail objectives. S'ils disent savoir la dureté de leur situation, ils créent néanmoins rarement l'occasion d'aller l'éprouver dans une interaction et encore moins dans un échange intersubjectif. Ils risqueraient de brusquer le sujet, maintenu ici de l'autre côté de l'activité par la barrière d'une naïveté feinte à l'égard des situations de travail réelles.

À la différence des cas précédents, les enchanteurs ne sont pas isolés, au contraire. L'essentiel de leur activité consiste à travailler avec d'autres, sur des « plans », « chartes », « projets » et autres dispositifs de gestion. La production d'idéalité est inscrite dans un groupe qui lui donne vitalité et répondant : les enchanteurs sont isolés du « terrain » mais sont en forte interaction entre eux. Ils se reconnaissent et se retrouvent à grande fréquence, dans des réunions, comités, commissions, groupes projet, ou séminaires. Ils travaillent finalement en apesanteur, dans des sortes de « bulles organisationnelles ». Bulles sensitives, puisqu'ils évitent d'être en situation de voir, toucher et entendre les patients déments comme les clients exigeants. Ils évitent la promiscuité des corps et des cris, celle des odeurs de friture et des bruits d'assiettes. Ils sont dans des bureaux ou dans des salles de réunions. Ils œuvrent avec énergie et précision au maintien de cette séparation. Le confort physique et sensoriel que procure la localisation dans des sièges confortables, de même que les réunions de travail dans des lieux luxueux avec, éventuellement, une restauration raffinée, n'est pas anecdotique. Au-delà du contentement qu'ils procurent, ce sont des lieux et des temps éloignés de l'activité de service, c'est-à-dire, finalement, du travail. Alors, les urgences et les problèmes opérationnels prennent une certaine vulgarité, tout en devenant assez insignifiants ou du moins abstraits. Les discours et les contestations « du terrain » apparaissent, du point de vue de l'idéal, un peu minables. Les enchanteurs se retrouvent en discussion avec des collègues ou pairs ayant un niveau d'éducation assez homogène, procurant, là aussi, un confort social, un « entre soi » rassurant et parfois sympathique. Cette bulle est alors aussi sociale. Dans ce groupe, le « savoir-être » est hautement valorisé et volontairement développé. Cette compétence est essentiellement porteuse d'une norme sociale d'internalité (S. Bellier, 1998) et relie les membres plus fortement que leur métier ou leur profession. Il s'agit, de ce point de vue et pour reprendre un terme de Courpasson et Livian (1991), d'un « ensemble professionnel artificiel ». La cohésion du groupe tient par la grande conformité sociale à des codes de comportements sociaux, quand bien même il ferait du non-conformisme une valeur, voire un moyen de retourner la critique qui lui serait adressée (L. Boltanski & E. Chiapello, 1999). Cette bulle est aussi stratégique, au sens crozérien du terme, dès lors que se crée une complicité collective sur cette position d'évitement du réel et des avantages qu'elle procure. Cette bulle est aussi langagière, nous l'avons évoqué. La connivence qui s'instaure entre ceux qui parlent de l'idéal et évitent le contact avec le travail de service est portée par un langage commun, abstrait et apparemment brillant. Dans cette bulle, il est possible de fabriquer du discours à l'infini, en agençant des mots tels que « gérer », « qualité », « transparence », « responsabilité », sans aborder les conditions concrètes de travail et de vie concernées par la prestation d'un service de masse. Le déni de la contradiction, des limites et de la complexité produit des discours fondés sur des théories simplistes. Ces prescriptions finissent par ressembler à des incantations ou à des prières. À certains égards, les enchanteurs ont recours à une forme de pensée magique (A. Hatchuel, 1996). Car enfin, cette bulle est aussi cognitive. Les manières de poser les problèmes et de les traiter sont homogènes. Les contradictions sont considérées comme des problèmes, les conflits comme des fautes. Ensemble, ils tendent à transformer les questions de nature politique en équations techniques. Cette pensée opératoire est une manière de ne pas se coller au travail d'organisation, mais de faire semblant. Elle consiste à s'en remettre à des clichés (la « modernisation », le « dynamisme », etc.), à des schémas d'action préconstruits (*benchmarking*, *reingeneering*, etc.) de type ultrarationnel et/ou magique, postulant que tout problème a sa solution et que toute solution est applicable à la situation concrète locale. Le rétrécissement de la pensée sur le travail est concomitant d'une activité intense et parfois débordante sur son organisation idéale. La réflexion critique sur leur propre travail est comme suspendue à la bonne conscience que peut donner le sentiment de travailler à « toujours plus » de qualité, de rentabilité, d'éthique et de sécurité. Du haut de cette bulle, il arrive cependant que ces personnes expriment un sentiment d'impuissance et de vide.

À force de ne faire que l'acteur dans un décor brillant, le sujet développe parfois la nostalgie de la sensation des limites et de l'altérité réelles. Une envie « d'aller sur le terrain ». Mais rares sont ceux qui font le pas, tant ils savent jouir d'une position sociale privilégiée : celle qui permet de pouvoir exiger de vivre dans un monde idéal que l'on a inventé et que les autres devront réaliser.

Les personnes qui adoptent cette attitude forment un groupe mais pas un collectif dans la mesure où ce qui les relie n'est pas le travail, mais précisément son déni. Si l'on emprunte à l'analyse de F. Sigaut (1990), il s'agit de personnes (« ego ») qui sont en relation avec d'autres (« autrui ») sans être en relation avec le « réel », c'est-à-dire dans une situation de type sectaire. Ce groupe tend à exclure non seulement ceux qui ne partagent pas ses représentations, mais également ceux qui tenteraient de faire entrer des informations, mêmes utiles, relatives à l'activité qui se déploie « sur le terrain » et qui viendraient rappeler les limites, contradictions et la complexité du travail de service de masse. Lorsqu'une personne fait irruption – effraction – dans une réunion pour aborder des questions concrètes, elle est rejetée et disqualifiée par des réactions de mépris amusé, pour ces « petites » questions. Les réactions peuvent être le retour à l'envoyeur (c'est celui qui envoie la question qui va être chargé de la régler, quand bien même il ne serait pas en situation de pouvoir le faire), l'exclusion physique de la personne de ces réunions, sa placardisation (D. Lhuilier, 2002) ou son licenciement. La hiérarchie sociale et professionnelle est indexée sur la possibilité d'intégrer ce groupe des « enchanteurs ». Ceux qui ne tentent pas de la rejoindre ou de négocier avec elle deviennent des résistants.

LES RÉSISTANTS À LA NORME SOCIALE D'IDÉAL

Il est une quatrième attitude possible face à la prescription de toute-puissance : celle qui consiste à dénoncer la norme d'idéal. Par l'acceptation des limites, l'action ne se réfugie ni dans la toute-puissance ni dans l'impuissance. Elle est socialement déviante dans un milieu qui a normalisé l'idéal. La rareté des personnes qui optent pour cette attitude n'ôte en rien sa valeur sociologique, au contraire. Elle donne à voir ce que seraient la déviance et la résistance par rapport à la norme dominante.

Où qu'ils se trouvent dans l'organisation, ces sujets mettent ou plutôt reconnaissent les limites à leur activité, tout en maintenant leur idéal professionnel. Chez ces personnes, le mot limite revient sans cesse : « j'ai compris que j'avais des limites », « à un moment on sait qu'on ne pourra pas changer les choses, qu'on est limité ». Ils revendiquent de nombreux autres centres d'intérêt en plus de leur travail, comme pour montrer qu'ils ne sont pas totalement dépendants, d'un point de vue social et narcissique, de leur activité professionnelle. Ils soulignent et intègrent dans leur action les limites, qu'elles soient les leurs, celles des collègues, celles de l'organisation ou celles des usagers et clients. Ils abordent leur travail compte tenu de ces limites. Cette prise en compte n'est pas, comme chez les « pratiques », une attitude défensive. Ils ne cherchent pas à « mettre des limites » : ils reconnaissent qu'elles existent et travaillent à partir de cette hypothèse. Contrairement aux « pratiques », ils n'ont pas renoncé à leur idéal au travail. Néanmoins, ils ne considèrent pas que cet idéal est exigible : il a gardé son statut de modèle de perfection qui guide l'action sans toutefois l'écraser sous le poids de sa normalisation. Il reste une référence, un horizon qui oriente l'action sans l'aplatir à une obligation. Ils considèrent que la prescription de toute-puissance est irrecevable et accusent violemment, ou avec amusement, la norme sociale d'idéal. Cette posture relève, pour reprendre un terme proposé par E. Enriquez (1997, p. 135-136), de l'éthique de la finitude, comme ce qui « relève de l'acceptation de l'impuissance, de la prise de conscience des limites ». De ce fait, les résistants à la norme de l'idéal questionnent de manière récurrente les limites. Où sont-elles ? Quelles sont celles que le collectif doit faire respecter ? Celles que l'on doit redessiner ? L'interrogation ouverte sur les limites revient en fait à réaliser un travail d'organisation locale en même temps qu'un travail subjectif important. Dans cette posture, la subjectivité est mise au travail et travaillée en retour par les difficultés que rencontre l'acteur au travail. L'acteur et le sujet cherchent ici à trouver un accord, imparfait mais possible, qui permette d'agir au mieux, pour les deux, dans des situations réelles. Si leurs intérêts sont divergents ou inconciliables, les « résistants » favorisent l'expression de la tension, sa mise en discussion, plutôt que son évitement par l'idéalisation. Contrairement aux « pratiques », ils ont pour préoccupation de maintenir une réflexivité et une controverse professionnelles importantes. Ils recherchent la confrontation, explicitent les contradictions, les travaillent. Lorsqu'ils trouvent des collègues ayant la même posture, ils créent des lieux d'échange. Il s'agit alors pour eux de parler de leurs difficultés, des impasses, des limites de leur activité et de construire avec eux des solutions, en acceptant qu'elles ne soient que bricolées et provisoires. Ce faisant, ils construisent un idéal de métier, qui, en retour, sert de tuteur à leur action individuelle et collective.

L'idéal de métier développé dans ces conditions se distingue souvent de l'idéal prescriptif. Aussi, bien que leur attitude soit plutôt intentionnellement discrète, ces personnes heurtent de plein fouet le fonctionnement collectif fondé sur la norme d'idéal. De ce point de vue, ils sont considérés par leur entourage (pairs, collègues, destinataires du service) comme « gênants », voire déviants, et en tous les cas résistants. Les échanges à propos des pratiques professionnelles se déroulent en marge des dispositifs organisationnels qui prévoient la « participation » des personnels qui traitent, eux, davantage de l'application de la norme d'idéal. Dans les entreprises privées, ils ont une situation professionnelle marquée par une précarité chronique. Dans la fonction publique, ils vivent dans les zones ombragées de l'organisation. Dans les deux cas, leur situation sociale apparaît comme la sanction d'un comportement marginal : celui qui consiste à contester par l'inertie, le rire ou un zèle décalé, la norme d'idéal. Car mettre des limites au travail prête le flanc à la critique. « Savoir dire non », nommer les contradictions et rechercher leur mise en discussion, dire qu'« on sait pas faire », est interprété comme du mauvais esprit par les hiérarchies opérationnelles et fonctionnelles, les collègues et les destinataires du service. Perçus comme des gens « qui n'y croient pas », ils peuvent mettre en danger les autres, ce qui les rend d'une certaine manière infréquentables.

Le travail dans un contexte de normalisation de l'idéal connaît donc des destins variés selon l'arbitrage que le sujet pose, compte tenu de sa situation objective dans la structure et de son histoire subjective au travail. La combinaison de ces postures permet de comprendre le phénomène de normalisation de l'idéal comme une construction sociale : elle est une solution managériale pratique et moralement satisfaisante face au sentiment d'impuissance à prescrire et contrôler le travail réel. L'écart entre le travail prescrit et le travail possible peut mobiliser certains sujets dans un fonctionnement tout-puissant, ou en routiniser d'autres. Dans les deux cas, ces attitudes sont utiles pour le fonctionnement en même temps qu'elles maintiennent et même renforcent la normalisation de l'idéal. Ceux qui raillent le caractère idéal et normé de la prescription sont marginalisés.

Dans cette dynamique sociale et subjective, l'idéal de chacun des sujets est travaillé en retour. Il pourrait servir d'étalon à la mesure des rapports de domination dans les organisations. Les enchanteurs peuvent construire des idéaux organisationnels et sociaux et même espérer qu'ils seront réalisés. Les « héroïques », en prenant au sérieux l'obligation de réaliser l'idéal, le vivent de manière tyrannique. Les « pratiques » tentent de réduire leur implication subjective au travail, et ont étouffé leur propre idéal. Ceux qui tentent de maintenir l'idéal à sa place, c'est-à-dire de l'autre côté de la limite du réalisable, doivent le faire presque clandestinement. Les trois premières attitudes participent à la normalisation de l'idéal quand bien même elle produirait des effets sociaux et psychologiques jugés néfastes. Notamment, elle contraint les salariés à une simulation de leur travail prescrit et à une dissimulation de leur travail réel.

SIMULATION ET DISSIMULATION : FAIRE « COMME SI »

Face à un client ou un usager dont il pense qu'il exige l'impossible, le prestataire de première ligne doit, littéralement, « faire face ». Puisqu'il n'est pas possible, par définition, de faire advenir l'idéal dans ce monde-ci, mais qu'il est néanmoins exigible, la solution la plus répandue va être de le mettre en scène. Les salariés vont produire des signes de conformité à cette norme, pour tenter de satisfaire les clients, usagers, prescripteurs, juges et médias à la hauteur des promesses enchanteresses qui leur ont été adressées. Ils vont maintenir l'illusion d'une toute-puissance organisationnelle en faisant « comme si » il était possible d'atteindre l'idéal.

« Comme si » est une expression enfantine que nous avons employée maintes fois à propos du travail réel et vécu des professionnels. Nous pouvons rapprocher ce terme commun à celui de la psychanalyse. Elle est la traduction de l'expression anglaise *« as if »*, proposée par H. Deutsch et reprise actuellement à propos des états limites. Le concept de *« as if »* désigne, dans ce champ, les personnes qui ont « une relation à la vie qui comporte un manque d'authenticité et qui, cependant, vue de l'extérieur, se déroule "comme si" elle était complète » (H. Deutsch, 1955). Nous observons ce phénomène, à un niveau social cette fois, dans les organisations ayant normalisé l'idéal.

Dans un contexte de normalisation de l'idéal, la prescription de toute-puissance dans la relation avec les clients et usagers, pour être impossible à réaliser, devient une prescription de simulation de la toute-puissance. En effet, entretenir une relation intersubjective personnalisée, sincère, civile, voire joyeuse, dans des contextes de travail pourtant bureaucratiques et ultranormalisés, relève pour une bonne part de la « simulation de la relation ». Il s'agit de « pseudo-relations », pour reprendre les termes proposés par G. Bellemare (1999), ou encore de « relations faussement personnalisées », selon Danièle Linhart. De ce point de vue, le salarié met en scène l'authenticité et la maîtrise.

Les salariés de première ligne observent quotidiennement l'hiatus entre les promesses de satisfactions illimitées faites aux clients et usagers et l'impossibilité de les atteindre. Ils constatent même son renversement lorsqu'ils les voient instrumentés et parfois maltraités par les dispositifs organisationnels. L'inévitable frustration du consommateur se transforme en récrimination adressée au salarié, convaincu, mieux que quiconque, de l'insuffisance organisationnelle. Mais là aussi, il doit faire « comme si » l'écart entre la promesse et sa (non-)réalisation était une sorte d'accident passager qu'il pourrait améliorer en redoublant d'efforts. Bien qu'aux premières loges de la contradiction entre l'idéal et le possible, le salarié doit ici simuler, dans le service qu'il fabrique, l'illusion qu'elle est sans importance, sans histoire, sans durée.

La simulation s'adresse aussi à la hiérarchie. Vis-à-vis des prescripteurs et contrôleurs, les salariés remplissent les documents exigés, quand bien même ils n'auraient plus grand-chose à voir avec leur travail réel. La construction de traces et de preuves occupe une place de plus en plus importante, au point qu'elle prendrait le pas sur que ce qu'ils font « vraiment ». Ce constat va au-delà de celui de la simple paperasserie bureaucratique traditionnelle ou de la simulation au sens goffmannien (1973). Les opérationnels (beaucoup plus que les fonctionnels du siège) ont un triple intérêt à soigner « leurs chiffres », indicateurs et autres documents de gestion. Tout d'abord, ils savent que ces données serviront à leur évaluation-sanction. Ils anticipent qu'elles sont publiques, comparatives, et qu'elles donnent lieu à des décisions sur leur activité, leur carrière et les moyens attribués à leur équipe. Celui qui ne joue pas le jeu de la simulation de l'idéal perd tout crédit, dans les deux sens du terme. Alors, les renseignements fournis aux gestionnaires sont à la fois des simulations et des exagérations : il faut montrer que l'on va faire ou que l'on a fait toujours plus, sans limites. Ensuite, produire des indicateurs et des preuves de conformité à la prescription permet de réduire les nuisances hiérarchiques. Il est important de rassurer son supérieur sur le fait que l'on se conforme à ces normes, de manière à le maintenir éloigné de ce que l'on fait vraiment. Ce travail de tranquillisation hiérarchique consiste pour une grande part à montrer sa capacité à maintenir l'illusion de la toute-puissance en simulant la conformité à l'idéal. Ensuite, la production des signes de conformité à la norme d'idéal permet de « se couvrir », en produisant les preuves opposables en cas de problème et de se prémunir ainsi d'accusations venant d'un supérieur hiérarchique, d'un expert ou même d'un juge. La production de signes permet d'éviter les sanctions prévues en cas d'écart à la norme, fût-elle idéale. Pour ces trois raisons, il faut simuler que l'on est tout-puissant, en produisant les documents prévus pour cela. Cette simulation passe par une production de signes. Alors, l'évaluation, dans ces organisations, mesure avant tout la capacité d'une personne ou d'une équipe à manipuler l'outil d'évaluation, bien plus qu'à évaluer le travail réel ou même réalisé. La simulation de l'idéal peut être considérée comme une activité en soi, du « boulot en plus », qui vient s'ajouter au travail d'organisation et de production du service. Ce travail-là requiert une compétence spécifique. Lorsqu'elle fait défaut au salarié, il est fragilisé, quelle que soit sa compétence professionnelle par ailleurs. Inversement, un mauvais professionnel peut être très compétent dans la production de signes de conformité à l'idéal, bénéficiant alors, sous le regard outré ou amusé de ses pairs, d'une reconnaissance importante pour ce travail-là.

Héroïques, pratiques et enchanteurs, nous l'avons vu, ont recours, chacun, à une mise à distance volontaire de leur rôle social d'acteur d'avec leur subjectivité. Les prescriptions incitent pourtant à adopter des comportements conviviaux, transparents et solidaires : l'engagement de soi dans le travail est prescrit au moment même où les salariés font justement l'effort défensif de la retenir juste au bord de l'activité, comme pour ne pas la laisser s'abîmer dans une action impossible. Le salarié est alors contraint de simuler la mobilisation de sa subjectivité, tout en dissimulant le fait qu'il tente de l'immobiliser. En même temps, il doit simuler la coopération et l'entente sociale au travail, quand bien même le dialogue et les objets communs auraient volé en éclats sous le coup donné par la loi du silence. La multiplication des formations comportementales, « psychologiques » et de dynamique d'équipe sert alors essentiellement à apprendre la simulation de ce qui fait le plus cruellement défaut dans ces milieux de travail : la plasticité subjective et sociale dans l'activité. Savoir simuler l'autonomie, la responsabilité et l'esprit d'équipe est devenu une compétence reconnue au point où elle donne lieu à des formations. C'est une compétence qui, pour être mise en acte, requiert le consentement à faire « comme si » et la capacité (morale, psychique, physique) à le supporter durablement.

En plus de simuler la conformité aux normes idéales, les opérationnels doivent dissimuler tout ce qu'ils font « vraiment » (leur travail réel) et qui s'écarte nécessairement de la norme, pour être dans le champ du possible et de l'humain. La dissimulation du travail et la simulation de sa conformité aux règles entretiennent un écart entre ce que l'on éprouve comme vrai et ce que l'on veut montrer. La dissimulation est une activité à part entière, qui, comme la simulation, suppose une compétence spécifique – dont sont souvent dépourvus les jeunes arrivants, qui prennent alors de plein fouet les sanctions prévues en cas d'écart à la norme d'idéal.

Cette duplicité professionnelle peut être comprise comme une solution en actes à l'obligation paradoxale d'atteindre l'idéal. Ces analyses interrogent la qualité de la socialisation promue dans ces situations relationnelles massifiées et ces milieux de travail. Elle apparaît éloignée de l'idéal, lorsque celui-ci, normalisé, amène à une simulation généralisée du travail et des rapports sociaux. Si la simulation est intrinsèque à la vie sociale, comme « mise en scène de la vie quotidienne » (E. Goffman, 1973), elle est vécue ici sur le mode de l'amertume plus que du jeu, tant, parfois, elle vide le travail et la relation humaine de son sens.

Cette double activité de simulation et de dissimulation contribue à occulter le travail réel et le travail d'organisation qu'il suppose. Cette occultation a surtout une incidence pour les collectifs opérationnels : s'il n'est plus possible de parler de son travail réel entre pairs, de dire ce que l'on fait « vraiment », la compétence collective et individuelle s'étiole. Le métier n'est plus en mesure de produire ou de transformer des normes d'action utiles en termes d'efficacité et de santé mentale au travail. En outre, ce phénomène réduit considérablement les chances d'arriver à faire coïncider la prescription et les conditions concrètes de travail. Le travail réel est de plus en plus méconnu des organisateurs et leur échappe parfois de manière criante. La fabrication de la prescription ne peut alors être envisagée comme une construction ascendante, une sédimentation de bons gestes et de bons mots. Elle se fait de plus en plus descendante, à la fois foisonnante et abstraite. Plus l'idéal est requis, plus il incite à la simulation et à la dissimulation, plus le travail réel est occulté. Alors, les dispositifs visant à étendre la maîtrise sur le travail accroissent, paradoxalement, son invisibilité.

Il apparaît dans ce tableau que la norme d'idéal et la division sociale du travail d'organisation induisent une distribution sociale des coûts psychiques au travail. Nous pouvons parler alors, à la suite de E. C. Hugues (1956) mais avec un sens plus étendu, d'une division morale du travail.

PRENDRE SUR SOI : LA DIVISION MORALE DU TRAVAIL

Lorsque l'idéal est normalisé, le conflit est considéré comme un problème. Les contradictions « glissent » sans bruit tout le long de la ligne hiérarchique, jusqu'à tomber sur l'individu singulier, travaillant pour produire, face au client ou à l'usager, un service supposé être parfaitement satisfaisant. La normalisation de l'idéal contribue à transformer des contradictions de nature sociale et organisationnelle en dilemmes individuels.

Nous pourrions nous attendre à ce que les contradictions ainsi irrésolues ressurgissent dans les rapports sociaux, sous forme de conflit explicite et organisé. Or, la conflictualité sociale est faible. Chez les « enchanteurs », la contradiction est déniée et surplombée par une prescription idéale. Les « héroïques » bravent les contradictions en les prenant de front, solitairement, tandis que les « pratiques » les arbitrent discrètement et distraitement, en tentant de ne pas les penser. Dans ces différentes postures, propres aux individus travaillant dans des organisations où l'idéal est normalisé, il apparaît que la contradiction entre l'idéal et le possible est du domaine de l'impensé : lorsqu'ils sont dans la production d'idéal, dans l'hyperactivité ou la routine, les sujets ne mettent pas en mot ni en question les limites et les contradictions de leur situation de travail. Les organisations syndicales, elles, concentrent davantage leur action sur une revendication pour l'accroissement de moyens. Même cette demande, qu'elle soit dans le secteur public ou privé, ne trouve pas facilement d'interlocuteur avec qui entrer en dialogue ou en conflit.

Cette faible conflictualité est problématique, si l'on considère, dans la tradition simmelienne, que le conflit est une forme transitoire de résolution des contraires et « l'une des formes de socialisation les plus actives » (G. Simmel, 1908 ; voir aussi : L. A. Coser, 1956). Le conflit, évité dans la vie sociale, est peu à peu intériorisé par les individus, sommés de réaliser seuls et dans l'urgence le travail d'organisation que les prescripteurs et collectifs ont évité. La déconflictualisation sociale va de pair avec l'individualisation et la psychologisation du travail d'organisation. Les professionnels « prennent sur eux » ces contradictions : ils ne les renvoient pas dans le champ social, contribuant ainsi à l'individualisation du coût moral dans les arbitrages organisationnels. Or, ce travail d'organisation comporte une dimension morale qui vient en renforcer le coût subjectif. Travailler avec et sur autrui contient inévitablement une dimension éthique. Les arrangements réalisés au cours du travail et dans la relation avec le destinataire du service comprennent une forte part de jugement moral, social et normatif (Ph. Warin, 1993). S'ils peuvent faire l'objet d'un partage et d'un débat avec les collègues, ils sont alors des ressources pour le travail en tant qu'ils permettent de construire des normes communes, « un corps d'évaluations partagées qui organisent l'activité personnelle de façon tacite » (Y. Clot, 1995). Lorsque le référentiel d'action est fragilisé ou moribond, chacun est renvoyé à lui-même. Les contradictions relationnelles dans le travail deviennent alors des charges morales individuelles. Avoir à faire, dans la solitude, des arbitrages complexes et nécessairement boiteux au regard de la norme d'idéal, induit un sentiment d'insuffisance.

La solitude, la peur d'échouer et la tension morale sont reliées dans une spirale négative : la première rend l'arbitrage éthique plus angoissant. Fait solitairement, il ne peut être qu'insatisfaisant. Dans un milieu où la satisfaction totale est la norme, il ne peut être communiqué. Solitude et tension morale s'entretiennent mutuellement. Alors, la peur peut envahir le travail. Peur de se tromper, de « faire mal », de ne pas y arriver, de ne pas être reconnu, d'être mal jugé. Dans les organisations qui ont normalisé l'idéal, la peur « de ne pas être à la hauteur » est aiguë. Si les professionnels craignent la sanction, c'est essentiellement parce qu'elle mettrait à nu leur incapacité à avoir su faire face à des situations de travail (pourtant impossibles). Le coût moral que représente la peur d'être découvert comme insuffisant est, à cet égard, socialement distribué.

De plus, nous assistons à une distribution sociale différenciée de la reconnaissance au travail, dans ce contexte de normalisation de l'idéal dans des services de masse.

LA RECONNAISSANCE EN MIETTES

Les professionnels de première ligne, dans la santé comme dans la restauration, disent éprouver pareillement un manque de reconnaissance sociale de leur travail. Au faible niveau de qualification et à la modestie des rémunérations vient s'ajouter le sentiment d'être « ceux qui servent » et qui sont parfois traités comme des « serviteurs ». Les clients et usagers, les médias, les représentants politiques ou syndicaux, quelles que soient leurs intentions, leur renvoient l'image qu'ils font un « sale boulot ». Comme si le côté « sale » condamnait le côté « boulot » à ne jamais devenir un « travail » digne de reconnaissance. Il s'agit ici du déficit de reconnaissance qu'engendre une position sociale basse : elle ne se distingue pas historiquement de ce qui a pu être observé dans toutes les professions de service.

Un autre phénomène, propre à la normalisation de l'idéal, traverse la question de la reconnaissance. Pour pouvoir construire un espace de reconnaissance du travail, il faut que les personnes soient en situation de le connaître, d'une part, et soient légitimes pour le juger, d'autre part. Traditionnellement, la reconnaissance au travail se construit avec la hiérarchie et auprès des pairs, l'un ayant un « jugement d'utilité », et l'autre un « jugement de beauté », pour reprendre la distinction faite par Ch. Dejours (1995 *a*, p. 61-62). Dans les organisations de service de masse, la situation est plus confuse du fait de la multiplication des prescriptions et des contrôles. Il n'y a plus une seule voix hiérarchique, mais une multitude de mesures fonctionnelles hétérogènes réalisées pour le compte de la hiérarchie, de manière indépendante les unes des autres. En outre, l'introduction de dispositifs portés par le destinataire du service modifie le poids relatif de l'adressage du travail, en sa faveur. La hiérarchie lui donne les moyens et la légitimité de juger, évaluer, reconnaître et sanctionner le travail réalisé. Ces deux formes de contrôle s'ajoutent aux regards portés par les pairs, collègues, médias, tribunaux..., sans oublier celui que l'on peut s'adresser à soi-même. Chacun porte des critères d'action et de jugement distincts et éventuellement conflictuels. Aussi, au moment de poser un acte de service, faut-il élire à qui l'adresser prioritairement. Il s'agit à chaque fois d'un accommodement singulier, exercé dans l'immédiateté de l'interaction. Il requiert une intelligence situationnelle aiguë, afin d'évaluer la pertinence et les risques d'un changement d'adresse à un instant précis. Il existe une forte tension en ce qui concerne l'adresse du travail et, en conséquence, un écartèlement dans la recherche de la reconnaissance que l'on peut en espérer.

L'adresse du travail et sa reconnaissance sont, dans cette analyse, référées à trois espaces évaluatifs : l'espace consumériste, l'espace du métier et l'espace légal-bureaucratique. La logique dominante, dans ces espaces, est, respectivement, la satisfaction subjective d'un client (ou usager), les règles du métier construites collectivement par tous ceux qui l'exercent et, enfin, la conformité à une règle hiérarchique établie pour une masse.

Le client, bien qu'étant le premier intéressé par la prestation et souvent le premier à pouvoir la juger, a des compétences très limitées pour le faire. Il n'a pas idée du travail réel nécessaire à la réalisation du service, et ne voit que sa partie réalisée. En outre, il juge la performance de l'organisation globale, à l'aune du travail déployé par le salarié qu'il a en face de lui, au risque de confondre, dans son appréciation, la qualité de la prestation finalement délivrée avec la qualité du travail de la personne. Lorsque la distinction n'est pas faite, le salarié peut subir une critique à feu continu qui, pourtant, ne le concerne que marginalement. Le jugement du client est différent de celui construit par des professionnels. Il peut être juste de son point de vue, mais injuste – dans les deux sens du terme – du point de vue du spécialiste. Quel qu'il soit, il est légitimé par les dispositifs de collecte et de valorisation de la satisfaction. Alors, le salarié est poussé à faire reconnaître son travail par le client ou l'usager, éventuellement aux dépens de la qualité et de la sécurité du service ou du respect des « règles de l'art » de son métier. Rechercher la reconnaissance auprès d'eux, c'est se soumettre à un jugement aléatoire, subjectif, injuste, labile, qui porte davantage sur la performance globale de l'organisation que sur son propre travail.

La virtuosité est souvent invisible pour un profane et peut, en revanche, être décelée par un pair. Seul lui, parce qu'il connaît le travail réel, peut déceler et évaluer l'intelligence au travail, l'habileté professionnelle, le talent individuel. Le pair « sait ce que c'est », et peut donc reconnaître assez finement ce que fait l'autre. Dans des milieux de travail où les collectifs sont à la fois stables et cohésifs, la reconnaissance du travail réel est possible. Or, cette reconnaissance du métier est supplantée progressivement par celle du client et celle du gestionnaire. La reconnaissance par les pairs est, nous l'avons vu, largement écornée par l'isolement professionnel des salariés, surtout lorsqu'ils sont dans des postures « héroïques » ou « pratiques ».

La reconnaissance hiérarchique est plurielle et contradictoire. Chaque direction fonctionnelle produit de manière indépendante, comme dans des tuyaux d'orgue, des critères de reconnaissance. La multiplication des mesures n'accroît cependant pas les chances de construire de la reconnaissance. Le cumul de logiques expertes, en secteur, éclate la représentation du travail et ne peut donner lieu qu'à une reconnaissance en miettes. En outre, les prescripteurs et contrôleurs, nous l'avons vu, ont une visibilité faible du travail réel. La reconnaissance hiérarchico-fonctionnelle possède une légitimité formelle, mais n'est généralement pas vécue comme valable par les professionnels, quels que soient leur niveau et place dans l'organisation. De ce côté-ci, ce qui compte, nous l'avons souligné, c'est de savoir simuler plus que de savoir travailler. La reconnaissance porte alors surtout sur la compétence de simulation dans chaque domaine fonctionnel pris un à un.

Dans cette situation d'éclatement des critères et lieux d'évaluation, le risque est grand de ne plus savoir à quel référentiel se tenir pour obtenir la reconnaissance de son travail et pour partager une définition commune de ce que c'est que de faire « du bon travail ». L'abondance de critères et leur caractère conflictuel génèrent un manque de critères.

En outre, la reconnaissance du travail des opérationnels est prise dans une impossibilité dès lors que l'on se situe du point de vue de l'idéal normalisé. Pour reconnaître le travail, il faut le regarder. Cela suppose, préalablement, de déconstruire la norme d'idéal et de considérer ensemble quelles sont les difficultés banales et multiples qu'il faut surmonter dans l'activité. Or, la normalisation de l'idéal place d'emblée la question de l'action dans le domaine de la toute-puissance et de l'impuissance, donc de l'évitement du travail. Le travail compris comme confrontation aux limites et comme transformation de celles-ci est dévalorisé socialement. Nous arrivons alors à la conclusion que dans une organisation qui a normalisé l'idéal, la reconnaissance – sociale, financière et symbolique – va prioritairement à ceux qui ne travaillent pas.

Enfin, le travail d'organisation est méconnu et donc non reconnu. Bien qu'il soit celui qui nécessite le plus de débat et de soutien, il est impossible, sans menacer le système de délégation, de le reconnaître à ceux qui le font. La non-reconnaissance du travail d'organisation réalisé par les premières lignes, en dépit de l'extrême embarras qu'il y a à le faire, est vécue comme la pire des injustices, surtout si elle est doublée d'un jugement critique sur le travail réalisé. Car au mépris du travail productif s'ajoute ici le déni du travail d'organisation, aplatissant d'un geste brutal l'activité à sa partie visible, toujours insuffisante au regard de l'idéal exigé.

La faiblesse de la reconnaissance du travail réel fragilise le sujet, tout en l'incitant à se désengager d'une situation si ingrate. Le coût moral – sentiment d'injustice – et le coût au moral – sentiment d'humiliation – au travail sont ainsi socialement distribués. Ils sont doublés d'un jugement négatif porté par les salariés à propos de leur travail réalisé.

LORSQUE LE SUJET CRITIQUE L'ACTEUR

Indépendamment de leur position hiérarchique, les salariés s'accordent pour déplorer, en chœur, la dégradation de leur métier et de leur secteur d'activité. Pourtant, ils participent activement à ces évolutions. En un mot : ils ne sont pas « fiers » de leur travail réalisé.

Il est bien entendu délicat – et ce n'est pas l'objet de ce livre – de mesurer précisément la qualité du traitement social de la grande vieillesse. Ce qu'il est possible d'établir de manière certaine, en revanche, c'est une forme de jugement négatif, ou du moins dubitatif des professionnels de santé sur la manière dont ces personnes âgées sont traitées, c'est-à-dire, en fait, sur leur travail réalisé.

Les personnels de gériatrie ont le sentiment de « faire des vieux », de les rendre incontinents, abrutis, dépendants. Beaucoup disent avoir « honte » de la manière dont « on » les traite. Non pas tant à cause des actes de maltraitance sporadiques, mais plutôt parce que les personnes âgées que l'on accueille dans les hôpitaux ne sont plus en situation d'avoir une vie « humaine ». Ils disent que les patients ne sortent plus : la vie se passe entre deux pièces et un couloir blancs. Ils sont regroupés, « parqués » entre eux, et coupés de la vie sociale. Ils ne voient plus personne de « jeune » (ici, ce terme désigne ceux qui ont moins de 80 ans), à part les soignants. Ils sont contraints à l'inactivité, à l'inutilité et à la dépendance. Les actes de la vie quotidienne sont vidés de leur goût. La médicalisation peut être poussée à outrance et faire douter les soignants de leur pertinence, voire de leur humanité. Les personnes âgées sont à la fois surmédicalisées et laissées à l'abandon lorsqu'il s'agit de changer une couche ou de converser. La mort et la souffrance sont déniées. Les médecins et soignants remarquent l'apparition de « cercles vicieux » dans le traitement de la vieillesse : la stérilisation de tous les objets et actes de la vie quotidienne va de pair avec la surmédicalisation. La direction, quant à elle, en prescrivant par écrit que « le patient est un être humain » dont il faut respecter les droits et la dignité semble révéler, en creux, que ceci n'est plus une évidence dans ces institutions. Ainsi, le jugement porté par les professionnels sur leur métier, leur organisation et finalement sur ce qu'ils font dans leur travail, est très critique. Il en est de même, de manière moins dramatique mais bien morose, dans la restauration.

Chez C'BON, les professionnels sont assez unanimement pessimistes quant à l'évolution du métier, de la massification de l'offre et de son industrialisation. Les salariés n'aiment pas les « chaînes ». D'ailleurs, le mot est évité, proscrit dans les conversations courantes. Le P-DG lui-même en interdit l'utilisation : on n'a pas le droit de le prononcer tant il s'oppose à la représentation qu'ils se font de leur métier et de l'amour de ce métier. Un cadre intermédiaire hyperactif est « écœuré » d'assister au succès des « gens qui ont tout cassé avec les chaînes ». Un commis de cuisine a pour rêve d'« arrêter toutes ces conneries de rentabilité, de tomates blindées d'insecticides, de travail à la chaîne ». Un directeur, bien que principal acteur de la normalisation et de la standardisation, critique aussi ce phénomène : « Je trouve mieux de former les gens à faire de la cuisine plutôt que d'acheter des produits tout faits, avec un Sri Lankais au QI de 2,8 et une paire de ciseaux à qui on dit « tu découpes » ! Le Sri Lankais et son paquet sous vide, c'est plus un restaurant. » Ainsi, la majorité des personnes qui travaillent dans la chaîne de restauration, quel que soit leur grade, considère que le développement des chaînes « tue » leur métier. Les salariés travaillent donc – et avec, parfois, un enthousiasme sincère – à fabriquer un phénomène qu'ils accusent. Les cadres expliquent et même justifient leur participation au développement des chaînes par l'existence d'une demande sociale qui serait « déjà là » – à laquelle ils ne font « que » répondre. Ils naturalisent la demande et n'établissent apparemment aucun lien entre leur activité – quand bien même elle serait dans des fonctions qui visent explicitement à créer et orienter la consommation, tel que le marketing – et cette demande. Les jeunes qui ont choisi le métier de la restauration travaillent dans une chaîne « pour se former » à la gestion (plus qu'au métier de restaurateur), ou pour bénéficier de conditions de travail « moins pires » que dans l'artisanat. Cette critique adressée à sa propre activité crée un malaise diffus, un sentiment général d'être contraint à mal travailler.

Au cœur d'un individu, le jugement subjectif sur ce que fait l'acteur est critique ou dubitatif. Mais ce désaccord constitue un encombrement privé plus qu'une ressource pour le travail. La norme d'idéal se passe de la richesse que constitue le dialogue entre l'acteur et le sujet, en exigeant que le premier sache mettre le second à son service, dans un accord lui aussi supposé idéal.

En outre, les salariés parlent très fréquemment de leurs organisations comme de constructions en déclin et dont la fin pourrait être proche. Certains généralisent même cette « conviction » à la société dans son ensemble. À l'opposé des anciennes bureaucraties arrogantes et comme immortelles, ces organisations sont perçues comme précaires. Nombreux sont ceux qui disent « pressentir » un effondrement prochain. Ce qui domine donc largement, c'est un sentiment de fragilité organisationnelle qui contraste avec le discours officiel de toute-puissance. Une référence cinématographique est mobilisée avec récurrence : « jusqu'ici, tout va bien »[1], sous-entendant que le système est en train de chuter et qu'il va s'écraser mortellement d'ici peu. Et de citer pour exemple le cas de grandes multinationales (Vivendi, Swissair, Arthur Andersen, Enron...) ayant subitement fait faillite au début des années 2000, à la surprise générale.

Ce sentiment de fragilité organisationnelle fait écho au travail vécu. Maintenir la simulation de toute-puissance organisationnelle est coûteux pour chacun, d'autant qu'il a le sentiment du risque que l'imposture ne soit mise au jour. Risque d'être pris en train de « tricher », risque de voir ce système d'apparences mis à nu soudainement dans le surgissement d'un drame technique, social, médiatique ou humain. En même temps, cette « catastrophe » est espérée explicitement, souvent avec un rictus, comme si elle promettait de mettre fin à la contrainte de simulation et dissimulation et de pouvoir enfin retrouver une limite au travail.

LE TRAVAIL SANS FIN

La division morale du travail est renforcée par un autre malaise subjectif, propre à la fabrication du service de masse soumise à la norme d'idéalité : l'impossibilité d'avoir une représentation de la finalité de son travail. Ce phénomène est vécu d'autant plus durement par ceux qui réalisent le service lui-même.

Celui qui produit une prestation n'a pas la possibilité de la « tenir » entre les mains. Les services, outre leur composante largement immatérielle, sont comme les

1. Film *La Haine*, de Mathieu Kassovitz. Il s'agit d'une « blague », racontée au début du film : un homme tombe du haut d'une tour. Quelques minutes avant de s'écraser au sol, il dit : « Jusqu'ici, tout va bien. »

objets de masse, immédiatement consommés, c'est-à-dire détruits. Dans la reproduction à l'identique des objets, le rapport à la durée est comme suspendu, si ce n'est coupé.

Le service comme travail réalisé est toujours à refaire. Le travail individuel et collectif n'est pas rythmé par des moments de clôture, de bilans, de contemplation de l'objet construit. Il est peu d'occasions de commenter le travail réalisé et, à cette occasion, de mettre en débat la question de la finalité du travail et de l'organisation. L'absence de ponctuation dans le service réduit les opportunités de « fabriquer du sens », pour reprendre le terme de Karl Weick (1995) : un moment qui permettrait de (se) rendre compte de la situation. La finalité du travail et de l'organisation ne fait pas l'objet de discussions sociales, même dans les moments de crise. La retenue de la pensée par l'hyperactivité et la routine ou son déploiement sans attache au réel, chez les enchanteurs, ne favorisent pas le questionnement sur les limites et finalités de l'activité.

Enfin et surtout, la normalisation de l'idéal et la banalisation du déni des limites dans le travail induisent une représentation littéralement infinie de celui-ci. Toute action n'est qu'une contribution éphémère à un progrès lui-même indéfini et infini. Une marche supplémentaire dans un escalier qui ne dessert aucun palier. Un effort sans but, une course sans autre mobile qu'elle-même. Le travail peut devenir alors, pour le sujet, une ligne de fuite plus qu'une perspective.

CONCLUSION

FONCTIONS ET DYSFONCTIONS DE LA NORMALISATION DE L'IDÉAL

Dans un service public hospitalier de gériatrie et dans une chaîne de restauration privée, nous avons observé un même phénomène de normalisation de l'idéal et de délégation du travail d'organisation. Pour les dirigeants et fonctionnels, c'est un moyen puissant et moralement satisfaisant de résoudre, sans la travailler, la contradiction entre standardisation et personnalisation, caractéristique des services de masse. Elle leur permet d'agir malgré un sentiment d'impuissance à maîtriser l'action décentralisée, imprévisible et tissée de contradictions pratiques comme morales.

Le travail opérationnel est doublement encadré et contrôlé hiérarchiquement : d'un côté *via* le client (ou l'usager) et de l'autre *via* les directions fonctionnelles. Le discours à l'attention des masses promet que l'organisation produira des services infiniment satisfaisants. Il « dresse » le destinataire à exiger un service idéal et, par l'importance donnée à l'expression de sa satisfaction, à en contrôler la réalisation effective. Le client et l'usager sont alors pareillement utilisés pour encadrer le travail local, sur lequel les prescripteurs n'ont pas la main. L'attitude « exigeante » du destinataire du service est donc une construction organisationnelle. Simultanément, le discours prescriptif adressé à ces salariés est infiniment exigeant sur une multitude de critères techniques réputés neutres et objectifs. La prescription et le contrôle sont donc portés essentiellement par les consommateurs et les directions fonctionnelles, plus que par la hiérarchie directement, ce qui la rend plus difficile à contester. La somme de ces prescriptions est idéale, le travail de médiation des contradictions ayant été évité et finalement délégué.

Les contradictions propres à l'activité, ajoutées à celles qui proviennent de l'écart entre l'idéal et le possible, se retrouvent presque entières dans l'interaction entre le salarié de première ligne et le client ou usager. C'est à l'un, à l'autre, ou aux deux – selon le rapport de force objectif et symbolique dans la relation – de les résoudre. Et éventuellement, si cela n'est pas possible, de la « prendre sur eux ». Parfois, la violence peut surgir face à l'impossibilité « d'être à la hauteur » de l'idéal devenu norme. Qu'elle soit spectaculaire ou rentrée, harcelante ou routinisée, elle procéderait alors de l'évitement du travail d'organisation. Cette nouvelle division sociale du travail d'organisation invite les sujets à médier solitairement des contradictions qui auraient été esquivées, évitées ou empêchées aux niveaux politique, gestionnaire et collectif. Ainsi les arbitrages sont-ils opérés dans l'urgence de l'interaction, sans être discutés socialement. L'individualisation du travail sur les contradictions engendre une division morale du travail. Généralement, la tension entre la prescription, l'idéal et le possible est résolue par la simulation du travail idéal et la dissimulation du travail réel possible. Alors, les conditions requises pour construire et faire vivre des collectifs de travail s'effritent, laissant le sujet isolé avec le sentiment de faire, sans fin, « comme si » lui et l'organisation pouvaient être tout-puissants.

La normalisation de l'idéal a des fonctions managériales : elle permet de « faire faire des choses »

(H. Simon, 1983) et, en même temps, elle permet de « faire en sorte que les choses se fassent » (A. Strauss, 1992). Elle contribue à accroître la performance sur un certain nombre de critères mesurables, à court terme. En même temps, elle fragilise le lien social et le rapport subjectif au travail, au point que les sujets se demandent si, finalement, ce dispositif ne va pas rencontrer ses propres limites. Car au-delà des différences de positions, d'interprétations et de vécus, il est un point commun fort : le sentiment partagé de la fragilité de cette configuration.

La prescription d'idéal peut produire l'inverse de l'idéal. Ainsi, le client « roi » apparaît ici aussi comme un client dressé à être infiniment frustré, maltraité et maltraitant, enrôlé pour surveiller le travail des salariés. De plus, les coûts subjectifs d'un travail d'organisation ainsi réparti ne peuvent qu'accroître l'absentéisme, le *turn over*, et les difficultés à trouver des personnes « motivées » pour occuper ces postes de première ligne. En outre, sur le versant économique, la productivité du travail est considérablement affaiblie lorsqu'une personne, pour produire une tâche, est contrainte de mener de front quatre activités : réaliser le travail d'organisation jusque-là évité, produire le service, dissimuler le travail réel et vécu et, enfin, simuler le travail prescrit. Quatre activités en une, éventuellement contradictoires et inévitablement concurrentes dans le temps. Enfin, plus les opérationnels sont mis dans l'obligation de simulation et de dissimulation, plus les concepteurs et contrôleurs perdent la maîtrise de ce qu'ils croient tenir au moyen d'un arsenal gestionnaire hypertrophié. La sophistication et l'inflation des méthodes et outils de « management » servent à déléguer le travail d'organisation, mais réduisent simultanément la préhension, par les dirigeants, du travail réel et réalisé : plus ils gèrent, moins ils maîtrisent.

Accepter que la production du service de masse ne soit « que » satisfaisante serait plus fonctionnel que d'exiger qu'elle soit idéale. Ainsi, envisager l'organisation du travail en abandonnant la norme sociale d'idéal serait l'optimal. Il faut alors, littéralement, se mettre au travail, c'est-à-dire accepter de nommer les limites, les incertitudes et les contradictions de l'activité, s'y confronter pour construire, en mobilisant la créativité et l'intelligence en actes, une solution possible, à taille humaine. Abandonnant son statut de norme, l'idéal pourrait alors reprendre celui de modèle ou de projet, indispensable pour travailler quotidiennement.

UNE SOCIÉTÉ EN ÉTAT LIMITE ?

La sociologie du travail a, depuis son origine, le projet d'être une sociologie générale : ainsi, la sociologie industrielle *est* la sociologie des sociétés industrielles. De la même manière, faire de la sociologie des organisations de service de masse permet de construire un propos de sociologie générale sur les sociétés de services de masse. Les organisations de service ont un « contenu sociétal fondamental », une « nature politique » (De Bandt, 1994). Elles produisent des relations qui participent des régulations sociales explicites et implicites avec une composante normative forte.

Les deux organisations dont il est question dans ce livre sont assez discrètes d'un point de vue de l'innovation organisationnelle et managériale. L'une, en tant qu'institution publique, est plutôt moins « modernisée » que certains ministères ou établissements publics. Néanmoins, elle est représentative des réformes qui sont en cours dans la fonction publique (démarche qualité, discours sur la responsabilisation, contractualisation, mesure économique de l'activité, introduction de la gestion dans l'activité, etc.). De même, l'entreprise familiale C'BON adopte les modes managériales avec application, mais sans ferveur ni tapage. En étudiant des organisations finalement assez « moyennes » et banales, nous ouvrons plus facilement la possibilité de généralisation. Dans deux organisations incomparables, nous avons observé les mêmes phénomènes sociaux, ce qui nous permet de faire l'hypothèse qu'ils sont propres aux sociétés de service de masse.

Outre l'observation quotidienne que chacun peut faire de la manière dont il est sollicité, en tant que client ou usager « roi », à participer à la prescription et au contrôle du travail des prestataires de service de masse, des recherches récentes dans les secteurs public et privé semblent indiquer que le phénomène de normalisation de l'idéal est assez généralisé. Les réformes de l'État depuis les années 1980, et jusqu'à la LOLF qui en est la forme la plus aboutie, consistent très explicitement à instaurer la « responsabilisation » des acteurs dans le but de « satisfaire » l'usager et le citoyen. Celui-ci est d'ailleurs requalifié de manière galopante de « client », comme si le terme d'usager convenait mal au rôle de consommateur exigeant qu'on veut lui faire jouer. Dans de nombreux métiers de services de la fonction publique, le discours des professionnels de première ligne et de leurs relais syndicaux porte essentiellement sur l'impossibilité de « bien travailler », et même l'impossibilité de travailler tout court. Dans de très nombreux secteurs publics[1], nous retrouvons des traces de ce phénomène de normalisation de la prescription et de la difficulté qu'il y a à faire face, solitairement, aux contradictions qu'elle génère. Des recherches récentes autorisent à penser que ce phénomène se retrouve dans d'autres organisations de service de masse du secteur privé[2], montrant que le phénomène social surplombe les

1. Chez les travailleurs sociaux (M. Bonetti, V. de Gaulejac & J. Fraisse, 1995), enseignants (Y. Clot *et al.*, 1998 ; E. Chatel, J.-Y. Rochex & J.-L. Roger, 1995)[1], personnels soignants (A.-M. Arborio, 1996 et 2001), personnel pénitentiaire (A. Chauvenet, G. Benguigui & F. Orlic, 1992 ; D. Lhuilier, 1997), policiers, guichetiers de La Poste (F. Hanique, 2004 ; A. Jeantet, 2001), caisses d'assurance sociale (J.-M. Weller, 1999 ; V. Boussard, 2001).

2. Voir les travaux sur la restauration rapide (H. Weber, 2005), la grande distribution (Ph. Alonso, 1998), le télémarketing (M. Buscatto, 2002), la banque (M. Vezina & L. Saint-Arnaud, 1996 ; D. Courpasson, 2000), les bureaux d'étude (J.-L. Roger, 1998), le conseil informatique (I. Berrebi-Hoffman, 1997), par exemple.

différences de statut – public ou privé – et de structure des organisations.

Si la majorité des organisations de service de masse produisent une normalisation de l'idéal, en son sein et dans sa relation avec les masses, elles finissent par construire un programme politique. Un monde dans lequel la rationalisation aurait gagné le dernier recoin de l'action au point de créer des situations de travail et de vie déraisonnables. Une société absolument désenchantée, donc, mais dans laquelle la satisfaction de désirs contradictoires serait néanmoins exigible à tout instant, sans limites, dans un mouvement organisationnel de réenchantement volontariste. Un « vivre ensemble » où celui qui ne se comporte pas conformément à cet idéal, qu'il soit du côté de la production du service ou de sa consommation, serait traité en marginal.

Le phénomène social de normalisation de l'idéal opère un collage entre le possible et l'idéal, supprimant l'idéal lui-même et sa fonction motrice dans l'action. C'est moins l'anomie que la domination de la norme d'idéal qui permettrait de comprendre les dynamiques sociales et subjectives aujourd'hui. Alors notre société pourrait reprendre à son compte ce slogan publicitaire et proclamer, avant de trébucher, que « les limites, c'est dépassé ».

NOTE MÉTHODOLOGIQUE ET REMERCIEMENTS

Cette recherche, comme tout travail, est gorgée de l'activité des autres. Les remercier serait insuffisant. Je tiens à reconnaître et souligner leur contribution dans la réalisation de cette recherche.

On trouve ici des traces du travail de mes pairs et de mes pères dans le champ de la recherche en sciences humaines et sociales et qu'une bibliographie ne suffit à cerner. Ce livre présente les principales conclusions d'un doctorat en sociologie, réalisé de 2000 à 2004 au sein du Laboratoire de changement social (LCS-Université Paris-VII-Denis-Diderot), sous la direction de Vincent de Gaulejac que je remercie ici. Les hypothèses ont été débattues au sein de ce laboratoire, mais aussi avec d'autres chercheurs, dans des champs disciplinaires variés. Marc Belissa, Olivia Burton, Isabelle Berrebi-Hoffmann, Hervé Laroche tout particulièrement, Pierre-André Lestocart, Anne Millet et Muriel Molinié savent ce que cette recherche doit à nos échanges. Ce travail a bénéficié également du très précieux collectif de doctorants. Valérie Brunel, Fabienne Hanique, Stéphanie Rizet et Sylvette Uzan-Chomat ainsi que John Cultiaux et Pierre Lenel retrouveront dans ces pages les traces de nos amicales controverses. Les analyses d'Anni Borzeix, Jean-François Caillard, Michel Lallement, Dominique Lhuilier et Denis Segrestin, lors de la soutenance de thèse, ont été utiles pour affiner ou pousser des hypothèses ici présentées.

Merci à Monique Veron et aux dirigeants de chez C'BON de m'avoir ouvert la possibilité de travailler dans leurs organisations, en toute indépendance.

Je dois une ultime explication au lecteur. Au fil de ce livre, j'ai employé à plusieurs reprises le terme de « terrain », en prenant soin de l'encadrer de guillemets, pour souligner qu'il s'agit d'une expression courante pour désigner les hôpitaux et les restaurants, par opposition aux sièges. En recherche, qu'est-ce donc que le « terrain », et d'où parle celui qui emploie ce terme ? Il semble vouloir opposer deux mondes, distinguant le « moi » du « eux », l'aérien du terrien, la pensée de l'action. Or, la méthodologie employée ici a pour souci principal d'éviter cette coupure épistémologique entre un supposé « terrain » et un chercheur. Je partage en cela le projet de la recherche clinique, et particulièrement de la sociologie clinique (V. de Gaulejac, 1993, 1997, 2001 *b*, 2002 *a*).

La première difficulté que rencontre un chercheur qui s'intéresse au travail, c'est qu'il a affaire à un objet largement invisible à l'œil nu. Il peut certes accéder relativement facilement au travail prescrit formalisé (mais la partie orale est assez labile) et à une partie du travail réalisé. En revanche, le travail réel, le travail vécu, l'intersubjectivité dans la relation de service, la confiance, les conflits entre les logiques d'acteur et de sujet, de même que les tensions sociales et subjectives entre travail prescrit, travail réel, travail vécu et travail réalisé sont souterrains. Leur expression ou irruption perceptibles dans le champ social ne peuvent suffire à comprendre et expliquer ce qui s'y joue. Une manière d'accéder à cette dimension invisible et pourtant incontournable consiste à mettre en place un dialogue entre le chercheur et les personnes qui vivent ces phénomènes sociaux. Plutôt que de tenter (sans espoir d'y arriver justement) à interpréter unilatéralement ce que disent les professionnels à propos de leur travail, il s'agit de *développer l'interprétation qu'ils en font.* Le chercheur est alors *de facto* un intervenant qui propose de développer le travail vécu, c'est-à-dire l'interprétation des professionnels à propos de leur travail réalisé, réel et prescrit. Il propose des hypothèses, les met en discussion. Il écoute celles des autres, et les met également en débat. Cette rencontre des « contextes quotidiens » avec les « concepts scientifiques » évite la « double inconsistance » (L. Vygotski, 1934), pour produire une « interprétation la plus probable » (P. Ricœur, 1986) des phénomènes sociaux.

Les hypothèses exposées dans ce livre ont été travaillées avec des groupes sociaux multiples au cours d'entretiens compréhensifs individuels (plus d'une quarantaine dans chaque organisation avec des personnes exerçant les principaux métiers et avec tous les grades professionnels – de la direction générale à l'apprenti), lors de séances de formations-actions. J'ai organisé également une dizaine de réunions de présentation des hypothèses intermédiaires sous des configurations variées. Ces réunions de coélaboration des hypothèses apparaissent comme un moment dans le processus de recherche. Ces hypothèses ont également été mises en discussion avec une vingtaine de personnes travaillant dans d'autres organisations de service de masse (services sociaux, grande distribution, éducation, conseil et logement social). Ceci a permis de mesurer leur solidité et de distinguer celles qui tiennent à des éléments contextuels de celles qui pourraient être valides dans d'autres secteurs.

Plutôt que de simplement remercier les centaines de personnes qui, quels que soient leur grade et leur métier, ont participé à cette recherche en acceptant de parler et penser leur travail, je préfère rappeler ici qu'ils en sont, d'une certaine manière, les coauteurs. Que ce livre puisse être, en retour, un nouveau pré-texte à leur activité.

GLOSSAIRE

Chez C'Bon et secteur de la restauration

HACCP : *Hasard Analisis Critical Control Point*, soit, dans sa traduction française : Analyse des risques et maîtrise des points de contrôle
DGCCRF : Direction générale de la concurrence, consommation et répression de fraudes
MH : Maître d'hôtel
MDPAQ : Manuel des procédures assurance qualité
RBE : Résultat brut d'exploitation

Assistance publique-Hôpitaux de Paris et secteur de la santé

AFEDI : Association francophone européenne pour le diagnostic infirmier
ANA : American Nurse's Association
ANADI : Association nord-américaine pour le diagnostic infirmier (NANDA, en anglais)
ANAES : Agence nationale d'accréditation et d'évaluation en santé
ANDEM : Agence nationale pour le développement de l'évaluation médicale
AP-HP : Assistance publique-Hôpitaux de Paris
ARH : Agence régionale d'hospitalisation

CAP :	Commission administrative paritaire
CDLPAD :	Charte des droits et libertés de la personne âgée dépendante
CHSCT :	Comité d'hygiène, sécurité, et des conditions de travail
CME :	Commission médicale d'établissement
CNE :	Collège national d'experts
CNOSS :	Comité national de l'organisation sanitaire et sociale
CPH :	Charte du patient hospitalisé
CRE :	Collège régional d'expert
CROSS :	Comité régional de l'organisation sanitaire et sociale
CSI :	Cadre supérieur infirmier (anciennement « surveillante »)
CSP :	Code de la santé publique
DGF :	Dotation globale de financement
FFI :	Faisant fonction d'infirmiers
GHM :	Groupes homogènes de malades
IESCH :	Institut enseignement supérieur des cadres hospitaliers
IGAS :	Inspection générale des affaires sociales
ISA :	Index synthétique d'activité
NANDA :	Association nord-américaine pour le diagnostic infirmier
ONDAM :	Objectif national des dépenses d'assurance-maladie (voté par l'Assemblée nationale)
PH :	Praticien hospitalier
PHU :	Praticien hospitalier universitaire
PMSI :	Programme de médicalisation des systèmes d'information
SCMT :	Service central de la médecine du travail
SROSS :	Schéma régional de l'organisation sanitaire et sociale
T2A (ou TAA) :	Tarification à l'acte.
UHPAD :	Unités d'hébergement pour personnes âgées dépendantes

BIBLIOGRAPHIE

ALONZO P., « Les rapports au travail et à l'emploi des caissières de la grande distribution. Des petites stratégies pour une grande vertu », *in* DARES-Travail et Emploi, nº 76 3/98, *La restructuration des rapports de travail dans les métiers relationnel*, Paris, La Documentation française, 1998.

AMALBERTI R., *La Conduite des systèmes à risques*, Paris, PUF, « Le Travail humain », 2001.

ANDRÉ J. (dir.), CHABERT C., GREEN A., *Les états limites*, Paris, PUF, « Petite Bibliothèque de psychanalyse », 1999, p. 1-22.

ARBORIO A.-M., *Un personnel invisible. Les aides-soignantes à l'hôpital*, Paris, Anthropos, 2001.

ARENDT H., *La crise de la culture* (1954), Paris, Gallimard, « Folio-Essais », 2002, p. 253-288.

ARNAUD A.-J., *Dictionnaire encyclopédique de théorie et de sociologie du droit*, Paris, Librairie juridique du droit et de jurisprudence, 1988.

AUBERT N., GAULEJAC V. de, *Le coût de l'excellence*, Paris, Seuil, 1991.

BANDT J. de, *Les services aux entreprises*, Paris, Economica, 1994.

BAUDRILLARD J., « Sociologie de masse-Langages de masse », *Encyclopedia Universalis*, 1999 ; *La société de consommation* (1986), Paris, Gallimard « Folio-Essais », 2003.

BELISSA & GAUTHIER, » Kant, le droit cosmopolitique et la société civile des nations », *Annales historiques de la Révolution française*, nº 3 juill.-sept. 1999.

BELL D., *The Coming of PostIndustrial Society, a Venture in Social Forecasting, New York, Basic Books*, 1973 (trad. fr., *Vers la société postindustrielle*, Paris, Laffont, 1976).

BELLEMARE G., « Marketing et gestion des ressources humaines postmodernes. Du salarié machine au salarié-produit », *Sociologie du travail*, nº 1, 1999.

BELLIER S., *Le savoir être dans l'entreprise. Utilité en gestion des ressources humaines*, Paris, Institut Vidal Roux-Vuibert, 1998.
BERNOUX P., *La sociologie des organisations, Initiation* (1985), Paris, Seuil, « Points-Essais », 1990.
BERREBI-HOFFMANN I., *Pouvoir et contrôle dans les entreprises d'expertise*, Fondation nationale des sciences politiques. Cycle supérieur de sociologie, 1997 (thèse de 3e cycle).
BOLTANSKI L. & CHIAPELLO E., *Le nouvel esprit du capitalisme*, Paris, Gallimard, 1999.
BONETTI M., FRAISSE J., GAULEJAC V. de, *L'ingénierie sociale*, Paris, Syros, « Alternatives sociales », 1995.
BORZEIX A., « L'implicite, le contexte et les cadres : à propos des mécanismes de l'interprétation », *Le travail humain*, n° 4, 1994, p. 331-343 ; « Relation de service et sociologie du travail », *La relation de service, opportunités et questions nouvelles pour l'ergonomie*, Séminaire Paris, 1-14 et 18 mai 2001, Toulouse, Octarès (coord. F. Hubault), 2002, p. 33-52.
BORZEIX A. & BOUTET J. & FRAENKEL B., « Introduction », *Langage et travail. Communication, cognition, action, in* A. Borzeix et B. Fraenkel (coord.), CNRS « Communication », 2001, p. 9-17.
BOURDIEU P. & PASSERON J.-C., *Les héritiers, les étudiants et leurs études*, Paris, Minuit, 1964.
BOUSSARD V., « Controverse autour des indicateurs de gestion dans les caisses d'allocations familiales », *in* S. Maugeri (dir.), *Délit de gestion*, Paris, La Dispute, 2001, p. 77-94.
BRUCKNER P., *L'euphorie perpétuelle. Essai sur le devoir de bonheur*, Paris, Grasset, 2000.
BRUNEL V., *Les managers de l'âme. Le développement personnel en entreprise, nouvelle pratique du pouvoir ?* Paris, La Découverte, « Entreprise et société », 2004.
BUSCATTO M., « Les centres d'appels, usines modernes ? Les rationalisations paradoxales de la relation téléphonique », *Sociologie du travail*, 2002, n° 44, p. 99-117.
CARPENTIER-ROY M.-C., *Corps et Âmes*, Montréal, Liber, 1991.
CASTEL R., *La métamorphose de la question sociale, une chronique du salariat* (1995), Paris, Seuil, « Point », 1999.
CHANDLER A.D., *La main invisible des managers* (1971), Paris, Economica, 1988.
CHASSEGUET-SMIRGEL J., *La maladie de l'idéalité ; Essai psychanalytique sur l'idéal du moi*, Paris, L'Harmattan-Émergence, 2000.
CHATEAUREYNAUD F., « Alertes, affaires et catastrophes, logique de l'accusation et pragmatique de la vigilance », *Séminaire du Programme Risques collectifs et situations de crise*, Paris, CNRS-École des mines, 15 février 1996.
CHATEL E. & ROCHEX J.-Y. & ROGER J.-L., *Transformation du second degré et métier d'enseignant*, Société française, 1995, n° 2 (52).
CHAUVENET A. & BENGUIGUI G. & ORLIC F., *Le personnel de surveillance des prisons*, Paris, CEMS, 1992.

CHAZEL F. & COMMAILLE J. (éd.), *Normes juridiques et régulation sociale*, Paris, LDGJ, 1991.

CHEVALLIER J., « L'administration française face à son public », *La relation de service dans le secteur public*, Paris, Plan Urbain-DRI-RATP, 1991, t. 2, p. 215-311.

CLOT Y., « Le travail comme source d'étonnement », *Futur antérieur*, 1993/2, n° 16 ; *Le travail sans l'homme ? Pour une psychologie des milieux de travail et de vie*, Paris, La Découverte » Poche », 1998a ; « Le sujet au travail », *in* J. Boutet, H. Jacot, J. Kergoat, D. Linhart (dir.), *Le monde du travail*, La Découverte « Textes à l'appui », 1998b ; *La fonction psychologique du travail*, Paris, PUF, « Le Travail humain », 1999.

CLOT Y., MICHAUX B., ROCHEX J.-Y. & ROGER J.-L., « Enseigner malgré tout. Table ronde autour du métier d'enseignant », *Société française*, 1998, n° 11 (61).

COCHOY F., *Histoire du marketing*, Paris, La Découverte, « Textes à l'appui », 1999.

CONEIN B., « La notion de routine : problème de définition », Dossier : À quoi sert la notion de routine, *Sociologie du travail*, 1998, n° 4, p. 479-490.

CORCUFF Ph., « Ordre institutionnel, fluidité situationnelle et compassion. Les interactions au guichet de deux CAF », *Recherches et Prévisions*, n° 45, sept. 1996.

COSER L.A., *Les fonctions du conflit social* (1956), Paris, PUF, 1982.

COTTEREAU A., *Théories de l'action et notion de travail. Notes sur quelques difficultés et quelques perspectives*, in *Sociologie du travail* (hors série), 1994, p. 79-90.

COURPASSON, D., *L'action contrainte. Organisations libérales et domination*, Paris, PUF, 2000.

COURPASSON de, & LIVIAN Y.F., « Le développement récent de la notion de compétence : glissement sémantique ou idéologique ? », *Revue de gestion des ressources humaines*, 1991, n° 1.

CROZIER M. & FRIEDBERG E., *L'acteur et le système* (1977), Paris, Seuil, 1986.

CRU D., « Langue de métier et organisation du travail », *Travail*, 1985, n° 7, p. 48-55.

CSERGO J., « Nostalgie du terroir », *Mille et une bouches : cuisine et identités culturelles*, collection « Autrement », Série « Mutation/Mangeurs », 1995, n° 154, p. 156-162.

DAVEZIES Ph., « Éléments pour une clarification des fondements épistémologiques d'une science du travail », Communication au colloque national de la société française de psychologie, Clermont-Ferrand, 6 déc. 1991 ; « Entre consigne et idéal : comme un caméléon sur un tissu écossais », *Santé et Travail*, 1992, 3, 38-45.

DAVID C., Introduction à : *La relation de service. Construire la performance avec le client*, collection « Dossiers documentaires », ANACT, 2000, p. 7-8.

DEJOURS Ch., « Coopération et construction de l'identité en situation de travail », *Futur antérieur*, 1993, n° 16 ; Ch., *Le facteur humain*, Paris, PUF « Que sais-je ? », 1995a ; *Travail, usure mentale. De la psychopathologie à la psychodynamique du travail*, Paris, Bayard, 1995b ; *L'évaluation du travail à l'épreuve du réel*, Paris, INRA, 2003.

DEJOURS Ch. & MOLINIER, P., *Le travail comme énigme*, in *Sociologie du travail* 1994 (hors série).

DESSORS D., « Le client est roi, la prescription lui incombe », *La relation de service, opportunités et questions nouvelles pour l'ergonomie*, Séminaire Paris-1 – 14 et 18 mai 2001 (F. Hubault coord.), Toulouse, Octarès, 2002, p. 247-252.

DEUTSCH H., « The impostor. Contribution to ego psychology of a type of psychopath », *The Psychoanalytic Quarterly*, 1955, 24, p. 483-505.

DEVEREUX G., *De l'angoisse à la méthode dans les sciences du comportement*, Paris, Flammarion, 1980.

DIETRICH A., « Compétence et performance : entre compétences et pratiques de gestion », *Éducation permanente*, 1999, n° 140, p. 19-34.

DUBAR C., *La crise des identités*, Paris, PUF, 2000.

DUBET F., *Le déclin de l'institution*, Paris, Seuil, « L'Épreuve des faits », 2003.

DUBOIS N. & PULTIER F., « Effets du libéralisme sur l'internalité et la clairvoyance normative », *in* J.-L. Beauvois, R.-V. Joule et J.-M. Monteil (éd.), *Perspectives cognitives et conduites sociales*, vol. 4, *Jugements sociaux et changement des attitudes*, Neuchâtel, Delachaux & Niestlé, 1993.

DUBUISSON S., « Regard d'un sociologue sur la notion de routine dans la théorie évolutionniste », *Sociologie du travail*, 1998, n° 4.

DUBUISSON-QUELLIER S., « Le prestataire, le client et le consommateur. Sociologie d'une relation marchande », *Revue française de sociologie*, 1999, XL-4, p. 671-688.

DUGUE E., « La logique de la compétence : le retour du passé », *Éducation permanente*, 1999, n° 140, p. 7-18.

DUJARIER M.-A., « Comprendre l'inacceptable : la maltraitance en gériatrie », *in* E. Enriquez et V. Guienne (dir.), *Le compréhensible et l'inacceptable*, *Revue internationale de psychosociologie*, vol. VIII – n° 19, 2002, p. 111-124 ; « Simulation et dissimulation dans les organisations », *in* Ch. Ruby (dir.), *Évaluer l'évaluation. Emprises, déploiements, subversions*, Paris, Les Cahiers Espace-Temps, 89/90, 2005 ; « Standardisation *vs* personnalisation : le consommateur mis au travail d'organisation », *in* S. Maugeri (dir.), Paris, L'Harmattan, « Logiques sociales », Série Sociologie de la gestion, 2006.

DUPONT M., *L'Assistance publique-Hôpitaux de Paris. Organisation administrative et médicale*, Paris, Douin, 1998.

DUPUY F., *La fatigue des élites. Le capitalisme et ses cadres*, Paris, Seuil, « La République des Idées », 2005.

DURAND J.-P., *La chaîne invisible, Travailler aujourd'hui : flux tendu et servitude volontaire*, Paris, Seuil, « Économie humaine », 2004.

DURKHEIM E., *De la division du travail social* (1893), Paris, PUF, 1991 ; *Le suicide* (1897), Paris, PUF, 1999 ; *Les règles de la méthode sociologique* (1901), Paris, PUF, « Quadrige », 1990.
EHRENBERG A., *Le culte de la performance* (1991), Paris, Hachette « Littérature- Pluriel », 1999 ; *L'individu incertain* (1995), Paris, Hachette « Littérature-Pluriel », 1999 ; *La fatigue d'être soi* (1998), Paris, Odile Jacob, « Poches », 2000.
EIGLER P. & LANGEARD E., *Servuction. Le marketing des services*, Paris, Mac Graw-Hill, 1987.
ENRIQUEZ E., *Les jeux du pouvoir et du désir dans l'entreprise*, Paris, Desclée de Brouwer, « Sociologie clinique », 1997.
ENRIQUEZ E. & HAROCHE C., *La face obscure des démocraties*, Toulouse, Érès, 2002.
ERALY A., « L'usage de la psychologie dans le management : l'inflation de la réflexivité professionnelle », *in* J.-P. Bouilloud & B.-P. Lécuyer (éd.), *L'invention de la gestion*, Paris, L'Harmattan, 1994, p. 119-134.
ESTRYN-BEHAR M., *Stress et souffrance des soignants à l'hôpital. Reconnaissance, analyse et prévention*, Paris, Estem, 1997.
FALZON P., « Les activités verbales dans le travail », *in* R. Amalberti, M. de Montmollin et J. Theureau (éd.), *Modèles en analyse du travail*, Liège, Mardaga, 1991, p. 229-249.
FAVERGE J.-M. et OMBREDANE A., *L'analyse du travail*, Paris, PUF, 1955.
FEDIDA P., « Un patient de rêve pour un psychanalyste ? », *Les états limites*, Paris, PUF, « Petite bibliothèque de psychanalyse », 1999.
FLANDRIN J.-L. & MONTANARI M., *Histoire de l'alimentation*, Paris, Fayard, 1996.
FOUCAULT M., *Surveiller et punir, naissance de la prison* (1975), Paris, Gallimard, « Tel », 2000.
FREUD S., *L'interprétation des rêves 1899-1900* (1900), *Œuvres complètes, Psychanalyse*, Paris, PUF, 2003, vol. 4.
FREUDENBERGER H.J., *L'épuisement professionnel, la brûlure interne*, Paris, Gaëtan Morin, 1985
FRIEDMANN G., « L'objet de la sociologie du travail » (1961-1962), *in* G. Friedmann & P. Naville (éd.), *Traité de sociologie du travail*, Paris, Colin, 3e éd., 1970-1972, t. 1, p. 11-34.
GADREY J., « La modernisation des services professionnels. Rationalisation industrielle ou rationalisation professionnelle ? », *Revue française de sociologie*, XXXV, 1994, p. 163-195 ; « La relation de service dans le secteur marchand », *in* J. Gadrey & de Bandt (éd.), *Relations de service, marchés de services*, Paris, CNRS, 2000, p. 23-41.
GAULEJAC V. de, « Introduction », *in* V. de Gaulejac & S. Roy (dir.), *Sociologies cliniques*, Hommes et Perspectives, Reconnaissances, 1993, p. 11-15 ; *Les sources de la honte*, Paris, Desclée de Brouwer, 1996 ; *L'aventure psychosociologique*, Paris, Desclée de Brouwer, 1997 ; *L'Histoire en héritage*, Desclée de Brouwer, 2000 ; « L'abstraction et la psychologisation du pouvoir », *Les Cahiers du changement*, 2001a, n° 6, juin 2001 ; « Sociologues en quête d'identité », *Cahiers internationaux de sociologie*, 2001b, vol. CXI, p. 355-352 ; « L'intervention, entre gestion

et sociologie clinique », *Pratiques de consultation*, Paris, L'Harmattan-Changement social, 2002a ; « L'Ego sociologicus », *Cahiers internationaux de sociologie*, Paris, PUF, 2002b, vol. CXIII ; *La société malade de la gestion. Idéologie gestionnaire, pouvoir managérial, et harcèlement social*, Paris, Seuil, 2005 ; *Travail, les raisons de la colère*, Paris, Seuil, 2011.

GAULEJAC V. de & TABOADA LEONETTI I., *La lutte des places*, Paris, Desclée de Brouwer, 1994

GERBOD P., *La restauration hors foyer en Europe : du Moyen Âge à nos jours*, Paris, Champion, 2000.

GIRIN J., « Les agencements organisationnels », *in* F. Charue-Duboc (dir.), *Des savoirs en action, contribution à la recherche en gestion*, Paris, L'Harmattan, « Logiques de gestion », 1995, p. 233-279.

GIRONDIN P., *Restaurants et restauration en France*, Paris, PUF, « Que sais-je ? », n° 2975, 1995.

GOFFMAN E., *Asiles, étude sur la condition sociale des malades mentaux* (1961), Paris, Minuit, 2002 ; *La mise en scène de la vie quotidienne*, Paris, Minuit, 1973.

HALBWACHS M., *Classes sociales et morphologie. Les caractéristiques des classes moyennes*, Paris, Minuit, 1972.

HANIQUE F., *Le sens du travail*, Toulouse, Érès, « Sociologie clinique », 2004.

HATCHUEL A., « Coopération et conception collective. Variété et crises des rapports de prescription », *in* G. de Terssac et E. Friedberg, *Coopération et conception*, Toulouse, Octarès, « Travail », 1996, p. 101-122.

HERZFELD M., *The Social Production of Indifference : Exploring the Symbolic Roots of Western Bureaucraty*, Chicago, Univ. of Chicago Press, 1992.

HERZLITCH C., & PIERRET J., *Malades d'hier, malades d'aujourd'hui. De la mort collective au devoir de guérison*, Paris, Payot, 1984.

HIRIGOYEN M.-F., *Le harcèlement moral*, Paris, Poche, 1999.

HIRSHMAN A. O., *Exit, Voice and Loyalty*, Cambridge (Mass.), Harvard Univ. Press, 1970 (trad. fr., *Défection et prise de parole*, Paris, Fayard, 1995).

HOCHSCHILD A., *The Managed Heart. Commercialization of Human Feelings*, Berkeley, Univ. of California Press, 1983.

HUBAULT F. & BOURGEOIS F., « La relation de service : une convocation nouvelle pour l'ergonomie ? », *in* F. Hubault (coord.), *La relation de service, opportunités et questions nouvelles pour l'ergonomie*, Séminaire Paris-1 – 14 et 18 mai 2001, Toulouse, Octarès, 2002, p. 5-31

HUGUES E. C., « Mistakes at work », *Canadian Journal of Economics and Political Science*, 1951, 17 (3), p. 302-327 (textes présentés par J.-M. Chapoulie : « Des erreurs dans le travail », *Le regard sociologique*, Essais choisis, Paris, EHESS, 1996, p. 87-97) ; « Social roles and the division of labour » (1956), *The Sociological Eye. Selected Papers* (1971), Transaction Books, 1984 p. 304-310 (textes présentés par J.-M. Chapoulie : « Division du travail et rôle social », *Le regard sociologique*, Essais choisis, Paris, EHESS, 1996, p. 61-68) ; «The social drama of work», *Mid-American Review Sociology*, 1976, 1 (1).

JACKALL R., *Moral Mazes-The World of Corporate Managers*, New York, Oxford Univ. Press, 1988.
JEANTET A., *Le travail des guichetiers de la poste : une relation sociale à définir*, Université Paris X-Nanterre, 2001 (doctorat de 3e cycle).
JOBERT G., « L'intelligence au travail », *in* Ph. Carré & P. Caspar (dir.), *Traité des sciences et des techniques de la formation*, Paris, Dunod, 1999, p. 205-221.
JOSEPH I., « Le temps partagé : le travail du machiniste-receveur », *Sociologie du travail*, 1992, XXXIV, n° 1.
LACOSTE M., « Le langage du guichet. Accueil et traitement des demandes dans la relation de service », *Connexions*, 1995, n° 65.
LALANDE A., *Dictionnaire critique et technique de la philosophie* (1926), Paris, PUF, 1983.
LALLEMENT M., *Temps de travail et modes de vie*, Paris, PUF « Sciences sociales et société », 2003 ; « Daedalus Laborans », *Revue du Mauss, travailler est-il naturel ?*, n° 18, 2e semestre 2001.
LANGEARD E. & EIGLIER P., « Relation de service et marketing », *in* J. De Bandt & J. Gadrey (dir.), *Relations de service, marchés de service*, Paris, CNRS, 2000, p. 85-97.
LAPLANCHE J. & PONTALIS J.-B., *Vocabulaire de la psychanalyse* (1967), Paris, PUF, « Quadrige », 1997.
LAROCHE H., « Karl E.Weick (1995), Sensmaking in Organizations, Sage, Thouysand Oaks, Californie », Note critique, *Sociologie du travail*, 1996, n ° 2/96 ; « Le manager en action : les jugements et l'attention », *in* A. Desreumaux, M. Marchesnay & F. Palpacuer (dir.), *Perspectives en management stratégique*, t. VII, 1999-2000, Paris, EMS, 2001.
LE GOFF J.-P., *La barbarie douce. La modernisation aveugle des entreprises et de l'école*, Paris, La Découverte, « Sur le vif », 1999.
LEFEBURE R. & VENTURI G., *Gestion de la relation client, panorama des produits et conduite de projet*, Paris, Eyrolles, 2001.
LEPLAT J., *Erreur humaine, fiabilité humaine dans le travail*, Paris, A. Colin « U », 1985.
LETOURMY A., « Les politiques de santé en Europe : une vue d'ensemble », *in* C. Paradeise (dir.), n° spécial, *Sociologie du travail*, n° 1, vol. 42, *Les acteurs de la santé publique et les réformes*, 2000.
LEVET-GAUTRAT M. & PITAUD Ph., *À la recherche du Troisième âge ; éléments de gérontologie sociale*, Paris, A. Colin, 1985.
LHUILIER D., *L'univers pénitentiaire : du côté des surveillants de prison*, Paris, Desclée de Brouwer, « Sociologie clinique », 1997 ; *Placardisés. Des exclus dans l'entreprise*, Paris, Seuil, 2002.
LLORY M., LLORY A., « Description gestionnaire et description subjective : les discordances. Le cas d'une usine de montage automobile », *Revue internationale de psychosociologie*, 5, 1996.
MAGGI B., *De l'agir organisationnel. Un point de vue sur le travail, le bien-être, l'apprentissage*, Toulouse, Octarès, 2003.
MAGNAN DE BORNIER J., « Concentration économique », *Encyclopédia Universalis*, 2000.

MARCH J. & SIMON H.A., *Organizations*, New York, John Wiley & Sons, 1958 (trad. fr. J.-C. Roucy & G. Prunier, *Les organisations, problèmes psychosociologiques*, Paris, Dunod, 1999 (préface M. Crozier).
MARCUSE, *L'Homme unidimensionnel, essai sur l'idélogie de la société industrielle avancée* (1964), Paris, Minuit, 1968.
MAUGERI S. (dir.), *Délit de gestion*, Paris, La Dispute, 2001.
MAUSS M., « Les techniques du corps » (1934), *Sociologie et Anthropologie*, Paris, PUF, 1950.
MEDA D., *Le travail*, Paris, PUF, « Que sais-je ? » n° 2614, 2004.
MELMAN Ch. (entretiens avec J.-P. Lebrun), *L'Homme sans gravité. Jouir à tout prix*, Paris, Denoël, « Médiation », 2002.
MERIOT S.-A., *Le cuisiner nostalgique. Entre restaurant et cantine*, Paris, CNRS, « CNRS Sociologie », 2002 (préface A. Grelon).
MERTON R.K., « Structure sociale, anomie et déviance » (1949), *Éléments de théorie et de méthode sociologique*, Paris, A. Colin, 1997, p. 163-187.
MICHAUD Y., *Changements dans la violence. Essai sur la bienveillance universelle et la peur*, Paris, Odile Jacob, 2002.
MINTZBERG H., *Structure et dynamique des organisations*, Paris, Organisation, 1982.
MINVIELLE E., « Gérer la singularité à grande échelle », *Revue française de gestion*, 1996, n° 109, p. 114-125.
MISPELBLOM BEYER F., « Le secret des services », *in* F. Hubault (coord.), *La relation de service, opportunités et questions nouvelles pour l'ergonomie*, Séminaire Paris-1 – 14 et 18 mai 2001, Toulouse, Octarès, 2002, p. 53-64
MOISDON J.-C., « Quelle est la valeur de ton point ISA ? Nouveaux outils de gestion et régulation dans le système hospitalier français », *in* C. Paradeise (dir.), *Sociologie du travail, Les acteurs de la santé publique et les réformes*, janv.-mars 2000, n° 1, vol. 42, p. 31-49.
MORIN E., « Sociologie de masse-Culture de masse », *Encyclopédia Universalis*, 1999.
NIERINCK E., PULAIN J.-P., *Histoire de la cuisine et des cuisiniers : technique culinaire et pratique de table, en France, du Moyen Âge à nos jours*, Malakoff, Jacques Lanore, 2e éd., 1992.
NORMAN D. & BOBROW D., « On data limited and Ressource limited processing », *Cognitive Psychology*, 1975, 7, p. 44-64.
PAGES M., BONETTI M., GAULEJAC V. de & DESCENDRE D., *L'emprise de l'organisation*, Paris, Desclée de Brouwer, « Sociologie clinique », 1979.
PARADEISE C., « Introduction », n° spécial *Sociologie du travail*, n° 1, vol. 42, *Les acteurs de la santé publique et les réformes* (dir. C. Paradeise), janv.-mars 2000.
PARSONS T., *The Social System*, New York, Free Press, 1952.
PINTO L., « Le consommateur : agent économique et acteur politique », *Revue française de sociologie*, 1990, 31, 2, p. 179-198
REY A. (dir.), *Dictionnaire historique de la langue française*, Le Robert, 1998.
REYNAUD J.D., *Les règles du jeu : l'action collective et la régulation sociale*, Paris, A. Colin, 1989.

REYNAUD J.D. & TERSSAC G. de, « L'organisation du travail et les régulations sociales », *in* G. de Terssac & P. Dubois (dir.)., *Les nouvelles rationalisations de la production*, Toulouse, Cépaduès, 1992.

RICŒUR P., *Du texte à l'action, Essais d'herméneutique II*, Paris, Seuil, « Esprit », 1986.

ROGER J.L., *in* Y. Clot, B. Michaux, J.-Y. Rochex, J.-L. Roger, S. Sangla, *Enseigner malgré tout. Table ronde autour du métier d'enseignant*, Société française, 1998, nº 11 (61).

SAINSAULIEU R., *L'identité au travail* (1977), Paris, Presses de la Fondation nationale des sciences politiques, 1985.

SEGRESTIN D., « L'entreprise à l'épreuve des normes de marché – Les paradoxes des nouveaux standards de gestion dans l'industrie »,*Revue française de sociologie*, 38 (3), (nº thématique Sociologie et économie), 1997, p. 553-585 ; *Sociologie de l'entreprise*, Paris, A. Colin « U », nouv. éd. augm., 1996.

SFEZ L., *La santé parfaite : critique d'une nouvelle utopie*, Paris, Seuil, 1995.

SIGAUT F., « Folie, réel et technologie », *Technique et Culture*, 1990, 15, p. 167-179.

SIMMEL G., *Le conflit* (1908), Paris, Circé-Poche, 1995.

SIMON H., *Administration et processus de décision*, Paris, Economica, 1983.

STINGRE D., *Le service public hospitalier*, Paris, PUF, « Que sais-je ? », 1998.

STRAUSS A., *La trame de la négociation. Sociologie qualitative et interactionnisme*, Paris, L'Harmattan, 1992.

TERSSAC de G., *Le travail : une aventure collective. Recueil de textes*, Toulouse, Octarès, 2002 ; *L'autonomie dans le travail*, Paris, PUF, 1992.

TERTRE Ch. du, « Activités immatérielles, subjectivité et productivité », *Ergonomie et Productivités : questions mutuelles ?*, Actes du séminaire Paris-1, *Performances humaines et techniques*, nº hors série, 1999, p. 86-93.

TOCQUEVILLE A. de, *De la démocratie en Amérique* (1835-1840), Paris, Gallimard, « Folio », 2 vol., 1986.

TORRENTE J. & DESSORS D., « Stratégie de défense de la naïveté et de la candeur, et clivage », *Actes du colloque international de psychodynamique et psychopathologie du travail*, CNAM, CIPPT, 1997.

VEGA A., Une ethnologue à l'hôpital. L'ambiguïté du quotidien infirmier, Paris, Archives contemporaines, 2000.

VEZINA M. & SAINT ARNAUD L., « La caverne de Platon, ou les stratégies défensives des cadres dans le secteur bancaire », Psychodynamique du travail, Revue internationale de psychosociologie, 1996, vol. III, nº 5, p. 24-32.

VYGOTSKI L., *Pensée et langage* (1934), trad. F. Sève, Paris, La Dispute, 1997.

WARIN Ph., « Les relations de service comme régulations », *Revue française de sociologie*, XXXIV, 1993, p. 69-93.

WEBER H., *Du ketchup dans les veines. Pourquoi les employés adhèrent-ils à l'organisation chez Mac Donald's ?*, Paris, Érès, « Sociologie clinique », 2005.

WEBER M., *Le savant et le politique* (1919), trad. J. Freund, Paris, Plon « Bibliothèques 10/18 », 2000 (préface R. Aron) ; Essai sur la théorie des sciences (1922), trad. J. Freund, Paris, Presse Pocket, « Agora », 1992*a* ; Économie et Société (1922*b*), trad. sous la dir. de J. Chavy et É. de Dampierre, Paris, Plon, 1995.

WEICK K., Sensmaking in Organizations, Londres, Sage Publications, 1995 ; « Sense and reliability : a conversation with celebrated psychologist Karl E.Weick », by Diane L. Coutu, Harvard Business Review, 2003, p. 84-90.

WELLER J.-M., L'État au guichet : sociologie cognitive du travail et modernisation administrative des services publics, Paris, Desclée de Brouwer, « Sociologie économique », 1999.

ZARIFIAN Ph., « L'émergence du modèle de la compétence », *in* F. Stankiewicz, *L'après taylorisme*, Paris, Economica, 1988 ; *Le travail et l'événement*, Paris, L'Harmattan, 1995.

TABLE DES MATIÈRES

COLLECTION « QUADRIGE »

ALAIN	Propos sur des philosophes
ALAIN	Propos sur l'éducation *suivis de* Pédagogie enfantine
ALAIN	Propos sur les Beaux-Arts
ALAIN	Stendhal *et autres textes*
ALLAND D., RIALS S. (dir.)	Dictionnaire de la culture juridique
ALQUIÉ F.	Le désir d'éternité
ALTER N.	L'innovation ordinaire
ALTER N. (dir.)	Sociologie du monde du travail
ALTET M.	Les pédagogies de l'apprentissage
ALTHUSSER L.	Montesquieu, la politique et l'histoire
ALTHUSSER L. *et al.*	Lire *Le Capital*
AMBRIÈRE M. (dir.)	Dictionnaire du XIXe siècle européen
ANDRÉ J.	Aux origines féminines de la sexualité
ANDREAS-SALOMÉ L.	Ma vie
ANDRIANTSIMBAZOVINA J., GAUDIN H., MARGUÉNAUD J.-P., RIALS S., SUDRE F. (dir.)	Dictionnaire des Droits de l'Homme
ANZIEU D., CHABERT C.	Les méthodes projectives
ANZIEU D., MARTIN J.-Y.	La dynamique des groupes restreints
ARABEYRE P., HALPÉRIN J.-L., KRYNEN J. (dir.)	Dictionnaire historique des juristes français
ARENDT H.	La vie de l'esprit
ARON P., SAINT-JACQUES D. et VIALA A. (dir.)	Le dictionnaire du littéraire
ARON R.	Les sociétés modernes
ARON R.	La sociologie allemande contemporaine
ARVON H.	Le bouddhisme
ASSOUN P.-L.	Freud, la philosophie et les philosophes
ASSOUN P.-L.	Freud et Nietzsche
ASSOUN P.-L.	Le freudisme
ASSOUN P.-L.	Psychanalyse
AUBENQUE P.	Le problème de l'être chez Aristote
AUBENQUE P.	La prudence chez Aristote
AUROUX S.	La question de l'origine des langues
AUROUX S., DESCHAMPS J., KOULOUGHLI D.	La philosophie du langage
AYMARD A. et AUBOYER J.	L'Orient et la Grèce antique
AYMARD A. et AUBOYER J.	Rome et son Empire
BACHELARD G.	La philosophie du non
BACHELARD G.	La poétique de l'espace
BACHELARD G.	La poétique de la rêverie
BACHELARD G.	Le nouvel esprit scientifique
BACHELARD G.	La flamme d'une chandelle
BACHELARD G.	Le rationalisme appliqué
BACHELARD G.	La dialectique de la durée
BACHELARD G.	Le matérialisme rationnel
BACHELARD G.	Le droit de rêver
BALANDIER G.	Sens et puissance
BALANDIER G.	Anthropologie politique
BALIBAR É.	Droit de cité
BARDIN L.	L'analyse de contenu
BARJOT D., CHALINE J.-P., ENCREVÉ A.	La France au XIXe siècle
BARLUET S.	Édition de sciences humaines et sociales : le cœur en danger

BAUDUIN A. et COBLENCE F. (dir.)	Marcel Proust, visiteur des psychanalystes
BAUZON S.	La personne biojuridique
BEAUFRET J.	Parménide. Le Poème
BELLEMIN-NOËL J.	Psychanalyse et littérature
BÉLY L. (dir.)	Dictionnaire de l'Ancien Régime
BÉLY L.	La France moderne, 1498-1789
BENCHEIKH J. E. (dir.)	Dictionnaire de littératures de langue arabe et maghrébine francophone
BÉNÉTON P.	Introduction à la politique
BENOÎT XVI	La théologie de l'Histoire de saint Bonaventure
BERGSON H.	Essai sur les données immédiates de la conscience
BERGSON H.	L'énergie spirituelle
BERGSON H.	L'évolution créatrice
BERGSON H.	Le rire
BERGSON H.	Les deux sources de la morale et de la religion
BERGSON H.	Matière et mémoire
BERGSON H.	La pensée et le mouvant
BERGSON H.	Durée et simultanéité
BERNARD C.	Principes de médecine expérimentale
BERNSTEIN P. L.	Des idées capitales
BERTHELOT J.-M.	Les vertus de l'incertitude
BIDEAUD J., HOUDÉ O. et PEDINIELLI J.-L.	L'homme en développement
BIDET J., DUMÉNIL G.	Altermarxisme. Un autre marxisme pour un autre monde
BINOCHE B., CLÉRO J.-P.	Bentham contre les droits de l'homme
BLANCHÉ R.	L'axiomatique
BLOCH O. et WARTBURG W. VON	Dictionnaire étymologique de la langue française
BLONDEL M.	L'action (1893)
BODÉÜS R., GAUTHIER-MUZELLEC M.-H., JAULIN A. et WOLFF F.	La philosophie d'Aristote
BONTE P. et IZARD M. (dir.)	Dictionnaire de l'ethnologie et de l'anthropologie
BONY A., MILLET B., WILKINSON R.	Versions et thèmes anglais
BORLANDI M., BOUDON R., CHERKAOUI M., VALADE B. (dir.)	Dictionnaire de la pensée sociologique
BORNE É.	Le problème du mal
BOUDON R.	Effets pervers et ordre social
BOUDON R.	Essais sur la théorie générale de la rationalité
BOUDON R.	La place du désordre
BOUDON R.	Études sur les sociologues classiques I
BOUDON R.	Études sur les sociologues classiques II
BOUDON R.	Le sens des valeurs
BOUDON R. et BOURRICAUD F. (dir.)	Dictionnaire critique de la sociologie
BOUHDIBA A.	La sexualité en Islam
BOURDIEU P.	Sociologie de l'Algérie
BOURIAU C., CLAVIER P., LEQUAN M., RAULET G. et TOSEL A.	La philosophie de Kant
BOUTANG P.	Ontologie du secret
BOUTINET J.-P.	Anthropologie du projet
BOUVIER A., GEORGE M. et LE LIONNAIS F.	Dictionnaire des mathématiques
BRAGUE R.	Du temps chez Platon et Aristote
BRAHAMI F.	Introduction au *Traité de la nature humaine* de David Hume
BRAUDEL F. et LABROUSSE E.	Histoire économique et sociale de la France T. I : 1450-1660 T. III : 1789-années 1880 T. IV, vol. 1-2 : Années 1880-1950 T. IV, vol. 3 : Années 1950-1980

BRÉHIER É.	Histoire de la philosophie
BRISSON L., FRONTEROTTA F. (dir.)	Lire Platon
BRISSON L., PRADEAU J.-F.	Les *Lois* de Platon
BRONNER G., GÉHIN É.	L'inquiétant principe de précaution
CANGUILHEM G.	Le normal et le pathologique
CANGUILHEM G. *et al.*	Du développement à l'évolution au XIXe siècle
CANTO-SPERBER M.	Éthiques grecques
CANTO-SPERBER M.	Dictionnaire d'éthique et de philosophie morale (2 vol. sous coffret)
CARBONNIER J.	Sociologie juridique
CARBONNIER J.	Droit civil (2 vol. sous coffret)
CARMOY H. de	L'Euramérique
CARON J.	Précis de psycholinguistique
CASTAGNÈDE B.	La politique sans pouvoir
CAUQUELIN A.	L'invention du paysage
CAUQUELIN A.	Le site et le paysage
CAUQUELIN A.	À l'angle des mondes possibles
CHAMPY F.	La sociologie des professions
CHÂTELET F., DUHAMEL O. et PISIER É. (dir.)	Dictionnaire des œuvres politiques
CHAUVIN R.	Les sociétés animales
CHEBEL M.	Le corps en Islam
CHEBEL M.	L'imaginaire arabo-musulman
CHILAND C. (dir.)	L'entretien clinique
CHOULET P., FOLSCHEID D. et WUNENBURGER J.-J.	Méthodologie philosophique
COBAST É., ROBERT R. (dir.)	Culture générale, 1
COBAST É., ROBERT R. (dir.)	Culture générale, 2
COHEN-TANUGI L.	Le droit sans l'État
COLAS D.	Sociologie politique
COMTE A.	Premiers cours de philosophie positive
COMTE-SPONVILLE A.	Traité du désespoir et de la béatitude
CONCHE M.	Essais sur Homère
CORNU G. (dir.)	Vocabulaire juridique
CORVISIER A. (dir.)	Histoire militaire de la France T. I : Des origines à 1715 T. II : De 1715 à 1871 T. III : De 1871 à 1940 T. IV : De 1940 à nos jours
COTTERET J.-M.	Gouverner c'est paraître
COUDERC C.	Le théâtre espagnol du Siècle d'Or (1580-1680)
COURNUT J.	Pourquoi les hommes ont peur des femmes
COUTURIER D., DAVID G., LECOURT D., SRAER J.-D., SUREAU C. (dir.)	La mort de la clinique ?
CRAHAY M.	Psychologie de l'éducation
CRÉPIEUX-JAMIN J.	ABC de la graphologie
CUSIN F. et BENAMOUZIG D.	Économie et sociologie
DAGOGNET F.	Le corps
DAMON J.	Questions sociales et questions urbaines
DAUMAS M. (dir.)	Histoire générale des techniques T. 1 : Des origines au XVe siècle T. 2 : Les premières étapes du machinisme T. 3 : L'Expansion du machinisme T. 4 : Énergie et matériaux T. 5 : Transformation - Communication - Facteur humain
DAVID-MÉNARD M.	Les constructions de l'universel
DAVIS M. et WALLBRIDGE D.	Winnicott. Introduction à son œuvre
DAVY M.-M.	La connaissance de soi
DE KONINCK T.	De la dignité humaine
DELBECQUE É.	Quel patriotisme économique ?
DELEUZE G.	La philosophie critique de Kant
DELEUZE G.	Proust et les signes

DELEUZE G.	Nietzsche et la philosophie
DELEUZE G.	Le bergsonisme
DELMAS-MARTY M.	Le flou du droit
DELON M. (dir.)	Dictionnaire européen des Lumières
DELPORTE C., MOLLIER J.-Y., SIRINELLI J.-F. (dir.)	Dictionnaire d'histoire culturelle de la France contemporaine
DEMEULENAERE P.	*Homo œconomicus.* Enquête sur la constitution d'un paradigme
DENIS H.	Histoire de la pensée économique
DENIS P., JANIN C. (dir.)	Psychothérapie et psychanalyse
DERRIDA J.	La voix et le phénomène
DESANTI J.-T.	Introduction à l'histoire de la philosophie
DESANTI J.-T.	Une pensée captive. Articles de *La Nouvelle Critique* (1948-1956)
DESCARTES R.	La recherche de la vérité par la lumière naturelle
DESCARTES R.	Méditations métaphysiques
DESCOMBES V.	Le platonisme
DESCOMBES V., LARMORE C.	Dernières nouvelles du Moi
DIATKINE R., SIMON J.	La psychanalyse précoce
DORON R., PAROT F. (dir.)	Dictionnaire de psychologie
DOUIN J.-L.	Dictionnaire de la censure au cinéma
DROZ J. (dir.)	Histoire générale du socialisme
	T. 1 : Des origines à 1875
	T. 2 : De 1875 à 1918
	T. 3 : De 1918 à 1945
	T. 4 : De 1945 à nos jours
DUMÉNIL G., LÖWY M., RENAULT E.	Lire Marx
DUMÉZIL G.	Du mythe au roman
DURAND G.	L'imagination symbolique
DURAND M.	L'enfant et le sport
DURKHEIM É.	Les règles de la méthode sociologique
DURKHEIM É.	Le suicide
DURKHEIM É.	Les formes élémentaires de la vie religieuse
DURKHEIM É.	Éducation et sociologie
DURKHEIM É.	De la division du travail social
DURKHEIM É.	L'évolution pédagogique en France
DURKHEIM É.	Leçons de sociologie
DURKHEIM É.	Le socialisme
DURKHEIM É.	Sociologie et philosophie
DUVIGNAUD J.	Sociologie du théâtre
ECO U.	Sémiotique et philosophie du langage
EINAUDI J.-L.	Un rêve algérien
ELBAUM M.	Économie politique de la protection sociale
ELLUL J.	Histoire des institutions. L'Antiquité
ELLUL J.	Histoire des institutions. Le Moyen Âge
ELLUL J.	Histoire des institutions. XVIe-XVIIIe siècle
ELLUL J.	Histoire des institutions. Le XIXe siècle
ELLUL J.	Islam et judéo-christianisme
ENCKELL P., RÉZEAU P.	Dictionnaire des onomatopées
ESNAULT B., HOARAU C.	Comptabilité financière
ETNER F.	Microéconomie
FAMOSE J.-P., BERTSCH J.	L'estime de soi : une controverse éducative
FEBVRE L.	Martin Luther, un destin
FÉDIDA P.	Crise et contre-transfert
FÉDIDA P.	Le site de l'étranger. La situation psychanalytique
FERRY L. et RENAUT A.	Philosophie politique
FICHTE J. G.	Fondement du droit naturel selon les principes de la doctrine de la science
FILLIOZAT P.-S.	Dictionnaire des littératures de l'Inde
FLOUZAT D.	Japon, éternelle renaissance
FOCILLON H.	Vie des formes
FOUCAULT M.	Maladie mentale et psychologie
FOUCAULT M.	Naissance de la clinique

FOULQUIÉ P.	Dictionnaire de la langue pédagogique
FREUD S.	Cinq psychanalyses
FREUD S.	Dora
FREUD S.	Le petit Hans
FREUD S.	L'Homme aux loups
FREUD S.	L'Homme aux rats
FREUD S.	La première théorie des névroses
FREUD S.	Le Président Schreber
FREUD S.	L'avenir d'une illusion
FREUD S.	Inhibition, symptôme et angoisse
FREUD S.	Le malaise dans la culture
FREUD S.	La technique psychanalytique
FREUD S.	Trois essais sur la théorie sexuelle
FREUD S.	Nouvelle suite des leçons d'introduction à la psychanalyse
FREUD S.	Métapsychologie
FREUD S.	Leçons d'introduction à la psychanalyse
FREUD S.	Freud et la création littéraire. Choix de textes
FREUD S.	Le délire et les rêves dans la *Gradiva* de W. Jensen
FREUD S.	De la psychanalyse
FREUD S.	Au-delà du principe de plaisir
FREUD S.	L'interprétation du rêve
FREUD S.	Totem et tabou
FREUD S.	Psychologie des masses et analyse du moi
FRISON-ROCHE M.-A. et BONFILS S.	Les grandes questions du droit économique
FROMM E., DE MARTINO R., SUZUKI D. T.	Bouddhisme zen et psychanalyse
FUMAROLI M., ZUBER R.	Dictionnaire de littérature française du XVIIe siècle
GALLIEN C.-L.	Homo. Histoire plurielle d'un genre très particulier
GANDHI	Autobiographie ou mes expériences de vérité
GARFINKEL H.	Recherches en ethnométhodologie
GAUVARD C.	La France au Moyen Âge, du Ve au XVe siècle
GAUVARD C., LIBERA A. DE et ZINK M. (dir.)	Dictionnaire du Moyen Âge
GÉNETIOT A.	Le classicisme
GEORGE P., VERGER F. (dir.)	Dictionnaire de la géographie
GESELL A., ILG F. L.	Le jeune enfant dans la civilisation moderne
GIDDENS A.	La constitution de la société
GIGANDET A., MOREL P.-M. (dir.)	Lire Épicure et les épicuriens
GISEL P. (dir.)	Encyclopédie du protestantisme
GISEL P.	La théologie
GIUILY É.	La communication institutionnelle. Privé/public : le manuel des stratégies
GORCEIX B.	La bible des Rose-Croix
GOURINAT J.-B., BARNES J. (dir.)	Lire les stoïciens
GREEN A.	Le discours vivant
GRIMAL P.	La mythologie grecque
GROSSKURTH P.	Melanie Klein
GROTIUS H.	Le droit de la guerre et de la paix
GUITTON J.	Justification du temps
GURVITCH G.	Traité de sociologie
GUSDORF G.	La parole
GUTTON P.	Le pubertaire
HABERMAS J.	Logique des sciences sociales
HALBWACHS M.	La topographie légendaire des évangiles en Terre sainte
HALPÉRIN J.-L.	Histoire du droit privé français depuis 1804
HAMON P.	Texte et idéologie
HAMSUN K.	Faim
HAUSER A.	Histoire sociale de l'art et de la littérature
HAYEK F. A.	Droit, législation et liberté
HAYEK F. A.	La route de la servitude

HEGEL G. W. F.	Principes de la philosophie du droit
HEGEL G. W. F.	Le magnétisme animal
HEIDEGGER M.	Qu'appelle-t-on penser ?
HENRY M.	La barbarie
HENRY M.	Voir l'invisible. Sur Kandinsky
HIRSCHMAN A. O.	Les passions et les intérêts
HOUDÉ O. (dir.)	Vocabulaire de sciences cognitives
HOUDÉ O.	10 leçons de psychologie et pédagogie
HUISMAN D.	Dictionnaire des philosophes
HULIN M.	La mystique sauvage
HYPPOLITE J.	Figures de la pensée philosophique
JANKÉLÉVITCH V.	Henri Bergson
JAQUET C.	L'unité du corps et de l'esprit. Affects, actions et passions chez Spinoza
JARRETY M. (dir.)	La poésie française du Moyen Âge au XXe siècle
JONES E.	La vie et l'œuvre de Sigmund Freud Vol. I : Les jeunes années, 1856-1900 Vol. II : Les années de maturité, 1901-1919 Vol. III : Les dernières années, 1919-1939
JOHSUA S., DUPIN J.-J.	Introduction à la didactique des sciences et des mathématiques
JOUANNA A.	La France du XVIe siècle, 1483-1598
JULLIEN F.	La valeur allusive
JURANVILLE A.	Lacan et la philosophie
KAMBOUCHNER D.	Les *Méditations métaphysiques* de Descartes, I
KANT E.	Critique de la raison pratique
KANT E.	Critique de la raison pure
KASPI A., HARTER H., DURPAIRE F., LHERM A.	La civilisation américaine
KEARNEY R., O'LEARY J. S. (dir.)	Heidegger et la question de Dieu
KEPEL G.	Al-Qaida dans le texte
KERVÉGAN J.-F.	Hegel, Carl Schmitt
KLEIN M., HEIMANN P., ISAACS S., RIVIÈRE J.	Développements de la psychanalyse
KLEIN M.	La psychanalyse des enfants
KRIEGEL B. (dir.)	La violence à la télévision
LABRE C., SOLER P.	Études littéraires
LABRUSSE-RIOU C.	Écrits de bioéthique
LABURTHE-TOLRA P. et WARNIER J.-P.	Ethnologie. Anthropologie
LACOSTE J.-Y., RIAUDEL O. (dir.)	Dictionnaire critique de théologie
LACROIX J.-M.	Histoire des États-Unis
LAFON R. (dir.)	Vocabulaire de psychopédagogie et de psychiatrie de l'enfant
LAGACHE D.	La jalousie amoureuse
LAGACHE D.	L'unité de la psychologie
LALANDE A.	Vocabulaire technique et critique de la philosophie
LAPLANCHE J.	Entre séduction et inspiration : l'homme
LAPLANCHE J.	Nouveaux fondements pour la psychanalyse
LAPLANCHE J.	Sexual. La sexualité élargie au sens freudien
LAPLANCHE J.	La révolution copernicienne inachevée
LAPLANCHE J.	Vie et mort en psychanalyse
LAPLANCHE J.	Problématiques I : L'angoisse II : Castration. Symbolisations III : La sublimation IV : L'inconscient et le Ça V : Le baquet. Transcendance du transfert VI : L'après-coup VII : Le fourvoiement biologisant de la sexualité chez Freud
LAPLANCHE J. et PONTALIS J.-B.	Vocabulaire de la psychanalyse

LARTHOMAS P.	Le langage dramatique
LEBECQ S.	Histoire des îles Britanniques
LE BLANC G.	Canguilhem et la vie humaine
LE BON G.	Psychologie des foules
LE BRETON D.	Anthropologie du corps et modernité
LE BRETON D.	Conduites à risque
LE BRETON D.	L'interactionnisme symbolique
LE GLAY M., LE BOHEC Y., VOISIN J.-L.	Histoire romaine
LE RIDER J.	Modernité viennoise et crises de l'identité
LEBOVICI S., SOULÉ M.	La connaissance de l'enfant par la psychanalyse
LEBOVICI S., DIATKINE R. et SOULÉ M. (dir.)	Nouveau Traité de psychiatrie de l'enfant et de l'adolescent (4 volumes sous film)
LECLANT J. (dir.)	Dictionnaire de l'Antiquité
LECOURT D.	L'Amérique entre la Bible et Darwin
LECOURT D.	Contre la peur
LECOURT D. (dir.)	Dictionnaire de la pensée médicale
LECOURT D. (dir.)	Dictionnaire d'histoire et philosophie des sciences
LEFRANCQ S., OGER B.	Lire les états financiers
LÉONARD É. G.	Histoire générale du protestantisme
LEROI-GOURHAN A.	Les religions de la préhistoire
LEROI-GOURHAN A. (dir.)	Dictionnaire de la préhistoire
LEVINAS E.	Le temps et l'autre
LÉVI-STRAUSS C. (dir.)	L'identité. Séminaire du Collège de France, 1974-1975
LÉVY-BRUHL L.	Carnets
LIBERA A. DE	La philosophie médiévale
LIÉBERT G.	Nietzsche et la musique
LIGOU D. (dir.)	Dictionnaire de la franc-maçonnerie
LOCKE J.	Lettre sur la tolérance
MACINTYRE A.	Après la vertu
MAÏMONIDE M.	Le livre de la connaissance
MARION J.-L.	Dieu sans l'être
MARION J.-L.	La croisée du visible
MARION J.-L.	Sur la théologie blanche de Descartes
MARION J.-L.	Étant donné
MARSAULT C.	Socio-histoire de l'éducation physique et sportive
MARTIN R.	Comprendre la linguistique
MARTY P., M'UZAN M. DE, DAVID C.	L'investigation psychosomatique
MARX K.	Le capital, livre I
MARX W. (dir.)	Les arrière-gardes au XXe siècle
MARY A.	Les anthropologues et la religion
MARZANO M. (dir.)	Dictionnaire du corps
MATTÉI J.-F.	La barbarie intérieure
MATTÉI J.-F.	Philosopher en français
MATTÉI J.-F.	Platon et le miroir du mythe
MAUSS M.	Essai sur le don
MAUSS M.	Sociologie et anthropologie
MEILLASSOUX C.	Anthropologie de l'esclavage
MERLEAU-PONTY M.	La structure du comportement
MERLIN P., CHOAY F. (dir.)	Dictionnaire de l'urbanisme et de l'aménagement
MESURE S., SAVIDAN P. (dir.)	Le dictionnaire des sciences humaines
MEYER M.	Science et métaphysique chez Kant
MEYER M.	Pour une histoire de l'ontologie
MEYER M.	Le comique et le tragique
MEYER M.	Comment penser la réalité
MEYER M.	Le philosophe et les passions
MEYER M.	Petite métaphysique de la différence
MEYER M.	De la problématologie
MIALARET G.	Sciences de l'éducation
MICHAUD Y.	Hume et la fin de la philosophie
MICHAUD Y.	Locke

MICHAUD Y.	La crise de l'art contemporain
MILL J. S.	L'utilitarisme. Essai sur Bentham
MIQUEL A.	La littérature arabe
MIOSSEC J.-M.	Géohistoire de la régionalisation en France
MOLINIÉ G.	La stylistique
MONNERET P.	Exercices de linguistique
MONNEYRON F.	La frivolité essentielle
MONTAIGNE M. DE	Les Essais. Livres I, II, III
MONTBRIAL T. DE	L'action et le système du monde
MONTBRIAL T. DE, KLEIN J. (dir.)	Dictionnaire de stratégie
MORENO J. L.	Psychothérapie de groupe et psychodrame
MOSCOVICI S. (dir.)	Psychologie sociale
MOUNIN G. (dir.)	Dictionnaire de la linguistique
MOUNIN G.	Histoire de la linguistique, des origines au XXe siècle
MOURA J.-M.	Littératures francophones et théorie postcoloniale
MOUSNIER R.	Les XVIe et XVIIe siècles
MOUSNIER R.	Les institutions de la France sous la monarchie absolue
NEMO P.	Histoire des idées politiques dans l'Antiquité et au Moyen Âge
NEMO P.	Histoire des idées politiques aux Temps modernes et contemporains
NEMO P.	Qu'est-ce que l'Occident ?
NEMO P.	Les deux Républiques françaises
NEMO P., PETITOT J. (dir.)	Histoire du libéralisme en Europe
NIELSBERG J.-A. (dir.)	Violences impériales et lutte de classes
NIETZSCHE F., RÉE P. et SALOMÉ L. von	Correspondance
NISBET R. A.	La tradition sociologique
NIVEAU M., CROZET Y.	Histoire des faits économiques contemporains
NOZICK R.	Anarchie, État et utopie
ORIGAS J.-J. (dir.)	Dictionnaire de littérature japonaise
ORLÉAN A. (dir.)	Analyse économique des conventions
ORRIEUX C., SCHMITT PANTEL P.	Histoire grecque
PALIER B.	Gouverner la sécurité sociale
PARIENTE-BUTTERLIN I.	Le droit, la norme et le réel
PAROT F., RICHELLE M.	Introduction à la psychologie
PAUGAM S.	La disqualification sociale
PAUGAM S.	Le salarié de la précarité
PAUGAM S.	La société française et ses pauvres
PAUGAM S. (dir.)	L'enquête sociologique
PAUGAM S., DUVOUX N.	La régulation des pauvres
PERRIN M.	Les praticiens du rêve
PIAGET J.	La représentation du monde chez l'enfant
PIAGET J.	Le structuralisme
PIAGET J., INHELDER B.	La psychologie de l'enfant
PIÉRON H. (dir.)	Vocabulaire de la psychologie
PINÇON M. et PINÇON-CHARLOT M.	Voyage en grande bourgeoisie
PIRENNE H.	Mahomet et Charlemagne
PISIER É., DUHAMEL O. et CHÂTELET F. (dir.)	Histoire des idées politiques
POLITZER G.	Critique des fondements de la psychologie
POTTE-BONNEVILLE M.	Michel Foucault, l'inquiétude de l'histoire
POULAIN J.-P.	Sociologies de l'alimentation
POUMARÈDE G.	Pour en finir avec la Croisade
POUPARD P. (dir.)	Dictionnaire des religions (2 vol.)
POUTIGNAT P., STREIFF-FENART J.	Théories de l'ethnicité
PRAIRAT E.	De la déontologie enseignante
PRIGENT M.	Le héros et l'État dans la tragédie de Pierre Corneille
PRIGENT M. (dir.)	Histoire de la France littéraire Vol. 1 : Naissances, Renaissances

	Vol. 2 : Classicismes
	Vol. 3 : Modernités
QUINODOZ J.-M.	La solitude apprivoisée
RAWLS J.	Libéralisme politique
RAYNAUD P., RIALS S. (dir.)	Dictionnaire de philosophie politique
REVUE DIOGÈNE	Chamanismes
REVUE DIOGÈNE	Une anthologie de la vie intellectuelle au XXe siècle
REYNIÉ D. (dir.)	L'extrême gauche, moribonde ou renaissante ?
RIALS S.	Villey et les idoles
RIALS S.	Oppressions et résistances
RIEGEL M., PELLAT J.-C. et RIOUL R.	Grammaire méthodique du français
RIMÉ B.	Le partage social des émotions
ROBIN L.	Platon
ROCHÉ S.	Sociologie politique de l'insécurité
RODINSON M.	Les Arabes
RODIS-LEWIS G.	La morale de Descartes
ROMILLY J. DE (dir.)	Dictionnaire de littérature grecque ancienne et moderne
ROMILLY J. DE	La tragédie grecque
ROMILLY J. DE	Précis de littérature grecque
ROSOLATO G.	Le sacrifice. Repères psychanalytiques
ROSSET C.	Schopenhauer, philosophe de l'absurde
ROSSET C.	L'anti-nature
ROSSET C.	Logique du pire
ROUSSILLON R.	Paradoxes et situations limites de la psychanalyse
ROUSSILLON R.	Agonie, clivage et symbolisation
RUE DESCARTES	Emmanuel Levinas
RUE DESCARTES	Gilles Deleuze. Immanence et vie
SABOT P.	Lire *Les mots et les choses* de Michel Foucault
SAÏD S., TRÉDÉ M. et LE BOULLUEC A.	Histoire de la littérature grecque
SALA-MOLINS L.	Le Code Noir ou le calvaire de Canaan
SANSOT P.	Les gens de peu
SARTRE J.-P.	L'imagination
SCHAEFFER J.	Le refus du féminin
SCHMITT C.	Le nomos de la Terre
SCHMITT C.	Théorie de la Constitution
SCHNAPPER D.	La compréhension sociologique
SCHNERB R.	Le XIXe siècle
SCHŒLCHER V.	Esclavage et colonisation
SCHOPENHAUER A.	Aphorismes sur la sagesse dans la vie
SCHOPENHAUER A.	Le monde comme volonté et comme représentation
SCHULTZ J. H.	Le training autogène
SCHWARTZ O.	Le monde privé des ouvriers
SEN A.	Éthique et économie
SENGHOR L. S.	Anthologie de la nouvelle poésie nègre et malgache de langue française
SFEZ L.	La politique symbolique
SIMMEL G.	Les pauvres
SIMMEL G.	Philosophie de l'argent
SIMMEL G.	Sociologie. Études sur les formes de la socialisation
SIMON P.-J.	Histoire de la sociologie
SINGLY F. DE	Fortune et infortune de la femme mariée
SIRINELLI J.-F. (dir.)	La France de 1914 à nos jours
SIRINELLI J.-F. (dir.)	Dictionnaire historique de la vie politique française au XXe siècle
SMITH A.	Théorie des sentiments moraux
SOBOUL A.	La Révolution française
SOBOUL A. (dir.)	Dictionnaire historique de la Révolution française
SOUILLER D. *et al.*	Études théâtrales

SOULEZ P., WORMS F.	Bergson
SOURDEL D.	L'islam médiéval
SOURDEL J., SOURDEL D.	Dictionnaire historique de l'islam
SOURIAU É.	Vocabulaire d'esthétique
SOUTET O.	Linguistique
STEINER P., VATIN F. (dir.)	Traité de sociologie économique
STRAUSS L.	Qu'est-ce que la philosophie politique ?
STRAUSS L., CROPSEY J.	Histoire de la philosophie politique
SUPIOT A.	Critique du droit du travail
SUPIOT A. (dir.)	Pour une politique des sciences de l'Homme et de la société
TADIÉ J.-Y.	Le roman d'aventures
TATON R. (dir.)	La science contemporaine Vol. I : Le XIXe siècle Vol. II : Le XXe siècle. Années 1900-1960
TENZER N.	Pour une nouvelle philosophie politique
TEYSSIER P. (dir.)	Dictionnaire de littérature brésilienne
TOLSTOÏ L.	Qu'est-ce que l'art ?
TOUCHARD J.	Histoire des idées politiques, t. I
TOUCHARD J.	Histoire des idées politiques, t. II
TULARD J.	La France de la Révolution et de l'Empire
TURPIN D.	Droit constitutionnel
VAN TIEGHEM P.	Les grandes doctrines littéraires en France
VAN YPERSELE L. (dir.)	Questions d'histoire contemporaine
VAN ZANTEN A. (dir.)	Dictionnaire de l'éducation
VELTZ P.	Mondialisation, villes et territoires
VERGER J.	Les universités au Moyen Âge
VERNANT J.-P.	Les origines de la pensée grecque
VERNETTE J. et MONCELON C. (dir.)	Dictionnaire des groupes religieux aujourd'hui
VIALA A.	Lettre à Rousseau sur l'intérêt littéraire
VIALA A. (dir.)	Le théâtre en France
VILLEY M.	Le droit et les droits de l'homme
VILLEY M.	La formation de la pensée juridique moderne
WALLON H.	Les origines du caractère chez l'enfant
WALLON H.	Les origines de la pensée chez l'enfant
WALTER H., FEUILLARD C. (dir.)	Pour une linguistique des langues
WEBER F.	Manuel de l'ethnographe
WEBER M.	Sociologie du droit
WEIL-BARAIS A. (dir.)	L'homme cognitif
WIDLÖCHER D.	Le psychodrame chez l'enfant
WIDLÖCHER D.	Traité de psychopathologie
WOLFF F.	Dire le monde
WORMS F.	Bergson ou les deux sens de la vie
WOTLING P.	Nietzsche et le problème de la civilisation
ZARKA Y. C.	Hobbes et la pensée politique moderne
ZARKA Y. C.	Comment écrire l'histoire de la philosophie ?
ZARKA Y. C. (dir.)	L'islam en France
ZARKA Y. C., PINCHARD B. (dir.)	Y a-t-il une histoire de la métaphysique ?
ZAZZO R.	Les jumeaux, le couple et la personne
ZEHNACKER H., FREDOUILLE J.-C.	Littérature latine
ZINK G.	Phonétique historique du français
ZINK M.	Littérature française du Moyen Âge
ZOURABICHVILI F., SAUVAGNARGUES A. et MARRATI P.	La philosophie de Deleuze
ZWEIG S.	Montaigne

Cet ouvrage a été composé par JOUVE
1, rue du Docteur-Sauvé – 53101 Mayenne
828563H

Cet ouvrage a été achevé d'imprimer en mars 2012
sur les presses de Normandie Roto Impression s.a.s.
61250 Lonrai
N° d'imprimeur : 120946

Imprimé en France